|高等教育现代化研究丛书|

董泽芳◇主编

本书系国家社会科学基金重大项目“以教育发展促进收入代际流动性的机制与政策研究”（19ZDA066）的前期成果

社会分层流动的高等教育作用机制

SHEHUI FENCENG LIUDONG DE GAODENG JIAOYU ZUOYONG JIZHI

陈新忠／著

華中師範大學出版社

新出图证（鄂）字10号

图书在版编目（CIP）数据

社会分层流动的高等教育作用机制/陈新忠著. —武汉：华中师范大学出版社，2023.5

（高等教育现代化研究丛书/董泽芳主编）

ISBN 978-7-5769-0133-7

Ⅰ.①社… Ⅱ.①陈… Ⅲ.①高等教育—教育制度—影响—社会结构—研究—中国 Ⅳ.①G649.22 ②D66

中国国家版本馆CIP数据核字（2023）第082936号

社会分层流动的高等教育作用机制

© 陈新忠　著

责任编辑：张建英　**责任校对：**方统伟　**封面设计：**罗明波

编辑室：学术出版中心　**电话：**027-67867792

出版发行：华中师范大学出版社有限责任公司

社址：湖北省武汉市洪山区珞喻路152号　**邮编：**430079

电话：027-67863426（发行部）　**传真：**027-67863291

网址：http://press.ccnu.edu.cn　**电子邮箱：**press@mail.ccnu.edu.cn

印刷：湖北恒泰印务有限公司　**督印：**刘　敏

开本：710mm×1000mm　1/16　**印张：**19.25

版次：2023年6月第1版　**印次：**2023年6月第1次印刷

字数：277千字　**定价：**93.00元

欢迎上网查询、购书

总　　序

教育是国之大计、党之大计。党的二十大报告提出了“实施科教兴国战略，强化现代化建设人才支撑”的重要论断，围绕教育优先发展、科技自立自强、人才引领驱动等作出新的全面部署。这为我们在全面建设社会主义现代化国家新征程上加快建设教育强国、科技强国、人才强国指明了方向。

高校承担着人才培养、科学研究、社会服务、文化传承创新与国际交流合作等重要职能，是教育高地、科技高地、人才高地的融合体。习近平总书记指出，高等教育发展水平是一个国家发展水平和发展潜力的重要标志。国家对高等教育的需要比以往任何时候都更加迫切，对科学知识和卓越人才的渴求比以往任何时候都更加强烈。实现高等教育现代化是实现教育现代化的核心内容，是建设教育强国、科技强国与人才强国的重要保障，是全面实现中国式现代化的强大基础，是推进中华民族伟大复兴的先导工程。

实现我国高等教育现代化，既要顺应国际高等教育的发展潮流，符合全球高等教育发展的共同愿景，体现世界一流的高等教育理念、体系、质量和水平；也要具有鲜明的中国特色，契合中国的国情，坚持社会主义办学方向，重视对优秀传统文化、核心价值理念和正确教育思想的弘扬，走出一条在高等教育大国基础上建设高等教育强国的道路；还要遵循我国现代化发展、教育现代化发展与人才发展自身的规律。高等教育现代化是一个立足本国、向他国学习，并不断自我创新的过程。基于此，我国高等教育现代化应该是立足于人口规模巨大国情的现代化，是追求人的全面发展、全体人民共同富裕、物质文明和精神文明协调并进、人与自然和谐共生的现代化，走和平发展道路的现代化。

实现我国高等教育现代化要把握机遇，用好机遇。当今世界正处于国际形势大变动时期，中国的发展也进入新时代，综观国际、国内形势，我国正处在进一步发展的重要战略机遇期，这为高等教育现代化发展提供了千载难逢的机遇。如世界经济格局新变化为高等教育现代化提供了强大的外部动力，“科教兴国”与“人才强国”战略为高等教育现代化建设提供了重要的战略支撑，经济持续发展与对高教投入加大为高等教育现代化发展提供了必要的物质保障，全党全社会对“教育优先发展”战略的认识深化为高等教育现代化发展创造了良好的精神环境，广泛的国际开放与合作背景拓宽了我国高等教育现代化国际交流平台，等等。在促进我国高等教育现代化发展的进程中，我们必须以高度的使命感把握机遇，用好机遇。

实现我国高等教育现代化也必须正视问题、研究问题。这些问题主要有：一是有些理念滞后，表现在很多大学对大学主体是什么、为什么办大学以及大学应该怎样办等缺乏深层次的理性认识；二是价值取向偏颇，表现在重功利价值轻学术价值，重科技价值轻人文价值，重局部近期价值轻整体长远价值，重个人发展价值轻社会发展价值，重效率价值轻公平价值，重适应社会的价值轻社会导引的价值，重分化的价值轻整合的价值，重维护稳定价值轻改革创新等方面，价值取向上的偏颇必然导致办学方向的迷茫、培养目标的模糊与高等教育功能的萎缩；三是发展定位不当，表现在我国当前许多高校在定位上仍然存在着办学目标雷同、服务面向不清、办学层次混乱、发展模式单一、办学特色淡化等问题；四是经费投入不足，表现在我国生均财政经费偏低，不同地区高校生均经费差距很大，公办高校经费投入与规模发展不相适应，不少高校的硬件建设和软件建设受到极大限制；五是制度建设薄弱，表现在大学与政府、社会的关系尚未理顺，大学自身的主体性的失落，有些大学内部也因种种原因出现行政权力异化，如职能官位化、作风衙门化、学术行政化等现象；六是教师现状堪忧，表现在部分高校教师人文素质偏低、敬业意识淡薄、价值观念偏颇和师德教风不佳等方面；七是培养模式僵化，反映在部分高校培养目标过专、专业划分过细、专业设置求全、教学方法重灌、学习方法过死、评价方法单一等；八是教学质量堪忧，主要反映在学生的自主学习能力不高、实践能力偏弱、创新人才较差等方面。我们必须以高度的责任感研究问题、破解难题。

本套丛书正是基于上述认识，围绕我国社会现代化进程中高等教育现代化面临的问题进行了探究。如有专著根据高等教育现代化是为了实现科教强国、人才强国的目标，将有效开发高校人力资源作为研究对象，以当今国际形势变动、国内发展转型、学校自身变革对高校教师开发以及人才培养的需求为研究切入点，重点评介了国内外高校人力资源开发与管理的相关理论，结合对当前高校人力资源开发与管理现状的调查研究，着重分析了高校人力资源选、用、管、评的机制优化与实施策略。有专著依据我国高等教育现代化追求公平与质量并重的目标，阐释了评价考生入学公平的最终标准是人人都能接受适合自己的高质量高等教育，人人都能成为社会的有用之才，人人都有出彩的机会；高等教育分流机制创新的根本目的是促进高等教育公平，前提条件是保证教育质量，高等教育分流机制创新必须合目的性、合规律性、合条件性。有专著认为实现乡村振兴是我国高等教育现代化的重要任务，提出了“培育一粒种子，带动一个专业，服务一群产业，扶持一方经济”“以师兴乡”的办学理念，开展了研究生层次乡村工匠之师培养培训创新实践与理论研究，总结出了“三界共振＋三双共振＋三术共振”要素之和及其相互作用的“全息共振”模式。有专著围绕高等教育对乡村振兴的智力支持的理念，采用访谈、个案等形式对某些具有典型性的农村社区进行实证调查，分析了高等教育对乡村振兴进行智力渗透方面的成绩与问题，提出了实现高等教育为乡村振兴提供切实有效智力支持的对策建议。有专著基于“制度—环境—行为”和“行为—环境—制度”两条主线，围绕制度、社会结构与组织环境、行为主体三大中心及其相互作用，对应用型本科高校教师工作考核制度的变迁机制和运行现状进行了探究。有专著立足于高等教育现代化是追求全体人民共同富裕、城乡协调发展的现代化，提出高师实践教学改革应以实习支教为抓手，整合教师教育实践教学改革和农村师资补充，建构地方政府推动下高校实习生、高校教师、乡村教师与城镇教师循环流转的“四元多维”模式，以促进贫困地区教育发展。有专著基于高职院校服务战略产业的方向，研究了区域战略性新兴产业对人才的需求，调查了职业院校人才培养现状，探讨和建构了推进职业院校服务区域战略性产业的路径和相关政策保障。有专著根据高等教育现代化的目标，从新制度主义理论视角出发，研究了推动高校分类发展，引导应用型本科高校特色发展，完善教师权益保障制度、工资薪酬制度和职称评定制度等的思路与对策。有专著以 112 所地方本科师范院校为样本，对组织目标、组织结构、组织行为等方面的转型问题进行了研究，提出了建立省级统筹下的教师教育体系、形成分类评估的制度、促进适合区域特色的本土化发展之路等对策。有专著基于知识生产模式理论的分析视角，综合运用多种方法，研究了西南地区地方高校的学科建设问题，剖析了地方高校与学科、地方高校与知识、学科与知识的逻辑关系，总结了西南地区地方高校学科建设的基本经验，梳理了地方高校学科建设中的主要问题，提出了在高等教育现代化进程中优化地方高校学科建设的基本路径。有专著以教育博士专业学位研究生培养模式为研究对象，以知识生产模式转型为理论视角，考察了我国教育博士专业学位研究生培养中的问题，提出了构建“系统集群—结构要素”组合的教育博士专业学位研究生培养模式和改革路径。

本套丛书在选题上都是紧紧围绕高等教育现代化发展，立足于问题研究，着眼于学科发展，致力于实践服务，既有宏观的政策考察，也有中观的制度分析，更有微观的对策探讨；书中提出的可行性建议与举措，对促进我国高等教育改革与发展具有一定的参考价值，希望能为构建中国式现代化高等教育体系，推进高等教育现代化发展贡献微薄之力。本套丛书的作者有些是资历尚浅的青年学者，书中有些观点和论证还显稚嫩和不足，但他们对教育深厚的人文情怀与现实关切令人感动。

中国高等教育现代化建设是一个系统工程，还有许多值得研究的问题。由于作者水平所限，以及对高等教育现代化发展的规律认识不深，本套丛书必有诸多不足，希望诸位读者不吝赐教。在此要特别感谢华中师范大学出版社领导、编辑部主任及各位编辑对本套丛书的大力支持。

董泽芳

2023 年 5 月 12 日

序

高等教育现代化既是教育内容及其质量的现代化，也是教育选择和教育影响更趋公平的现代化。作为一项分流施教的社会活动，高等教育将高中后学生分流到不同层次、不同形式、不同学科、不同地域、不同水平的高校进行施教，影响着这些学生未来在社会上的分层流动状况。目前我国社会分化加剧，收入差距拉大，高等教育呈现出固化社会阶层趋势。为认清这一现象，本书选取中华人民共和国成立以来的高校毕业生为调查样本，从分流施教视角，以流源、流量、流层、流型、流域、流向等为维度，分析了我国高等教育分流对社会分层流动的影响状况，揭示了存在的问题及其原因。在前人相关理论基础上，本书探讨了高等教育分流影响社会分层流动的内涵、特征、规律和趋势；面向知识经济社会，借鉴国外经验，本书从政府、高教、社会、家庭和学生五大主体出发，构建了我国高等教育分流影响社会分层流动必须遵循的五大原则、可供选择的五大模式和亟须应用的五大机制，探索了我国高等教育分流影响社会分层流动的政策框架和保障举措，为促进我国高等教育合理分流影响社会合理分层流动提供了理论和工作参考。

与以往研究相比，本书系统探究了高等教育分流影响社会分层流动的基本理论、现实状况、运行机制及政策建议，努力在多个方面有所创新。其一，在研究内容及理论上有所推进。本书从高等教育与社会公平的关系入手，对高等教育分流影响社会分层流动的内涵、特征、规律、趋势、机制、模式、价值取向等进行了系统探讨。其二，在研究视角及维度上有所拓展。本书综合运用社会学、教育学等多学科理论，基于分流施教与和谐互动视角，对高等教育分流影响社会分层流动的问题进行了全方位、大视野、多角度的透视；从流源、流量、流层、流型、流域、流向等8个维度分析高等教育分流对社会分层流动的影响，避免了单一维度的狭窄认识，使现状分析更趋全面。其三，在研究对象及方法上有所突破。本书直接选取北京、上海、湖北、河南、广西、云南六省（区、市）的社会人士调研高等教育分流影响社会分层流动的实然状态，不同于以往学者仅仅选取在校大学生分析高等教育分流对社会分层流动的可能性影响。在标杆仿效方面，本书对美、英、德等发达国家，从同一纬度，即都从高等教育、联邦政府、社会各界、学生家庭、高校学生等五大主体的作用机制与相关政策，分析、提炼和概括其高等教育分流影响社会分层流动的经验，便于比较和借鉴。本书运用系统分析法，开展理论、现状、策略等整体谋划、分析和建构，使研究成果臻于完善。其四，在研究结论及建议上有所创新。本书从系统论出发，将高等教育看作一个对高中后学生分流施教的系统，从系统化维度对高等教育分流影响社会分层流动的现状、问题及其原因进行了分析；从社会有机系统出发，对高等教育分流影响社会分层流动的模式、机制及政策进行了科学设计。本书提出了高等教育合理分流具有分流目标统筹兼顾、分流依据主客结合、分流结构比例协调、分流时机适度把握、分流实施形式多样的特征；社会合理分层流动具有社会个体全面发展、社会阶层流转有序、社会组织吐庸纳英、社会规则健全有效、社会系统稳定进步的特征；二者和谐互动具有“历史—渐进”规律、“个体—群体”规律、“显著—常态”规律等系列观点。围绕政府、高教、社会、家庭、学生五个方面，本书提出了高等教育分流影响社会分层流动的机制及政策建议。

本书的突出特色和主要建树在于：其一，首次从六省（区、市）大规模直接选取社会人士而非在校大学进行研究，实现了研究对象上的拓展和突破，使数据结果从“应然”走向“实然”，研究结论更趋准确；其二，首次基于系统论提出流源、流量、流层、流型、流域、流向等高等教育分流自我循环的8个方面，并将其作为分析维度测量和探究高等教育分流对社会分层流动的影响，使现状分析更趋全面；其三，首次从多学科视角和社会有机系统出发，较为系统地探讨了高等教育分流影响社会分层流动的内涵、特征、规律、趋势、机制、模式、价值取向等系列理论，使高等教育分流影响社会分层流动的理论体系和政策建议更趋科学。

本书契合了高等教育以“公平和质量”为中心的未来发展主旨，研究结论在构建中国特色理论话语体系方面具有一定推进，为高等教育合理而科学地发展进行了指向性探讨。在作者系列成果及研究方向同仁的共同影响下，教育部明确指出要将“高等教育公平”和质量作为近10年工作的两大重点，努力做好“教育分流”，促进“高等教育机会公平”和教育质量提高，奠定我国“社会公平”和社会发展的基石。

陈新忠

2022年6月28日

目　　录

第一章　绪　　论

高等教育是一项分流施教的社会活动，将高中后学生分流到不同层次、不同地域、不同形式、不同学科的高等教育机构进行施教，影响着受教育个体毕业之后在社会上的分层与流动。作为教育发展到一定历史阶段的产物，高等教育最初在教育中所占比重极小，对社会分层流动的影响亦微不足道；随着在教育中的比重增大，高等教育的社会分层流动作用逐渐进入公众和学者的视野。作为教育的最高层级，最初接受高等教育的社会个体极少，高等教育对社会分层流动的影响没有引起人们过多注意；随着接受高等教育的社会个体数量增多，高等教育对社会分层流动的影响受到社会公众广泛关注。在科学技术日新月异和民主程度日益增强的现代社会，各行各业入职门槛逐年提高，我国高等教育也从大众化走向普及化，高等教育促进个体社会分层流动的作用日趋凸显。然而，在收入差距拉大、社会分化加剧的现实背景下，我国高等教育呈现固化社会阶层之势。面向知识经济社会，我国高等教育分流主体运用科学的机制和策略，通过大学生这个特殊群体与社会组织及个体良性互动，实现社会阶层有序流转，是建设富强、民主、文明、和谐、美丽社会主义中国的重要途径。

第一节　研究背景及缘起

1977 年我国恢复高考给数以十万计沉积在社会底层的知识青年以向上社会流动的机遇，1999 年高校扩招又使社会个体通过高等教育实现向上社会流动的机会不断扩大。但是，社会个体借助高等教育实现向上社会流动的道路并非一帆风顺，外部资本的介入和各种规则的干预使得社会底层成员所依赖的这一应然坦途变得曲折而复杂①。

一、研究背景

改革开放后，我国经济社会生活发生了翻天覆地的变化，逐渐摆脱贫穷落后，整体达到小康水平。然而，与经济繁荣相伴随，我国人民群众收入差距拉大，社会成员分化加剧，社会底层人员赖以攀升的重要阶梯——高等教育，不仅不再像中华人民共和国成立初期那样主要为贫穷的工农子女服务，而且呈现出维护甚至固化社会阶层之势②。

（一）中国社会富裕化与阶层差距

与改革开放之前相比，我国经济实现了飞跃式发展。2010 年年底，我国 GDP 总值达到 5.879 万亿美元，超过同年日本 GDP 的 5.474 万亿美元，成为仅次于美国的全球第二大经济体③。1978 年，我国国内工农业生产总值仅约 5690 亿元④；2018 年，我国国内生产总值达到 900309 亿元，是 1978 年国内工农业生产总值的 158.23 倍。40 多年来，我国城乡居民收入持续增加，2018 年全国居民人均可支配收入 28228 元，比上年增长 8.7%；全国居民人均可支配收入中位数达 24336 元，增长 8.6%。其中，城镇居民人均可支配收入 39251 元，比上年增长 7.8%，城镇居民人均可支配收入中位数达 36413 元，增长 7.6%；农村居民人均可支配收入 14617 元，比上年增长 8.8%，农村居民人均可支配收入

---

① 陈新忠. 高等教育与社会公平研究：基于分流施教与和谐互动视角［M］. 北京：人民出版社，2014：1-2.

② 陈新忠. 分层与流动：高等教育分流的社会影响研究［M］. 武汉：华中师范大学出版社，2018：1-3.

③ 林倩娅，舛友雄大. 中国正式成为世界第二大经济体［EB/OL］.（2011-02-14）［2021-10-26］. http://international.caixin.com/2011-02-14/100225508.html.

④ 中华人民共和国国家统计局. 中华人民共和国国家统计局关于一九七八年国民经济计划执行结果的公报［EB/OL］.（2002-03-31）［2021-10-26］. http://www.stats.gov.cn/tjsj/tjgb/ndtjgb/qgndtjgb/200203/t20020331_29991.html.

中位数达13066元，增长9.2%[①]。2020年11月23日，贵州省政府新闻办举行新闻发布会，宣布紫云县、纳雍县、威宁县、赫章县、沿河县、榕江县、从江县、晴隆县、望谟县等9个县退出贫困县序列，标志着贵州全省66个贫困县实现脱贫，也标志着全国832个贫困县全部脱贫摘帽[②]。2021年2月25日，中华人民共和国主席、中国共产党中央委员会总书记习近平在全国脱贫攻坚总结表彰大会上庄严宣告，我国脱贫攻坚战取得了全面胜利，现行标准下9899万农村贫困人口全部脱贫，12.8万个贫困村全部出列，区域性整体贫困得到解决，完成了消除绝对贫困的艰巨任务，创造了又一个彪炳史册的人间奇迹！[③]然而，在市场经济发展过程中，我国社会结构由工人、农民、干部和军人等单调化社会成分向多样化阶层转型，涌现出了个体工商户、民营企业主、自由职业者、中介组织从业者、农民工等新兴社会阶层，贫富差距逐渐拉大。西南财经大学中国家庭金融调查与研究中心在“中国财富管理高峰论坛”上的报告指出，我国资产前10%的家庭依然占有60.6%的资产[④]。全国政协常委、提案委员会副主任赖明教授指出，我国贫富差距已从20世纪70年代末的4.5倍扩大到当前的12.66倍，城乡居民人均收入相差3倍以上。从国际上测量收入差距的基尼系数看，1978年我国城镇居民为0.16，农村居民为0.21，基本处于平均状态；但从20世纪90年代起，我国居民基尼系数突破了国际公认的警戒线0.4，高居不下，甚至连续多年超过0.7，收入差距过大[⑤]。2019年以来，我国人

---

① 中华人民共和国国家统计局. 2018年国民经济和社会发展统计公报［EB/OL］.（2019-02-28）［2022-04-30］. http://www.stats.gov.cn/tjsj/zxfb/201902/t20190228_1651265.html.

② 张艳玲. 中国发布：832个国家级贫困县全部脱贫摘帽［EB/OL］.（2020-11-24）［2022-07-15］. http:// news.china.com.cn/txt/2020-11/24/content_76943859.htm.

③ 习近平. 在全国脱贫攻坚总结表彰大会上的讲话［EB/OL］.（2021-02-25）［2022-06-30］. https://www.12371.cn/2021/02/25/ARTI1614258333991721.shtml.

④ 陈地，吴晓颖. 调查称一成家庭拥超六成财富［EB/OL］.（2014-02-24）［2022-04-30］. http://www.chinanews.com/sh/2014/02-24/5876337.shtml.

⑤ 赵婀娜. 报告称我国顶端1%的家庭占有全国三分之一以上财产［EB/OL］.（2014-07-25）［2022-04-30］. http://society.people.com.cn/n/2014/0725/c1008-25345140.html.

均国民总收入突破 1 万美元，人均年收入超过 3 万人民币，但仍有 6 亿多人每个月人均收入不到 1000 元。国务院总理李克强指出，这些收入水平低于全国平均收入水平的人群主要集中在农村；怎样保障他们的基本民生，应该放在极为重要的位置①。面对中国社会富裕程度提高和贫富悬殊扩大，社会成员大都在密切关注：高等教育是在成为社会个体迈向经济富裕的助手，还是在成为被富人裹挟的昂贵品远离贫民？人们希望借助高等教育而富足，同时希望在高等教育面前起点平等，不因家庭贫富而影响社会个体对高等教育的选择。

（二）高等教育普及化与机会差异

美国学者马丁·特罗研究认为，高等教育发展历程以高等教育毛入学率为指标可分为“精英化、大众化和普及化”三个阶段。当高等教育毛入学率小于 15％时，高等教育处于精英化阶段，只有极少一部分人才能享有高等教育机会；当高等教育毛入学率达到 15％而低于 50％时，高等教育迈入大众化阶段，更多的社会成员可以享有高等教育机会；当高等教育毛入学率达到和超过 50％时，高等教育就进入普及化阶段，意味着所有有意愿和有能力的社会成员都能更大程度地享有高等教育机会。我国真正意义上的现代高等教育兴起于 19 世纪末 20 世纪初的清朝末期，迄今不过 100 余年的历史。在整个 20 世纪里，我国高等教育规模一直很小，对整个社会群体及其成员的分层流动影响轻微。1949 年，中国 5.4 亿人口中高等教育毛入学率仅为 0.26％。1977 年高考制度恢复后，我国高校大学生人数持续增加，1978 年高等教育毛入学率为 1.55％，1988 年达到 3.7％，1998 年升至 9.76％。1999 年高校扩招后，我国高校在校生人数迅速增加②。2002 年，我国高等教育毛入学率达到 15％，标志着中国高等教育进入大众化阶段；2004 年，我国高等教育

---

① 陈新忠. 农民的出路：教育促进农民收入代际流动性的机制与政策 [J]. 北京工商大学学报（社会科学版），2021，36（6）：80-89.

② 李忠云，陈新忠. 大学经营理念探析 [J]. 华中农业大学学报（社会科学版），2006（6）：103-107.

规模突破 2000 万人，高等教育规模位居世界第一。2019 年，我国高等教育毛入学率已达 51.6%，标志着进入普及化阶段；各类高等教育在学学生总规模达 4002 万人，比中华人民共和国成立时增长了 300 余倍[①]。与此同时，我国高等教育人口不断增多，比重不断提升。截至 2015 年，我国高等教育人口达 1.71 亿，占全国人口的 12.4%；截至 2020 年，我国新增劳动力中，高等教育人口比例已超过 50%，平均受教育年限达 13.7 年，位居世界前列[②]。然而，尽管高等教育普及化使越来越多的社会成员拥有了高等教育机会，但高等教育机会在社会各阶层中的分布并不尽如人意，引发了社会公众的质疑和焦虑。温家宝同志曾在国家科教领导小组会议上说："过去我们上大学的时候，班里农村的孩子几乎占到 80%，甚至还要高，现在不同了，农村学生的比重下降了。这是我常想的一件事情。"[③] 20 世纪 90 年代以来，我国国家重点大学中的农村学生比例持续滑落，北京大学 2000 年至今的农村子弟在当年入学新生中只占一成左右[④]；中国农业大学 2010 年入学新生中农村户籍学生比例跌破 30%，只有 28.26%[⑤]。2010 年，农村高考学生占全国考生的比例为 62%，考上的农村学生主要集中在普通地方院校与专科院校[⑥]。高等教育是社会底层特别是农民和农民工子女实现向上社会流动的重要渠道，许多贫寒家庭的年轻人通过高考实现了"鲤鱼跳龙门"。社会底层民众盼望在高等教育机会不断增多的社会背景下，优质高等教育能够对他们保持渠道畅通。

---

① 中华人民共和国教育部. 2019 年全国教育事业发展统计公报［EB/OL］.（2020-05-20）［2021-09-18］. http://www.moe.gov.cn/jyb_sjzl/sjzl_fztjgb/202005/t20200520_456751.html.

② 张银锋. 高等教育人口占比提升至新水平［EB/OL］.（2017-05-03）［2022-07-10］. http://www.cssn.cn/sf/bwsf_sh/201705/t20170503_3506482.shtml.

③ 赵婀娜，田豆豆. 重点高校农村学生越来越少［N］. 人民日报，2009-01-15（11）.

④ 郭国松. 重点大学农村学生比例持续滑落　北大仅 1 成［EB/OL］.（2012-03-08）［2022-07-10］. https://china.huanqiu.com/article/9CaKrnJuw2I.

⑤ 周逸梅. 中国农业大学农村新生不足三成［EB/OL］.（2011-08-23）［2022-07-10］. http://www.pxto.com.cn/news/zz/17ec670a3e6bacdc.html.

⑥ 郭国松. 重点大学农村学生比例持续滑落　北大仅 1 成［EB/OL］.（2012-03-08）［2021-07-10］. https://china.huanqiu.com/article/9CaKrnJuw2I.

（三）现代知识资本化与职业差别

1969年，美国学者加尔布雷斯（Galbraith J）研究认为，现代知识并非纯粹的知识形态，而是一种动态的资本，由此提出了“知识资本”的概念，拉开了知识经济理论探讨及其实践发展的序幕[①]。知识经济是以教育和科技为依托，基于知识生产、分配及使用的新型经济。在现代经济产业中，以美国微软公司创始人比尔·盖茨为代表的软件知识产业的兴起标志着知识经济的确立。微软公司运用软盘和软盘中包含的知识等知识产品打开了计算机应用的大门，产值连续多年超过美国三大汽车公司（通用、福特和克莱斯勒）的总和。继微软之后，美国出现了5000多家软件公司，它们对经济的贡献不亚于名列前茅的500家世界大公司，成为美国近年来经济增长的主要源泉。知识资本在现代社会经济发展中的贡献率不断提升，预示知识资本必将是今后社会经济发展中回报率最高的资本形态，知识经济将成为21世纪的主导型经济。面对扑面而来的知识经济，越来越多的社会个体必将努力通过借助接受高等教育，进而谋求社会上知识和技术含量较高的职业岗位，以确立自己在社会分层流动中的经济社会地位，获得更多更好向上流动机会[②]。然而，社会行业及其职业的经济收入和社会地位差异很大。除了历史原因带来的工农之间差距显著之外，城镇职工在各行各业的收入与地位差距亦愈来愈大。金融业、互联网、机关单位等行业与职业受人追捧，农、林、牧、渔、地、矿、油和传统机械制造业等行业对求职者吸引力较弱。根据国家统计局数据，中国证券业的工资水平比全国职工平均工资高6倍左右，收入最高和最低行业的差距达11倍。人力资源和社会保障部工资研究所发布的最新数据，这一差距又扩大到15倍。如果把证券业归到金融业一并计算，行业差距也高达6倍。根据人力资源和社会保障部国际劳工保障研究所提供的资料，我国之外的其他市场经济国家

---

① 冯天学，田金信．知识资本的概念、结构与特征分析［J］．哈尔滨工业大学学报（社会科学版），2006（1）：82-86.

② 陈新忠，李忠云．大学经营及其风险防范［J］．黑龙江高教研究，2006（2）：79-81.

最高和最低行业工资差距，日本、英国、法国仅为1.6～2倍左右，德国、加拿大、美国、韩国也只是介于2.3～3倍之间[①]。在中国特殊的国情下，现代知识资本化的国内外趋势迫使社会成员不得不努力选择进修高等教育，而社会行业及其职业之间收入与地位的巨大差距又使社会成员面临着付出较大的经济成本和时间成本后前途未卜的尴尬局面。

（四）教育变革渐进化与现实落差

我国现代高等教育自产生之日起便开始了模仿发达国家的变革，在不断变革中探索适宜中国、满足中国的特色发展之路。1949年中华人民共和国成立之前，我国现代意义上的高等教育经历了学习西文、西艺以培养专才，仿效日本而建立高等学堂、大学堂、通儒院三级制体系[②]，借鉴美国实施大学、大学院（研究生院）二级制度以造就近代科学人才的演变过程[③]。中华人民共和国成立之后，我国高等教育先仿苏联，后学欧美。在改革开放之前仿学苏联高等教育模式的过程中，我国消除私立学校，统办公立高校，建立起中央集权的高等教育管理体制；在改革开放之后效仿欧美办学模式的过程中，我国逐渐发展私立高校，自主办学权逐步向高校回归[④]。20世纪80年代中期以来，我国加快高等教育改革步伐，通过《关于教育体制改革的决定》（1985年）、《中国教育改革和发展纲要》（1993年）、关于高校大幅度扩招的决定（1999年）等政策和举措，调整高等教育布局，扩大高等教育规模，扩大高校办学自主权[⑤]。尽管我国高等教育培养了数以千万计的各级各类大学毕业生，有力支持了国家经济建设和社会发展需要，一定程度上满足了广

---

① 宋晓梧．中国不同行业收入差距扩大至15倍 跃居世界首位［EB/OL］．（2011-02-09）［2021-09-30］．http://www.hinews.cn/news/system/2011/02/09/011977390.shtml.

② 刘艳玲．近代日本对中国高等教育发展的影响初探［J］．日本问题研究，2007（1）：38-40.

③ 张伶俐．中国近代高等教育模式的演变［D］．湘潭：湘潭大学，2006：16-30.

④ 陈新忠．高等教育变革的理论回应与社会支持［J］．国家教育行政学院学报，2014（4）：43-47.

⑤ 陈新忠，程华东．回眸与展望：高校领导的转型与超越［J］．高教探索，2009（3）：33-36.

大青年渴求高深知识和求学转变命运的愿望，高等教育变革的渐进性质决定了许多改革很难一步到位，变革的成效和成果仍然与社会大众的期望存在较大的差距。在现实建设和发展中，高等教育还存在诸多问题。其一，在招录生源上，我国高等教育存在着以一次考试分数高低划分人才，以公费、自费和单位资助区分人才，以东部、中部和西部地区差异选择人才等客观现象；其二，在教育形式上，我国高等教育受传统陈腐观念和现行体制的影响，存在着重正规教育轻非正规教育、重公办教育轻民办教育、重精英教育轻大众教育、重职前教育轻职后教育、重重点高校轻一般高校等偏颇之处；其三，在专业选择上，我国高等教育存在着大多数学生"入学即分流"的专业选择时间问题和"一考定终身"的专业选择次数问题；其四，在教育承转上，我国高等教育存在着普通高等教育与职业高等教育的沟通问题，以及普高与职高的相互贯通问题；其五，在教育结构上，我国高等教育存在着民办高等教育发展不足、成人高等教育资源短缺等类型结构问题，本科层次发展不强、专科层次独立不够、研究生教育严重滞后等层次结构问题，国家急需的科研人才培养不多、专业设置上盲目跟风现象仍比较严重等专业结构问题，东部与西部高等教育资源配置极不平衡、中心城市与非中心城市的高校差距越来越大等地域结构问题；其六，在教育定位上，我国高等教育存在着培养对象不清、服务方向不明、办学层次混乱等问题，许多高校盲目攀高升格、扩大规模、抢办热门专业、追求"大而全"①。高等教育现存的种种问题为社会成员正常通过高等教育这一渠道实现向上社会流动增加了更多的不确定性，增大了对高等教育的选择难度。

（五）社会治理民主化与公众诉求

随着民主政治在世界范围内快速发展和现代管理理念革新，社会管理正在逐步向社会治理转型。从社会管理到社会治理，社会经营模式表现出从一元主导到多元共治、从人治到法治、从集权到分权、从管制到

① 董泽芳．高等教育分流问题研究［J］．高等教育研究，2003（4）：35-40．

服务的变化趋势[①]。在计划经济时代，政府大包大揽，几乎垄断所有社会资源，并通过各种“计划”管理社会事业，以巩固新生政权。那时，政府是社会管理的唯一主体，社会管理的实质是社会控制；社会管理以协调社会、群体、个人间的资源配置为目的，以最大的物质保障满足国家战略发展需要。改革开放以来，我国社会民主化进程逐步加快，公民参与社会治理意识逐渐增强。对于高等教育而言，人民群众的社会评价日益受到高校重视，麦可思等社会团体的社会调查越来越关注高校的全面发展；高校董事会一般都会吸纳社会人士加入，高校重大建设广泛听取社会意见已经成为工作常态。每年一度的全国人民代表大会和中国人民政治协商会议（简称“两会”），全国人大代表和政协委员都会就高等教育领域的热点问题展开讨论，建言献策。2010 年 3 月，来自河南的基层全国人大代表毛杰在“两会”上发言，认为河南教育经费占到财政支出的 20%，但被巨大的人口平均后，生均教育经费在全国却排在后列（第 28、29 甚至 30 位）；面对办学经费不足和群众对子女接受好教育的强烈要求，建议以资源人均占有量的均衡为出发点，加大对人口大省教育投入的力度，在推进教育公平进程中谨防教育均衡化就是平均主义、把普及教育与优质教育事业对立起来的认识误区[②]。2011 年 3 月 4 日，全国人大代表郭凤莲、马巧珍[③]，全国政协委员刘焱[④]等在“两会”上反映农村幼教资源缺失引发高等教育机会不公问题，呼吁政府因地制宜建立健全农村幼儿及基础教育。2012 年 3 月 9 日，全国政协委员钟秉林、张平、郗杰英、李和平、刘长铭、赵丽宏等在全国政协十一届五次会议记者会上畅谈促进教育公平、提高教育质量问题，指出教育

---

① 戚学祥，钟红．从社会管理走向社会治理［J］．探索，2014（2）：66-69.

② 毛杰．再谈推进教育公平［EB/OL］．（2010-03-14）［2021-09-18］．https://www.henanrd.gov.cn/2010/03-14/2363.html.

③ 马巧珍．解决农村幼儿教育资源缺失问题［EB/OL］．（2012-03-08）［2021-09-18］．http://www.jconline.cn/Contents/Channel_11168/2011/0308/610680/content_610680.htm.

④ 刘茜．全国政协委员刘焱：学前教育两方面有待改进［EB/OL］．（2011-03-04）［2021-09-18］．http://www.jyb.cn/china/gnxw/201103/t20110304_417242.html.

公平的关键是机会公平，重点是促进义务教育均衡发展[①]。2013 年 3 月，全国人大代表薛志国[②]，全国政协委员冯俊[③]、翟美卿[④]等在“两会”上热议农民工子女和留守儿童教育问题，一致认为教育公平是最大的社会公平，决不能让农民工子女和留守儿童输在“起跑线”上。2014 年 3 月，全国政协委员、新东方教育集团董事长俞敏洪在接受采访时表示，农村留守儿童的教育更多的是农村教师在负责，而农村教师很多本身是留守老人或受教育程度不高人员，教育水平也会有一定限制，他认为国家应当出台相应办法将城市教师引至农村任教，通过提高教师教育水平提高留守儿童教育质量[⑤]。2015 年 3 月，全国人大代表龚克、郑强等做客中国青年网，与网友、媒体交流、讨论我国的教育改革问题[⑥]。2016 年 3 月，全国人大代表沈健指出，提高教育程度可以有效解决贫困代际相传[⑦]。2017 年 3 月，全国政协委员、蓝光控股集团董事局主席杨铿建议由政府牵头设立教育扶贫基金，吸引企业参与；在此基础上设立基础教育和技能培训两种不同的教育扶贫模式，既保障适龄学生的受教育权利，又切实提升赋闲劳动力尤其是五六十岁中老年无业人口的基本谋生技能；创新建立脱贫的长效机制，改变过去简单的“资金扶贫”

---

① 政协委员谈促进教育公平提高教育质量［EB/OL］.（2012-03-09）［2021-09-18］. http://www.xinhuanet.com/politics/2012lh/zhibo/20120309d/index.htm.

② 全国人大代表薛志国谈教育［EB/OL］.（2012-03-09）［2021-09-18］. http://www.xinhuanet.com/politics/2012lh/zhibo/20120309d/index.htm.

③ 冯俊. 用“流动教育计划”解决民工子女教育问题［EB/OL］.（2012-03-12）［2021-09-18］. http://www.chinanews.com/edu/2013/03-12/4636696.shtml.

④ 翟美卿. 莫让留守儿童成为家庭教育盲区［EB/OL］.（2012-03-12）［2021-09-18］. http://www.chinanews.com/gn/2013/03-12/4635798.shtml.

⑤ 金寒草. 2014 年两会“教育好声音”：教育公平［EB/OL］.（2014-03-08）［2022-06-30］. https://www.mj.org.cn/mjzt/2014lh/2014-03/08/content_136490.htm.

⑥ 苏贺，李延兵. 人大代表谈新常态下教育改革：平等、公正、自由［EB/OL］.（2015-03-07）［2021-09-18］. http://news.youth.cn/gn/201503/t20150307_6509501.htm.

⑦ 沈健. 提高教育程度可以有效解决贫困代际相传［EB/OL］.（2016-3-11）［2021-9-18］. http://news.xinhuanet.com/politics/2016lh/2016-03/11/c_1118305826.htm.

模式是根本方向，充分发挥教育阻断贫困代际传递的有效作用①。2018年3月，全国政协常委朱永新在“两会”期间撰文指出，现在中国教育的主要矛盾已从过去的“有没有学上”转变为“能否上好学”的问题，教育公平的问题也有新的表现形式，提高教育质量已成为新时代背景下与教育公平同样重要的问题；我们一方面要解决好不均衡问题，更加注重教育公平，一方面也要注重不充分问题，更加注重教育质量，加大对边远地区、农村地区、薄弱学校的支持力度，逐步补齐学前教育、特殊教育、进城务工人员随迁子女教育等短板，努力学习借鉴世界各国先进教育理念和方法，进一步提升教育品质②。2019年3月，全国政协委员赵跃宇认为中西部地区的地方政府在教育方面的投资往往不能支撑大学发展的需求，建议财政资金的配置方向要兼顾高等教育弱省，加大对地方特别是中西部地区教育事业发展转移支付力度，通过搭建各种平台，使更多地方高校获得中央财政的支持③。2020年5月，全国人大代表周洪宇、刘希娅、杨善竑，全国政协委员贺颖春、许玲、管培俊等在“两会”上围绕“教育公平发展和质量提升”建言献策，认为建设教育强国是中华民族伟大复兴的基础工程，强调推动教育公平发展和质量提升非常必要而紧迫；不管是促进教育公平还是提升教育质量都要靠教师来实现，应该加强师资队伍建设，建设一支高素质、专业化、创新型的教师队伍，特别是要在农村继续实施乡村教师支持计划，继续实施特岗计划和公费师范生制度，完善大中小学师德建设的长效机制④。2021年

① 刘博智，赵秀红，张滢. 教育公平成果要让百姓感受到：代表委员热议政府工作报告教育关键词“公平”[EB/OL]. (2017-03-07)[2022-06-30]. https://www.moe.gov.cn/jyb_xwfb/xw_zt/moe_357/jyzt_2017nztzl/2017_zt01/17zt01_jd/201703/t20170307_298428.html.

② 朱永新. 追寻公平而有质量的教育 [EB/OL]. (2018-03-08)[2022-06-30]. https://www.edu.cn/zhong_guo_jiao_yu/zhuan_ti_lan_mu/lh/sy/201803/t20180308_1588607.shtml.

③ 高毅哲，柯进，董鲁皖龙，等. 推动优质教育资源供给再升级：代表委员热议发展更加公平更有质量的教育 [EB/OL]. (2019-03-08)[2022-06-30]. https://yz.chsi.com.cn/kyzx/kydt/201903/20190308/1772058069.html.

④ 高毅哲，柴葳，唐琪，等. 不断满足人民对优质教育的期盼：代表委员热议推动教育公平发展和质量提升 [N]. 中国教育报，2020-05-24 (1).

3月，全国政协委员唐江澎指出，学生没有分数，就过不了今天的高考，但如果只有分数，恐怕也赢不了未来的大考；好的教育应该是培养终身运动者、责任担当者、问题解决者和优雅生活者，给孩子们健全而优秀的人格，赢得未来的幸福，造福国家社会①。2022年3月，全国政协委员刘尚希提出，为推动义务教育优质均衡发展，教育资源的规划布局应改变静态的地理思维，注重与人口流动的匹配性，资源配置要形成动态；建议进一步完善义务教育财政转移支付分配制度，健全以政府投入为主、多渠道筹集经费的义务教育投入稳定增长机制②。在社会治理民主化的趋势下，社会公众希望获得社会公正和教育公平，对高等教育和社会分层流动之间负面影响的容忍度将越来越小，大胆建言献策将为大多新时代公民所选择。在社会治理民主化的氛围中，社会成员大都具有表达自己高等教育愿景的要求，也有改变国家和地方高等教育现实问题的期望，更有参与高等教育治理的向往和热情。

二、研究缘起

20世纪90年代以来，我国高校扩招使更多社会成员拥有了高等教育机会；同时，“双向选择”“自主择业”的就业制度实施打破了计划经济条件下“统包统分”“包当干部”的高校毕业生传统分配制度，给大学毕业生找寻工作带来了困难和挑战。在城乡差距客观存在的现实背景下，我国城乡二元户籍区分和生活成本悬殊基本堵死了普通农民转变为城市市民的社会晋升渠道；在各种行业就业门槛不断提高的社会现实面前，基础学历的入职要求迫使城乡社会成员不得不选择高等教育。进入21世纪以来，在社会成员主动或被动追逐高等教育的热潮中，笔者既看到了高等教育与社会分层流动之间的良性作用和影响，也深切地感受到了高等教育与社会分层流动之间的非良性互动，社会科学工作者的使

① 周易．两会教育议题：受访者最关注教育公平和学生身心健康［EB/OL］．（2021-03-09）［2022-06-30］．https://baijiahao.baidu.com/s?id=1693726975238825497&wfr=spider&for=pc.

② 刘尚希．义务教育资源的均衡配置要“随人走”［EB/OL］．（2022-03-09）［2022-06-30］．https://baijiahao.baidu.com/s?id=1726800520943291310&wfr=spider&for=pc.

命驱使自己主动投入这项研究，以求呈现事实，改善现状。

（一）高校规则对社会良性分层流动的阻滞

高校原本是高等教育功能和高等教育公平的维护者，但在选人用人方面制定的规则有意无意地消解了高等教育的积极功能，破坏了高等教育公平。按照现今社会默认的通则和标准，以本科院校的三种常见类型为例可以“窥一斑而知全豹”。某教育部直属的“双一流”建设大学在人才招聘简章中明确规定，报考本校辅导员必须是“具有国家‘双一流’或‘985 工程’‘211 工程’重点建设大学研究生学历、硕士学位的应届毕业生，且基础学历为国家‘双一流’或‘985 工程’‘211 工程’重点建设大学的全日制普通本科”，“年龄在 28 周岁以内，未婚”；应聘本校教师也要求“应聘者须为博士，基础学历为‘双一流’或‘211’‘985’高校的全日制本科”。某省属公立二本院校在人才招聘中明文规定，博士必须是“海外留学归国、‘985 工程’高校、中国科学院与中国社会科学院等科研机构，以及专业在国内一流的高校博士毕业生；本科、硕士及博士专业应一致或相近，且本科为省属重点院校以上全日制毕业；年龄一般不超过 35 周岁”；硕士必须是“海外留学归国硕士（课程硕士除外），特殊专业在国内属于一流的高校硕士毕业生，本科与硕士专业应一致；本科为‘双一流’或‘985 工程’‘211 工程’高校全日制毕业；年龄不超过 28 周岁”。某民办本科院校在人才招聘中也明确规定，应聘教师者“应为‘双一流’或‘211 工程’‘985 工程’高校硕士或博士，且基础学历为全日制二本及以上，年龄一般不超过 35 周岁”；应聘辅导员者“应为‘双一流’或‘211 工程’‘985 工程’高校硕士研究生，且基础学历为全日制二本及以上，年龄不超过 28 周岁，男性优先”。

在以上规定之下，本科为“双一流”或“211 工程”“985 工程”高校的硕士研究生即使学业平平，也能够轻松进入所有高校的笔试或面试程序，能够相对容易地获得高校辅导员的职位；本科为“双一流”或“211 工程”“985 工程”高校的博士研究生则更有优势，符合条件者会因为基础学历的光环而被应聘高校优先录取。在这种情况下，本科为“双一流”或“211 工程”“985 工程”以下高校的硕士研究生即使学业突出，也几乎无缘入围公立二本及以上高校辅导员的招录程序，获得高校辅导员职位的机会微乎其微；本科为民办院校或基础学历为专科及其以下的硕士、博士研究生，即使付出了较多的努力，取得了比一般同学较好的成绩，在高校中寻找工作也更加艰难，成功概率较小。与男性比，女性在求职的很多岗位中也处于相对劣势。并且，在近年的研究生招生中，有的专业开始在面试中实行大量调剂基础学历为“双一流”或“211 工程”“985 工程”高校的生源、淘汰基础学历为二本及其以下的第一志愿报考入围者的办法，使基础学历虽然较差但后来非常刻苦努力的考生，逐渐丧失了进一步接受高等教育并以此改变自我社会困境的机会。高校设定这样的规则虽有其自身的道理，但长此以往，无疑是在固化社会成员对高等教育第一次选择的成果，淡化自身对高等教育后继选择者的教育效果，同时也是在否定高等教育后继选择者的辛勤努力。对于高校的这些规则，笔者始终关注着，认为可以通过研究促使其转变，进而促进其在推动社会成员合理向上流动中发挥作用。

（二）社会现象对高等教育分流问题的暴露

在高校之外，社会上有碍高等教育良性影响社会分层流动的现象比比皆是。

其一，优势社会家庭通过非正常渠道为自己及子女争取优质高等教育资源。一方面，优势社会资源家庭可以通过金钱、权力和各种社会关系，钻政策的空子，甚至投机取巧，为子女争取国内优质高等教育机会。2004 年 9 月，时任湖南省隆回县公安局政委的王峥嵘从女儿班主任邵东县一中教师张文迪处获取了罗彩霞的高考信息，伪造了罗彩霞的户口迁移证等证件。9 月 27 日，在王峥嵘的操作下，当年高考成绩仅为 335 分的王佳俊冒用罗彩霞之名被贵州师范大学补录。2009 年 3 月，罗彩霞在申办开通网上银行业务时被拒，随后确认她的身份证信息被高中同班同学王佳俊盗用①，王佳俊冒名顶替上大学的事情才公布于众。

① 瞿凌云. 罗彩霞谈被顶替上大学案［EB/OL］.（2010-08-14）［2022-06-30］. http://edu.sina.com.cn/gaokao/2010-08-14/1422263075.shtml.

“罗彩霞事件”是冒名顶替上大学的标志性事件，但罗彩霞并不是第一个被冒名顶替上大学的人，也绝非是最后一个[①]。无独有偶，2015年5月，没有上过大学的河南农村女子王娜娜前往银行申请办理大额信用卡被拒。至此，王娜娜在10多年前被人冒名顶替上大学的事件才浮出水面[②]。与冒名顶替上大学性质相类似，2014年6月，高考违规加分现象再次进入大众视野。辽宁本溪高中的1000余名考生中有87人获得了体优生加分资格，这些人按规定可享受高考加10分。许多家长在网上对此提出质疑，称其中多名获得二级运动员称号的考生涉嫌严重造假，标注为男生的考生竟然参加女子乒乓球单打；有人举报存在收费办证情况，足球项目4万元，游泳项目7万至8万元。这一事件曝光后，本溪市原有168名加分考生，74人随即主动放弃加分。有网友统计发现，除西藏和山东外，2014年全国29个省份共产生了78位高考头名，其中加分头名有23人，占总数约三成！福建和天津高考加分头名人数最多，而天津全为“加分头名”[③]。另一方面，优越社会地位的人可以主动或被动地轻而易举享受优质高等教育。从一些倒台的贪官污吏的经历中，我们可以发现他们绝大部分都有名牌名校的硕士或博士头衔，有些博士学位专业与其学历或工作经历的匹配状况格外令人咋舌。2014年3月落马的云南省原副省长沈培平毕业于保山师范专科学校中文系，从未涉足理工科领域，竟摇身一变成了北师大资源学院自然地理学专业的研究生。更神奇的是，他竟然得到了北师大的理学博士学位[④]。此外，优势社会资源家庭可以通过金钱和权力等为子女取得国外优质高等教育机会。21世纪以来，我国前往国外留学高等教育的学子人数增长迅速，除了较少一部分是通过正常升学渠道公费录取外，大多学生是通过家庭

① 刘万永. 谁在操纵“冒名顶替上大学”[N]. 中国青年报，2011-01-24 (7).

② 李砍柴. 19年前，那个被“冒名顶替上大学”的河南女孩王娜娜，如今怎样了[EB/OL]. (2022-06-07)[2022-06-30]. https://www.163.com/dy/article/H99DO4DJ0521DC6R.html.

③ 李征. 高考加分如何才能更“阳光”：辽宁体优生加分被指造假引热议[N]. 文汇报，2014-07-06 (2).

④ 王旭明. 中国高校滥发文凭头衔成灾[EB/OL]. (2014-07-25)[2022-06-30]. http://opinion.huanqiu.com/opinion_china/2014-07/5082486.html.

高额出资获得的。这些学生毕业后无论在国外还是回国内求职就业，都将具有相对的学历优势。

其二，社会成员的教育选择助推教育分层进而影响高等教育机会。就城乡社会而言，农村家庭父母为让子女获得较好的基础教育，源源不断地将子女送到城镇中小学读书，使得城镇中小学规模膨胀，师资和其他办学资源因此而更加集聚；同时也使农村中小学规模萎缩，师资和其他办学资源因此而更加匮乏。在河南省平顶山一所以往有 300 多名学生规模的农村小学里，现在一个年级仅有 6 个学生，全校仅有 60 多名学生。已被合并的松园小学校长介绍说："一个班级五六个人，一所学校不到 10 个老师，一个老师包揽所有科目……在城区学校人气爆棚的对比之下，这样的数字更显得不真实。但，这是河南农村中小学的普遍现状！"[①] 在江西省宜春市芦村镇双江村小学，2013 年秋季开学前全校 9 名教师一下子离开了 4 位，使这所乡村小学无法开展正常教学[②]。2015 年河南省地方经济社会调查队对全省 120 所农村小学进行专项调查显示，河南省农村学校的生源萎缩，杞县高阳镇一所正常招生生源在 30 人左右的小学 2014 年秋季仅招到 7 人[③]。2010 年以来，生源流失、师资不齐、设施落后等正导致众多农村中小学呈现空巢之象。2022 年 6 月 21 日，教育部教育督导局局长田祖荫在新闻发布会上指出，受城镇化等因素影响，一些地方农村学校生源大幅减少、城镇学校随迁子女不断增加，我国中小学教育面临"乡村空、城镇挤"的突出矛盾[④]。就城市社会而言，市民们对优质基础教育资源的追逐也使同一城市的重点

---

① 赖海芳，王向前. 河南农村中小学空巢严重 生源少设备差校园成菜地 [EB/OL]. (2011-11-02)[2022-06-30]. http://news. dahe. cn/2011/11-02/100920067. html.

② 魏本貌. 乡村教师，拿什么留住你：江西宜春芦村镇双江小学开学前老师走了近一半 [N]. 人民日报，2013-10-11 (12).

③ 刘博智，陈少远. 农村生源萎缩 城镇化"抽空"了乡村学校？[EB/OL]. (2016-04-12) [2021-9-18]. http://news. youth. cn/jy/201604/t20160412_7849356. htm.

④ 粟裕. 教育部：一些地方农村学校生源大幅减少 城镇学校随迁子女不断增加 [EB/OL]. (2022-06-21)[2022-06-30]. https://baijiahao. baidu. com/s?id=1736224952597728484&wfr=spider&for=pc.

中小学保持超负荷规模，办学资源集中而优越；非重点中小学学生规模达不到常规要求，办学资源贫乏而低劣。北京市由于优质基础教育资源区县之间分布不均衡，教育资源相对贫乏地区的中小学生跨区县就学现象非常普遍，规模在13.6万人以上，其中朝阳和丰台是全市最大的两个跨区县就学学生流出区①。社会成员对基础教育的选择助推了教育分化和成层，势必影响到高等教育机会的配置设计，进而影响社会弱势群体借助高等教育进行社会流动的梦想。

其三，社会用人单位招聘人员时在学历层次和类型上设槛。随着我国高等教育规模的快速扩大，劳动力市场上高学历毕业学生人数增加迅速，用人单位的人才招聘有了更多选择。部分用人单位在招聘时为了加快简历筛选速度，尽快招聘到合适员工，因而对求职者的学历层次和类型设置较高门槛。据《新文化报》报道，吉林省社会科学院（社科联）及直属事业单位面向社会公开招聘10名工作人员，招聘条件中有一项共同要求：第一学历要是“211工程”院校全日制本科。大庆市委组织部招聘123名本科生及硕士生，单位基本都是事业编制，包括发改委、审计局、财政局等28个主要部门，无须笔试、面试，只要学历、专业合格就有机会直接录用，但工作人员解释说：“我们只选择‘985工程’高校毕业生，而且要求是第一学历。”长春市某大型国企人力资源部副部长钱明表示，他们招聘毕业生时，第一学历必须为“211工程”及以上高校全日制本科。长春另一家大型国企宣传中心人士也透露，该单位招聘人员，管理层人员第一学历必须是“211工程”院校，并取得硕士学位，基层工作人员必须是“211工程”全日制本科。吉林大学就业指导中心人士也认为：“一般情况下，80%以上国企、事业单位到高校招聘应届毕业生，肯定是选择‘211工程’‘985工程’的院校。”东北师范大学统计，该校的应届硕士毕业生中，有52%的本科院校不是“211工程”和“985工程”高校，第一学历层次较低，导致就业难。该校负责就业工作的老师认为：“第一学历不是名牌大学，即使你是硕士研究

① 邓兴军. 北京近14万中小学生跨区就学［N］. 北京青年报，2009-12-04（A8）.

生学历，用人单位也不要。”他表示，从就业情况看，硕士研究生择业难问题更加严重，第一学历层次低、大龄硕士、女硕士等三类硕士群体就业形势严峻[①]。即使在中华人民共和国教育部办公厅 2013 年 4 月 16 日发布《关于加强高校毕业生就业信息服务工作的通知》要求“严禁就业歧视”[②] 之后，大量用人单位在招聘时依然存在有学历歧视现象。社会用人单位招聘人员时对于学历设槛，虽然简化、便利了自己挑选适合岗位需要的人员，但无形中也会错失许多真才实学者，妨害了基础学历较低群体的向上社会流动。

（三）政府行为对高等教育社会作用的制约

对于高等教育，我国政府始终主导和控制着一切变革，这在一定程度上影响了高等教育对人才的多元化选择和多样化培养，制约了高等教育对社会分层流动的良性影响[③]。与英国、美国等国家高等教育变革主要源自高等院校的内生驱动不同，我国高等教育变革主要来自政府驱动。中华人民共和国成立后，我国实行“一大二公”的单一计划经济体制，政府对高等教育实行集中统一领导，指定中央相关部门和地方政府或行业分别办学，直接管理高等学校；改革开放后，我国逐步扩大高等学校的自主办学权，使高等学校在调节学科招生比例、设置和调整学科专业、制定教学计划、开展科学研究和社会服务、进行科学技术交流与合作、确立内部组织机构、评聘教师和工资分配等方面拥有了自主权力[④]。在高等教育的系列转变中，无论是 1985 年《关于教育体制改革的决定》、1993 年《中国教育改革和发展纲要》，还是 1999 年关于高校

① 邢程. 用人单位招聘要求第一学历必须 211 引发争议［EB/OL］.（2011-04-12)[2021-09-20]. http://www.shjnet.cn/xw/rd/sn/201104/t20110412_57631.html.

② 中华人民共和国教育部. 关于加强高校毕业生就业信息服务工作的通知［EB/OL］.（2013-04-17）［2022-02-28］. http://www.moe.gov.cn/srcsite/A15/s3265/201304/t20130417_150998.html.

③ 陈新忠，卢瑶. 国家主义教育思想影响下高等教育的困境与出路［J］. 教育评论，2016（8）：16-20.

④ 陈新忠，程华东. 回眸与展望：高校领导的转型与超越［J］. 高教探索，2009（3）：33-36.

大幅度扩招的决定，都是由中共中央和国务院予以决策并推动实施的。2000年之后，高等教育变革由宏观向微观展开，但高校招生、内部管理等规则的制定仍然主要依赖于政府作为。其实，高等教育有自身规律，必须适应和促进自身文化、结构、功能、要素等的发展①。高等教育变革本应由高等学校根据内外部诉求开展，使高等教育保持相对独立的地位和稳健发展的势头。然而，我国的高等教育变革基本是政府推动并大力实施的。当今的政府主导是否会违背高等教育规律，损害大学的内在属性，这为不少高等教育管理者和研究专家所担忧②。

中央教育科学研究院研究员储朝晖认为，对于现行高考招生制度提出改进意见始于1982年，30多年来，高等学校的考试招生工作不断发生一些小变化，实质性的变革却未发生；与世界其他国家比较，我国现有高考招生体制的根本性问题在于，行政权力僭越了专业职能，考试和招生完全由政府主导和实施，以非专业的方式统揽包办，导致高考招生过程既不专业，也难实现实质公平。储朝晖认为，考试招生制度是整个社会管理体系的一个组成部分，由政府主导就必然要遵循政府管理的行政逻辑，从而缺乏专业性。政府集多重角色于一身，牢牢把控了高考招生的内容、标准和选择权力，既当运动员，又当裁判员，专业力量在有限范围内辅助，专业性不强，只能依据单一的分数对个性和能力差异巨大的学生进行非专业判定，导致不同地区间公平矛盾日益突出；招生以计划体制为基础，较少顾及学校和学生的需求，也不考虑区域人口和入学比率的变化。所以，这样的考试是一种过于简单的非专业测试，比如将各科之间没有等值性的分数简单相加，并以这个总分作为录取依据，把不同区域不同学校的学生分数进行简单比较，完全不考虑考生在何种条件下取得这一考分。这种建立在“分数面前人人平等”基础上的招生，虽然能够在一定程度上显示出形式公平，但由于不够专业全面，很

① 陈新忠，董泽芳. 高等教育规律“三分法”探析［J］. 江苏高教，2008（2）：20-22.

② 陈新忠. 高等教育变革的理论回应与社会支持［J］. 国家教育行政学院学报，2014（4）：43-47.

难实现真正的实质公平。它比较方便政府依据统一标准快速选拔适合某一条件的人才，却极难满足社会对人才的多样性需求，难以使得高校依据个人的天性和潜能真正培养多样性杰出人才。以单一的标准（考试分数）评价学生，拒绝多元自主的评价，其结果是学生臣服在考试面前、有求于录取机构，是被挑选者，而非自主展示、自主选择的主体，结果催生了强烈的应试行为，造成高考以下的所有学段狂热追求考试分数，忽视了人的个性、特点和全面发展。储朝晖认为，改革急需实现的关键目标是将高考招生的主体由政府归还给学生、学校和专业组织，政府由运动员转变为裁判员，担当好监督公平公正的职责，最终建立自主、专业、公开透明、公正的考试招生体系①。

（四）作者本人对高等教育社会作用的研究

2007 年 7 月，笔者在大学任教尤其从事研究生教学后，发现自己周围与社会上境况类似的大学生求职案例比比皆是。笔者任教的教育经济与管理硕士专业每年招收 15 名左右学术型研究生，其中 2/3 以上学生的第一学历为二本及其以下，1/3 以上学生的第一学历为民办院校或原独立学院即原三本及其以下。教育经济与管理专业主要面向高校培养教学人员、研究人员和管理人员，但因为基础学历的限制，第一学历非一本的研究生无论怎样努力，毕业时也进入不了一本院校从事教学、科研和管理工作，第一学历为原三本及其以下的研究生无论怎样努力，毕业时也基本与高校相关工作无缘，这使得这些研究生不得不面向非专业岗位和企业寻找工作。面对越来越多学有专长的大学生不能按照专业成绩进入相近专业从事专业工作，却因为基础学历的原因被搁置在专业之外，影响了高等教育接受者本应享有的向上社会流动机会等活生生的事实，笔者决心认真研究高等教育与社会分层流动之间的关系，竭尽全力促进我国高等教育发挥对社会分层流动良性影响作用。

2007 年 10 月，笔者在攻读教育学博士过程中正式开始了高等教育

---

① 储朝晖. 高招的根本问题在于行政权力过大：高招改革的困境与出路（上）[N]. 中国青年报，2014-07-22 (2).

与社会分层流动关系的理论和实践研究。当时笔者选择的专业是高等教育学，专业方向为高等教育与社会发展。2010 年 1 月，笔者完成了以“高等教育分流影响社会分层流动研究”为主题的博士论文。之后，围绕“高等教育分流与社会分层流动”这一研究主题，笔者申请到了教育部人文社会学科研究一般项目的规划基金项目、国家社会科学基金一般项目、中央高校基本科研业务费专项资金资助项目，以及国家社会科学基金重大项目等，从而形成了关于高等教育与社会分层流动互动关系的系列研究。特别是在 2019 年 12 月，笔者获批了国家社会科学基金重大项目“以教育发展促进收入代际流动性的机制与政策研究”，标志着笔者常年所坚持的教育分流与社会分层流动研究初步获得了中国学界认可。该重大项目旨在客观分析教育发展与收入代际流动性的关系，探究其内在规律和作用机制，促进教育发展合理地持续影响收入代际流动性，实现社会分层的良性流动和社会公平，调动教育及经济的发展活力。

在高等教育分流与社会分层流动研究中，笔者以获批的国家社会科学基金重大项目、国家社会科学基金一般项目、教育部人文社会学科研究项目等课题为核心，形成了一系列研究成果。2008 年以来，笔者围绕“高等教育与社会分层流动的互动关系”发表了《国外高等教育分流与社会分层流动研究的特点及启示》(《清华大学教育研究》2009 年第 4 期)、《我国高等教育分流与社会分层流动研究的回溯和展望》(《华中师范大学学报（人文社会科学版)》2010 年第 3 期)、《德国高等教育分流影响社会分层流动的经验及启示》(《国家教育行政学院学报》2013 年第 2 期)、《社会分层视阈下高等教育机会公平研究》(《华中农业大学学报（社会科学版)》2013 年第 2 期)、《高等教育分流影响社会分层流动的实证研究》(《华中师范大学学报（人文社会科学版)》2013 年第 5 期)、《高等教育分流影响社会分层流动的问题与出路——基于美国的经验借鉴》(《教育发展研究》2013 年第 13/14 期)、《高等教育分流打通流向农村渠道的思考与建议》(《中国高教研究》2013 年第 3 期)、《我国高等教育公平研究的现状、热点与前沿——基于 CNKI 数据库

2005—2014 年文献的可视化分析》（《国家教育行政学院学报》2016 年第 9 期）、《子代教育、社会网络与收入代际流动性》（《华中农业大学学报（社会科学版）》2021 年第 1 期）、《高等教育促进收入代际流动性的机制研究》（《高等教育评论》2021 年第 2 期）、《我国以教育发展促进收入代际流动性的政策演进与前瞻》（《国家教育行政学院学报》2021 年第 4 期）、《农民的出路：教育促进农民收入代际流动性的机制与政策》（《北京工商大学学报（社会科学版）》2021 年第 6 期）、《教育作用于收入代际流动的理论、机制与引导》（《教育评论》2022 年第 2 期）等 60 余篇研究论文，多篇论文被《新华文摘》《中国社会科学文摘》及新华网、国务院发展研究中心网等转载，成果荣获第五届全国教育科学研究优秀成果奖等荣誉，被学界认为是近 25 年中国教育与社会分层研究最早、成果最多、最注重协同研究的学者之一。

第二节　研究目的与意义

高等教育是高深知识的教与学，是培养高级专门人才的社会活动。在育人过程中，高等教育将完全高中后学生分层次、分专业、分类型、分地域地输送到各种高等院校，待学业完成后再促使他们进入相应行业或职业领域，因而它是一项分流施教的活动，从这一视阈出发可称之为高等教育分流。在科学技术更新缓慢的过去，高等教育只与很少一部分人发生联系，对社会成员在社会上分层流动的影响并不显著；在科学技术日新月异的今天，高等教育与愈来愈多的社会成员发生关系，对社会成员在社会上的分层流动影响愈益凸显。然而，在收入差距拉大、社会分化加剧的当前社会现实背景下，我国高等教育并未充分发挥对社会成员分层流动的积极作用，而是呈现出固化社会阶层的发展趋向。为充分发挥高等教育分流对社会分层流动的正向良性促进作用，调动更多社会成员公平地借助高等教育实现向上社会流动，建设和谐中国与富强中国，开展高等教育分流影响社会分层流动机制及其相关政策研究显得十分必要而迫切。

一、研究目的

本书以21世纪我国和谐社会建设为背景，以已有的高等教育分流和社会分层流动相关理论为依据，从高等教育分流与社会分层流动的内在联系入手，立足考察我国高等教育分流影响社会分层流动的现状与问题，借鉴国外高等教育分流促进社会分层流动的成功经验，探讨高等教育分流影响社会分层流动的特点、规律和作用机制，构建我国高等教育分流促进社会分层流动的模式和选择路径。具体而言，本书将主要解决以下理论问题和实践问题。

（一）厘定什么是高等教育分流与社会分层流动

研究高等教育分流影响社会分层流动的机制，如果不能明晰“何谓高等教育合理分流”“何谓社会合理分层流动”，就会失去方向而陷入无序。开展关于高等教育分流影响社会分层流动的研究，首先要在明确“高等教育分流”和“社会分层流动”概念的前提下，根据二者的发展趋势，科学界定“高等教育合理分流”“社会合理分层流动”的内涵。“高等教育合理分流”“社会合理分层流动”等内涵的确定是进行高等教育分流影响社会分层流动现状分析的基础，也是提出高等教育分流促进社会分层流动实践策略的依据。

（二）阐释高等教育分流与社会分层流动的关系

高等教育分流与社会分层流动密切联系、相互促进，其关系包括高等教育分流对社会分层流动的影响、社会分层流动对高等教育分流的影响以及二者的互动反应。本书将遵循高等教育分流与社会分层流动的互动关系机理，对高等教育分流影响社会分层流动进行全面考察。因此，研究伊始，笔者将对高等教育分流与社会分层流动的关系进行探讨，对二者和谐互动的成因予以阐述，以便为高等教育分流影响社会分层流动研究提供基础和导向。

（三）探究高等教育分流如何影响社会分层流动

高等教育分流与如何影响社会分层流动既是理论问题，也是实践问题。研究高等教育分流影响社会分层流动的机制，笔者将既探讨高等教育分流影响社会分层流动的理论内涵，又分析高等教育分流影响社会分层流动的应然趋势，寻求理论和实践结合的应用维度进行深入认识，为探析高等教育分流影响社会分层流动的现状做好铺垫。同时，笔者还将根据人类社会发展的整体趋势，透过高等教育分流影响社会分层流动的历史和现状，揭示高等教育分流影响社会分层流动的基本规律，为开展高等教育分流影响社会分层流动的相关研究提供方向指导。

（四）澄清我国高等教育分流影响社会分层流动现状

研究我国高等教育分流影响社会分层流动的机制与政策，认清现状是最为重要的前提之一。在开展大量调查研究的基础上，笔者首先将对我国高等教育分流影响社会分层流动的主要成效予以回顾和总结，展现高等教育分流影响社会分层流动的正面效应；其次将对我国高等教育分流影响社会分层流动过程中的主要问题予以归纳和揭示，暴露高等教育分流影响社会分层流动过程中存在的不足和弊端；最后将对我国高等教育分流影响社会分层流动过程中存在问题的原因予以探讨和分析，挖掘高等教育分流影响社会分层流动过程中存在问题的内外部深层根源。

（五）提炼国外高等教育分流促进社会分层流动经验

西方发达国家现代高等教育历史悠久，在与本国现代社会分层流动的相互影响中积累了较为丰富的经验，值得我国学习和借鉴。研究我国高等教育分流影响社会分层流动的机制与政策，有必要选取美[①]、英[②]、德[③]等发达国家，梳理其高等教育分流与社会分层流动相互影响的发展脉络，提炼其高等教育分流促进社会分层流动的典型经验。然后，结合我国实际，探讨国外高等教育分流促进社会分层流动的典型经验对完善

① 陈新忠．高等教育分流影响社会分层流动的问题与出路：基于美国的经验［J］．教育发展研究，2013（13/14）：114-118.

② 陈新忠，卢瑶．分流施教：英国多科技术学院应用型人才培养的经验与启示［J］．教育与职业，2016（12）：10-15.

③ 陈新忠．德国高等教育分流影响社会分层流动的经验及启示［J］．国家教育行政学院学报，2013（2）：86-90.

我国高等教育分流促进社会分层流动的启示，为构建我国高等教育分流促进社会分层流动的改进机制与政策提供重要参考。

（六）探索我国高等教育分流促进社会分层流动机制

开展高等教育分流影响社会分层流动机制研究的直接目的是提出高等教育分流促进社会分层流动的政策建议及实施路径，根本追求是改善高等教育分流促进社会分层流动的实践。本着理论为实践服务的原则，笔者将“机制与政策”探讨作为最终落足点。首先，笔者将以前期研究为基础，探讨我国高等教育分流促进社会分层流动需要从哪些方面做出努力，我国高等教育分流促进社会分层流动的具体模式及其机制是什么，改进路径有哪些；其次，笔者将深入剖析制约我国改善高等教育分流促进社会分层流动的主要因素，提出突破这些瓶颈的可行性政策建议，增强我国高等教育分流促进社会分层流动相关策略实施的实效性。

二、研究意义

无论人文社会科学研究，还是自然科学研究，都是为了在纷繁复杂的联系中揭示现象真相，阐明物理、事理，指明趋向、方向，以追求理论上的创新、认识上的突破和实践上的促进①。本书以“高等教育分流影响社会分层流动的机制与政策研究”为选题，力图构建符合时代需求、适合中国国情的高等教育分流影响社会分层流动的理论体系和实践模式，促进我国乃至世界社会和谐而富强。

（一）理论意义

高等教育分流影响社会分层流动研究是一项应用性极强的研究，其基础理论建设状况影响着该项研究的广度和深度。工业革命带来的社会分化使得国外较早开始了社会学理论建设，20 世纪早期形成的社会分层流动理论和在研究中不断创建的相关新理论指导着他们的高等教育分流影响社会分层流动研究深化发展。我国的社会学理论舶自西方，不少

① 陈新忠. 多元化农业技术推广服务体系建设研究［M］. 北京：科学出版社，2014：20-21.

学者直接援引国外理论以分析中国问题，西方社会学理论在我国的本土化进程缓慢。在高等教育分流影响社会分层流动的研究上，对于有史以来我国高等教育究竟包括哪些、高等教育分流与社会分层流动在我国如何进行操作性界定、应该运用什么方法开展相关研究等问题，目前国内学者仍有很大争议；对于何谓高等教育合理分流、何谓社会合理分层流动以及如何实现高等教育合理分流影响社会合理分层流动等问题，国内已有的研究还很少涉足。基础理论的匮乏影响了人们对高等教育分流与社会分层流动关系的认识，妨碍了高等教育分流影响社会分层流动研究的深入开展①。本书立足我国国情构建基本理论，力求丰富和完善具有我国特色的高等教育分流促进社会分层流动的理论体系。具体而言，本书将通过界定"高等教育合理分流""社会合理分层流动"等概念，丰富高等教育分流和社会分层流动的深刻内涵；通过分析高等教育分流影响社会分层流动的发展趋向和基本规律，丰富高等教育分流和社会分层流动的关系理论；通过探讨高等教育分流影响社会分层流动的逻辑起点、价值目标及分析维度，深化和拓展人们对二者关系的认识，为构建高等教育分流影响社会分层流动的现实机制和具体政策提供理论参照和指导。

（二）实践意义

理论研究的目的是指导实践，在指导实践中理论的实践价值才能够真正得以彰显。国外高等教育分流影响社会分层流动研究最初以澄清现状为目标，研究者多描绘高等教育分流影响社会分层流动的状况，揭示高等教育机会中的存在问题，很少有人对如何改变现状进行深入探究；20世纪60年代以来，研究目标向澄清高等教育分流的社会影响与促进高等教育合理分流相结合转变，研究者开始努力探讨高等教育分流影响社会分层流动的多种因素，并且提出了一些改进现状的建议和措施，带来了研究的深入发展。目前我国高等教育分流与社会分层流动研究还基本停留在国外研究的最初时期，以呈现高等教育分流影响社会分层流动

① 陈新忠. 高等教育分流对社会分层流动的影响研究［D］. 武汉：华中师范大学，2010：6-7.

的现状为主要目标，对于如何改善高等教育分流现状以优化社会分层流动，学者们在已有的研究中极少进行深入分析。为改变我国高等教育分流影响社会分层流动中的不良现状，我们要借鉴国外研究经验，确立以研促建的研究目标，在研究中将发现问题与解决问题有机结合，促进学术研究和社会建设一体化发展①。高等教育分流影响社会分层流动的研究是基于基础研究的应用研究，也是对实践具有更加直接指导作用的理论研究，所以本书以促进高等教育分流合理影响社会分层流动为目标，并期望以此推动相关研究的深入发展。具体而言，本书将通过对我国高等教育分流影响社会分层流动的现状分析，发现存在的问题并揭示其产生的原因，帮助人们认清我国高等教育分流影响社会分层流动的现实状况，增强改进我国高等教育分流影响社会分层流动状况的紧迫感和针对性；通过对国外高等教育分流影响社会分层流动典型做法的剖析，总结提炼他们促进高等教育分流合理影响社会分层流动的成功经验，为我国推进高等教育分流合理影响社会分层流动提供工作借鉴；通过构建我国高等教育分流合理影响社会分层流动的实现模式和运行机制，提出保障我国高等教育分流合理影响社会分层流动的具体建议，为我国推动高等教育合理分流影响社会合理分层流动的实践改革提供策略参考。

第三节　国内外研究进展

国内外对于高等教育分流与社会分层流动的研究颇多，这为开展高等教育分流与社会分层流动的和谐互动研究打下了良好基础。回溯国内外研究，旨在了解学者们的研究历程，总结已有相关研究的特点，有利于以前人研究成果为借鉴，在前人研究的不足和缺憾中确定自己的研究主题和努力方向。本书从国内研究现状、国外研究现状两方面对已有文献进行综述，并对国内外研究现状做出简要评价。

---

① 陈新忠．国外高等教育分流与社会分层流动研究的特点及启示［J］．清华大学教育研究，2009（4）：59-66.

一、国外相关研究综述

国外高等教育分流与社会分层流动的研究兴起于20世纪20年代，以索罗金（Pitirim A. Sorokin）的专著《社会流动》为代表①。该研究20世纪20—40年代集中于美国，40—80年代扩展到欧美国家，80年代之后延伸至亚非国家②。纵观国外学者的探索历程，高等教育分流与社会分层流动研究主要呈现以下六大特点。

（一）理论依据的发展与转变

在理论依据上，国外相关研究从运用社会分层流动理论向运用社会分层流动理论与创建相关教育社会学理论相结合转变。研究之初，国外学者以卡尔·马克思（Karl Heinrich Marx）的阶级理论、马克斯·韦伯（Max Weber）的三位一体分层理论③和维尔弗雷多·帕累托（Vilfredo Pareto）的精英理论为基础考察社会分层流动。在具体研究中，他们运用功能主义和冲突主义两大理论来解释高等教育分流与社会分层流动的关系。从功能主义出发，他们认为社会职业对专门技术要求的不断提高是高等教育在社会分层流动中作用日益突出的先决条件④，而高等教育则通过培养高级专门技术人才帮助维持社会制度平衡⑤；从冲突主义出发，他们认为高等学校是社会不同身份团体争夺利益的场所之一，高等教育成为获得特殊身份文化的重要手段⑥。与此同时，索罗

① 甘泽布姆，特莱曼，乌尔蒂. 代际分层比较研究的三代及以后的发展［M］//清华大学社会学系. 清华社会学评论：2002年卷. 北京：社会科学文献出版社，2003：153.

② 林薇. 高等教育与社会分层、流动研究的历史回顾［M］//张斌贤，王晨. 大学：社会分层与社会流动. 北京：北京师范大学出版社，2007：234.

③ 马克斯·韦伯主张从经济（财富和收入）、社会（声望）和政治（权力）三个方面综合考虑社会分层。

④ COLLINS R. Functional and Conflict Theories of Educational Stratification［J］. American Sociological Review，1971（6）：1004.

⑤ 罗伯逊. 社会学：下［M］. 黄育馥，译. 北京：商务印书馆，1991：504-505.

⑥ COLLINS R. Functional and Conflict Theories of Educational Stratification［J］. American Sociological Review，1971（6）：1011-1014.

金用《社会流动》（1927年）和《社会流动与文化流动》（1959年）两部著作建构了社会流动的理论框架，对社会流动的性质、原因、形式、趋势、意义及研究手段和方法等进行了系统分析，认为开放的工业社会比封闭的传统社会垂直流动较为频繁，高等教育是社会成员从社会底层向社会上层流动的重要阶梯①；利普赛特（Seymour Martin Lipset）和本迪克斯（Reinhard Bendix）在《工业社会的社会流动》（1959年）一书中对社会流动研究的基本步骤、影响社会流动的因素、工业社会的社会流动规律等进行了探讨，认为高等教育在非体力职业获得中扮演着重要角色，而家庭背景影响着受教育的年限和程度②；拉尔夫·特纳（Ralph H. Turner）在《赞助性流动、竞争性流动与学校教育制度》（1960年）一文中运用功能主义理论提出了赞助性流动和竞争性流动两种理想的规范模式，用来分析学校教育制度，认为英国学校教育以赞助性流动为主，而美国学校教育以竞争性流动为主③；彼得·布劳（Peter M. Blau）和奥迪斯·邓肯（Otis D. Duncan）在《美国职业结构》（1967年）一书中研究了美国的职业结构和职业流动，根据父亲的职业地位、父亲的受教育程度、本人受教育程度、本人的初职和本人的现职等五个要素之间的关系提出了美国社会地位获得模型，认为本人的受教育程度对个人职业地位影响最大④。陶且（Florencia Torche）通过一组unidiff参数模拟不同教育水平之间关联强度的变化，发现了U形关联模式，认为大学学历为经济成功提供了平等机会，家庭收入代际流动可能是对大学学历价值最有力的检验⑤。布兰登（Jo Blanden）从经济学和社会学视角比较各国代际流动排名，发现当收入数据不可用或不可靠

① 潘懋元. 多学科观点的高等教育研究［M］. 上海：上海教育出版社，2001：260.

② 谷中原. 社会学理论基础［M］. 长沙：中南大学出版社，2004：250-251.

③ TURNER R H. Sponsored and Contest Mobility and The School System［J］. American Sociological Review，1960（6）：855-867.

④ 谷中原. 社会学理论基础［M］. 长沙：中南大学出版社，2014：252-253.

⑤ TORCHE F. Is a College Degree Still the Great Equalizer? Intergenerational Mobility across Levels of Schooling in the United States［J］. American Journal of Sociology，2011（3）：763-807.

时，教育流动性提供了合理解释，尽管收入和教育持续性可能具有正相关性，但还有其他因素会导致这种相关性小于 1，由此构建了代际流动与教育流动的关系模型①。新建的相关教育社会学理论与以往的社会分层流动理论相结合，一起成为高等教育分流影响社会分层流动研究的理论依据，推动着这一研究不断深入发展。

（二）研究目标的发展与转变

在研究目标上，国外相关研究从澄清高等教育的社会影响向澄清高等教育的社会影响与促进高等教育合理分流相结合转变。高等教育分流影响社会分层流动研究从属于教育分流影响社会分层流动研究，起源于社会分层流动研究。西方社会学研究者在对社会分层流动研究的过程中，逐渐注意到了教育（特别是正规教育）以及培训作为一种重要因素的作用，因而开展了教育、培训与社会分层和社会流动的相互关系的研究。基于此，学者们的研究目标定位于教育或高等教育的社会影响，即在众多影响因素中，教育或高等教育对社会分层流动产生了怎样的作用，这种作用是如何产生的。具体到代际流动研究中，他们关注的基本问题是：在代际流动中，个人的先赋因素（以家庭背景为主要指标）与获致因素（以教育文凭为主要指标）对其社会地位获得所施加影响的程度和过程②。但对于"大学是如何对社会机构变迁产生影响的"这个问题，"社会学者往往低估了包括大学在内的教育机构在社会结构变迁中的作用"③。在社会学研究者看来，政治、经济、社会等因素的影响和个人天赋及家庭背景的作用对社会分层流动极其重要，高等教育只不过是诸多影响因素中的一种，因此，致力于澄清现状成为这一研究的长期目标。在研究进程中，教育学者和教育社会学者的介入，有效地改变了

---

① BLANDEN J. Cross-country rankings in Intergenerational mobility：A comparison of approaches from economics and sociology [J]. Journal of Economic Surveys，2013 (27)：38-73.

② 林薇. 高等教育与社会分层、流动研究的历史回顾 [M] //张斌贤，王晨. 大学：社会分层与社会流动. 北京：北京师范大学出版社，2007：233.

③ 张斌贤. 大学是社会的杠杆（代序） [M] //张斌贤，王晨. 大学：社会分层与社会流动. 北京：北京师范大学出版社，2007：5.

这一状况。教育学者和教育社会学者尽管常常下意识地把教育机构当作一种可以独立发挥作用的力量，不可避免地夸大了教育的作用，但却使这一研究逐步确立了“如何实现高等教育合理分流以促进社会合理分层流动”的研究目标。20 世纪 60 年代以来，部分学者运用特纳构建的赞助性流动模式和竞争性流动模式来分析现行教育的问题和弊端，提出了一些改革学校教育制度的建议和措施。自此，既澄清高等教育对社会的实际影响，又努力促进高等教育合理分流，成为这一研究中学者们的共同追求。

（三）研究对象的发展与转变

在研究对象上，国外相关研究从考察高校在校学生向考察高校在校学生与调查接受过高等教育的社会人士相结合转变。自 20 世纪 20 年代初开始，研究者便以美国公立和私立的初级学院、文理学院、教师学院、州立大学的在校学生为调查对象展开研究①。波特霍夫（Edward F. Potthoff）对芝加哥大学 1924 年 10 月入校的新生进行了调查研究②，格奇（Helen B. Goetsch）对美国 1023 名高中毕业生进入大学的情况进行了调查研究③。第二次世界大战后，学者们跳出拘泥于高校在校学生的研究圈子，将研究对象逐渐扩大到步入社会的高校毕业生。首先，研究者在高校的发展历程中选取某一阶段的大学生追踪比较其上大学前后的状况。詹金斯（Hester Jenkins）和琼斯（D. Caradog Jones）选取《剑桥大学校友录》（第二部分）中 1500 名毕业生进行了调查研究④；安德森（C. Arnold Anderson）和施纳佩尔（Miriam Schnaper）

① MULLIGAN R A. Social Mobility and Higher Education [J]. Journal of Educational Sociology，1952 (8)：480-484.

② POTTHOFF E F. Who Goes to College [J]. The Journal of Higher Education，1931 (6)：294-297.

③ GOETSCH H B. Relation of Parental Income to College Opportunity [J]. The School Review，1940 (1)：26-33.

④ JENKINS H，CARADOG J D. Social Class of Cambridge University Alumni of the 18th and 19th Centuries [J]. The British Journal of Sociology，1950 (2)：93-116.

对牛津和剑桥大学18世纪以来的毕业生进行了调查研究①；比彻（Harvey W. Becher）选取1830—1860年剑桥大学每年数学学位甲等及格者进行了调查研究②；马修（W. M. Mathew）对1740—1839年格拉斯哥大学的毕业生进行了调查研究③；安杰洛（Richard Angelo）抽取宾夕法尼亚大学校友录中1873—1898年的693名学生和费城圣殿大学1894—1895年的124名学生进行了调查研究④。其次，研究者直接对社会上接受过高等教育的社会成员进行研究。哈尔西（A. H. Halsey）对源自牛津大学1972年全国男性样本社会性流动研究中的6700名样本进行了考察⑤；金洛奇（Graham C. Kinloch）和佩鲁奇（Robert Perrucci）对美国4000名工程师和经理进行了研究⑥。最后，仍有学者继续仅以不同的高校在校学生为对象进行研究。斯通（Lawrence Stone）对1580—1910年牛津大学的在校学生进行了研究⑦；马利根（Raymond A. Mulligan）选取印第安大学1946—1947学年第二学期登记注册的1444名男性学生进行了研究⑧；克雷格（John E.

---

① ANDERSON C A，SCHNAPER M. School and Society in England：Social Backgrounds of Oxford and Cambridge Students [M]. Washington D. C.：Public Affairs Press，1952：1-34.

② BECHER H W. The Social Origins and post-graduate Careers of A Cambridge Intellectual Elite，1830—1860 [J]. Victorian Studies，1984（1）：1-3.

③ MATHEW W M. The Origins and Occupations of Glasgow Students，1740—1839 [J]. Past and Present，1966（33）：74-94.

④ ANGELO R. The Students at the University of Pennsylvania and the Temple College of Philadelphia（1873-1906）：Some Notes on Schooling，Class and Social Mobility in the Late Nineteenth Century [J]. History of Education Quarterly，1979（2）：172-205.

⑤ 哈尔西·A. H. 趋向于能人统治吗?：英国实例 [M] //张人杰. 国外教育社会学基本文选. 上海：华东师范大学出版社，1989：137.

⑥ KINLOCH G C，PERRUCCI R. Social Origins，Academic Achievement，and Mobility Channels：Sponsored and Contest Mobility among College Graduates [J]. Social Forces，1969（1）：39-43.

⑦ STONE L. The Size and Composition of the Oxford Student Body 1580-1909 [M] // STONE L，et al. The University in Society：Volume Ⅰ. Princeton：Princeton University Press，1975：3-110.

⑧ MULLIGAN R A. Socio-Economic Background and College Enrollment [J]. American Sociological Review，1951（2）：188-196.

Craig）对德国 1928 年和 1931 年的大学生进行了研究[①]；布劳尔（Daniel R. Brower）对 19 世纪中期至 20 世纪 30 年代俄国（苏俄）的大学生进行了研究[②]。20 世纪 80 年代以来，亚非主要国家的研究者也都把高校在校学生和接受过高等教育的社会人士同时作为研究对象。贝内尔（Paul Bennell）和恩库布（Mkhululi Ncube）对 1980 年津巴布韦大学的在册学生进行了研究[③]；广石小野（Hiroshi Ono）则从 1995 年日本进行的社会分层与流动调查（SSM）中抽取 20—69 岁的公民 2653 名进行研究[④]。

（四）研究内容的发展与转变

在研究内容上，国外相关研究从分析高等教育机会均等向分析高等教育机会均等与关注社会公平相结合转变。20 世纪以来，世界高等教育渐次向社会开放。在美国，研究者最初关心和探讨的是：社会各阶层接受高等教育的机会是否趋于平等？波特霍夫和格奇等人的研究表明：在各类高校中，蓝领阶层的子女比例较小，而白领阶层的子女比例较大，并且他们在学校选择、专业分布、学习期限等方面也存在明显差异。从 20 世纪 30 年代开始，研究者在分析现状的同时，注重思考如何解决高等教育入学机会的不平等。1934 年，莱德（E. S. Lide）对一所接受联邦资助的初级学院学生社会来源的研究显示，该校蓝领阶层的

---

① CRAIG J E. Higher Education and Social Mobility in Germany [M] //JARAUSCH K H, et al. The Transformation of Higher Learning (1860-1930): Expansion, Diversion, Social Opening and Professionalization in England, Germany, Russia and the United States [M]. Chicago: The University of Chicago Press, 1983: 219-244.

② BROWER D R. Social Stratification in Russian Higher Education [M] //JARAUSCH K H, et al. The Transformation of Higher Learning (1860-1930): Expansion, Diversion, Social Opening and Professionalization in England, Germany, Russia and the United States [M]. Chicago: The University of Chicago Press, 1983: 245-260.

③ BENNELL R, NCUBE M. A University for the Povo? The Socio-Economic Background of African University Students in Zimbabwe Since Independence [J]. Journal of Southern African Studies, 1994 (4): 587-601.

④ ONO H. Who Goes to College?: Features of Institutional Tracking in Japanese Higher Education [J]. American Journal of Education, 2001 (2): 161-195.

子女比例明显较高，从而认为联邦资助扩大了蓝领阶层子女的高等教育机会[①]。20 世纪 50 年代以后，研究者将高等教育机会均等与社会公平相结合进行研究。詹金斯和琼斯研究了社会个体的家庭出身、所读中学和大学学业对他离校后的事业及所属社会阶层产生的具体影响；哈尔西研究了大学教育（获致因素）和家庭背景（先赋因素）对个人社会地位的具体影响；金洛奇和佩鲁奇研究了高等学校体制和职业组织制度对个人社会分层流动的具体影响；安德森和施纳佩尔研究了大学与职业继承和社会流动之间的关系；斯通研究了 1580—1910 年牛津大学学生的规模和组成；马利根研究了高等教育机会与经济、文化的关系；安杰洛研究了父亲职业、高等教育机会和本人职业之间的关系；简克斯（Christopher Jencks）和莱斯曼（David Riesman）研究了美国高等教育对社会各阶层间差异的影响[②]；克雷格研究了德国各种职业阶层及其结构与高等教育的关系；布劳尔研究了俄国（苏俄）社会阶层构成与高等教育结构的关系[③]；贝内尔和恩库布研究了津巴布韦的社会阶层状况与高等教育机会的关系；广石小野研究了日本学生社会来源、高等教育机会和社会分层流动的关系。21 世纪以来，研究者聚焦于高等教育机会与代际流动性开展研究。雷斯图西亚（Restuccia）等关注教育质量，认为早期教育质量差异是影响几代人收入持久性的最重要因素[④]；戴维斯（Davies）等比较了同等家庭经济收入不平等背景下私立教育与公立教

---

① LIDE E S. The Social Composition of the CWES Junior College in Chicago [J]. The School Review，1935（1）：28-33.

② JENCKS C，RIESMAN D. The Academic Revolution [M]. New Jersey：Transaction Publishers，2012：61-154.

③ BROWER D R. Social Stratification in Russian Higher Education [M] //JARAUSCH K H，et al. The Transformation of Higher Learning（1860-1930）：Expansion，Diversion，Social Opening and Professionalization in England，Germany，Russia and the United States. Chicago：The University of Chicago Press，1983：245-260.

④ RESTUCCIA D，CARLOS U. Intergenerational Persistence of Earnings：The Role of Early and College Education [J]. American Economic Review，2004（5）：1354-1378.

育产生的代际流动性，认为公立教育的流动性高于私立教育[①]；杰瑞姆（Jerrim）等侧重于教育成就的影响研究，认为教育成就是代际流动和收入不平等的重要驱动因素，获取教育资源的不平等性在代际流动中起核心作用[②]；布鲁姆（Bloome）等则验证了高等教育扩张有助于完成大学学业的低收入家庭子女成为高收入成年人，能够减弱父母收入背景差异带来的影响，有效增强代际流动性[③]。

（五）研究方法的发展与转变

在研究方法上，国外相关研究从统计学生出身阶层比例向统计学生出身阶层比例与构建地位获得模型相结合转变。第二次世界大战以前，学者们一般运用统计的方法，根据当时的职业分类，对高校或相关部门的统计数据（或自己问卷调查得来的数据）中的学生出身阶层比例进行计算分析。二战以后，社会学者开始使用计算职业流入与流出百分比的方法系统研究社会分层流动，一些学者将这种方法用来研究高等教育分流与社会分层流动问题[④]。詹金斯和琼斯对《剑桥大学校友录》中1500名学生的父亲职业、本人职业、所读中学、大学学业和事业成就五个方面分类分级进行百分比统计，分析了五个变量之间的关系；安德森和施纳佩尔统计比较了牛津和剑桥大学学生父子之间职业及其他变量的百分比；克雷格统计比较了德国各职业群体的大学入学比；布劳尔统计比较了俄国（苏俄）各社会阶层的大学在学比。当然，此期仍有斯通、比彻、马利根、安杰洛等学者采用二战前的统计方法对学生的社会经济背景、生源地区、入学年龄等方面的比例进行比较分析。20世纪60年

① DAVIES J B，ZHANG J，ZENG J. Intergenerational Mobility under Private vs. Public Education [J]. Scandinavian Journal of Economics，2005（3）：399-417.

② JERRIM J，LINDSEY M. Income Inequality，Intergenerational Mobility and the Great Gatsby Curve：Is Education the Key? [J]. Social Forces，2015（2）：505-533.

③ BLOOME D，DYEN S，ZHOU X. Educational Inequality，Educational Expansion，and Intergenerational Income Persistence in the United States [J]. American Sociological Review，2018（6）：1215-1253.

④ 甘泽布姆，特莱曼，乌尔蒂. 代际分层比较研究的三代及以后的发展 [M] //清华大学社会学系. 清华社会学评论：2002年卷. 北京：社会科学文献出版社，2003：153-155.

代，金洛奇和佩鲁奇运用1960年特纳提出的两种向上流动模式分析大学毕业生的社会分层流动，试图揭示高等学校体制和职业组织制度对个人流动的影响。20世纪70年代，哈尔西运用20世纪60年代布劳和邓肯提出的地位获得模型分析法——路径分析法对6700名样本进行了统计，计算出了父亲的职业、父亲的教育、本人的教育、本人的初职和本人的现职等五个变量之间的相关性系数。20世纪80年代后，亚非主要国家运用欧美国家的成熟经验，在研究方法上走向了多元结合。贝内尔和恩库布关于津巴布韦大学学生社会经济背景的研究不仅使用了对学生家庭住址、所读中学、父亲职业和收入、考试成绩等四个变量的百分比统计，而且从冲突主义视角对统计结果作出了解释；广石小野对于日本高等教育分流与社会分层流动的研究不仅采用了统计2653名研究对象的社会来源、年龄段、性别、学校机构和学习成绩五组变量百分比与计算各变量相关性系数相结合的方法，而且借鉴特纳提出的两种向上流动模式，将日本通过教育实现社会分层流动的模式称为联赛模式（Tournament Mobility）。

（六）研究结论的发展与转变

在研究结论上，国外相关研究从揭示高等教育机会问题向揭示高等教育机会问题与提出相应思考策略相结合转变。与研究对象、研究内容和研究目标相一致，研究结论也在研究演进中逐步深化。20世纪20年代至40年代，学者们对高等教育机会的研究认为，美国社会各阶层接受高等教育的机会实质上是不平等的，高等教育机会直接取决于学生的家庭经济背景，高等教育入学人数的增加并不意味着通过高等教育来实现的社会流动在增长。20世纪50年代以后，学者们注重探讨家庭背景和教育文凭在社会整体分层流动中的具体作用和实现途径。詹金斯和琼斯等研究认为，从19世纪中期到20世纪30年代，欧美主要国家的高等教育获益最多的是新兴中产阶级，高等学校对社会群体的开放加强了精英主义在各种职业中的渗透，提高了职业的准入标准，更不利于那些处于弱势地位的社会阶层向上流动；金洛奇和佩鲁研究认为，学业成绩和社会来源两个变量相互作用共同对职业成功产生影响，高等学校体制和职业组织制度对职业流动也产生了一定影响[①]；安杰洛研究认为，美国高等教育为那些富人和既得利益者带来更多利益，而使那些处于不利地位的人开始遭遇更不幸的现实[②]；贝内尔和恩库布研究认为，津巴布韦独立后津巴布韦大学来自专门职业家庭的学生比例显著增长，高等教育成为这一群体再生产的主要途径；广石小野研究认为，在日本中招、高招一系列竞争考试中，中招是"关键性的决定点"，学生家庭的经济状况起了决定性影响；马利根研究认为，蓝领阶层子女如果有能力上大学而未上，不仅是一个经济问题，也是一个文化问题。与此同时，学者们对高等教育在社会分层流动中的作用进行了分析和评价，并对高等教育的影响因素进行了探讨。哈尔西研究认为，教育既对人们初职的分布独立地发挥重大影响，又是早先家庭背景影响的一个至关重要的传递者，但教育成就并没有减少阶层不平等的明显趋向[③]；安德森和施纳佩尔的研究认为，从整个时期看，大学对职业流动的促进作用是有限的，地位和职业继承的趋势很明显；林格（Fritz Ringer）研究认为，在教育引起的社会流动中，大学的包容性和进步性只是必要而非充分的条件[④]；斯通研究认为，引起大学入学人数变化的因素，包括大学规章、住宿条件、教学方式、课程安排、教师动机等内部因素和社会人口变化、大学生就业机会、学费、中学教育、交通情况等外部因素；珀金（Harold Perkin）研究认为，以新科学为基础的工业的兴起、政府行政管理的发展、社会对教育和文凭的强调等大学外部变化是大学逐渐成为

---

① KINLOCH G C，PERRUCCI R. Social Origins，Academic Achievement，and Mobility Channels：Sponsored and Contest Mobility among College Graduates [J]. Social Forces，1969 (1)：44.

② ANGELD R. The Social Transformation of American Higher Education [M] //JARAUSCH K H，et al. The Transformation of Higher Learning (1860-1930)：Expansion，Diversion，Social Opening and Professionalization in England，Germany，Russia and the United States. Chicago：The University of Chicago Press，1983：261-292.

③ 哈尔西 · A. H. 趋向于能人统治吗?：英国实例 [M] //张人杰. 国外教育社会学基本文选. 上海：华东师范大学出版社，1989：142-146.

④ RINGER F. Admission [M] //RUEGG W，et al. A History of the University in Europe：Volume Ⅲ. Cambridge：Cambridge University Press，2014：233-266.

向上流动重要途径的原因[①]；比彻研究认为，大学的精英学生毕业后大都成为活跃的教师—学者，组成一种广泛而制度化的网络，积极参与学术职业活动，充分影响了社会的政治和文化；布劳尔研究认为，1917年至20世纪30年代，苏俄工农阶级子女高等教育比例明显上升是政府政策和社会期望双重影响的结果。在研究中，部分学者开始将揭示高等教育机会问题与提出相应思考策略相结合，探索通往社会公平的具体路径。简克斯和莱斯曼研究认为，美国在二战后高等教育的发展虽然减少了各阶层间经济或社会的差异，但减幅并不大，传播上层中等阶级文化使下层中等阶级和工人阶级子女在上大学前就提前进行其社会化过程是促进社会平等的有效措施；克雷格研究认为，德国大学在1850—1930年间虽然入学更加开放，但工人、农民家庭子女进入大学的机会仍比较小，政府对教育获得和费用施加影响是改变这一局面的重要举措；其他研究者在分析高等教育机会不平等的同时，也提出了一些诸如增加奖学金、提供银行贷款等资助办法，以期发挥高等教育促进社会合理流动的功能[②]。21世纪以来，伴随全球化步伐加快，国外部分学者认识到有必要联合推动教育以促进代际流动性。多尔比（Dolby）等研究认为，全球化背景下国际教育成为新的教育发展主题，教育全球化是国际教育研究和实践的重要方面[③]；布兰登比较国际上几代人之间社会阶层或职业流动性后，认为国际所用衡量标准必须具有可比性[④]；尼德霍费尔（Neidhofer）等基于拉丁美洲统一家庭调查数据，计算了洲域内18个

---

① PERKIN H. The Pattern of Social Transformation in England [M] //JARAUSCH K H, et al. The Transformation of Higher Learning (1860-1930): Expansion, Diversion, Social Opening and Professionalization in England, Germany, Russia and the United States [M]. Chicago: The University of Chicago Press, 1983: 207-218.

② 陈新忠. 国外高等教育分流与社会分层流动研究的特点及启示 [J]. 清华大学教育研究, 2009 (4): 59-66.

③ DOLBY N, RAHMAN A. Research in International Education [J]. Review of Educational Research, 2008 (3): 676-726.

④ BLANDEN J. Cross-country rankings in Intergenerational mobility: A comparison of approaches from economics and sociology [J]. Journal of Economic Surveys, 2013 (27): 38-73.

国家50年来的教育代际流动性，认为低教育程度家庭的儿童高向上流动促进了拉丁美洲的代际流动性上升①，但如何建立一套通用标准，增强国际数据、结论的可比性，是深化国际比较研究的重要突破口。

二、国内相关研究综述

我国学者对于高等教育分流与社会分层流动的研究伴随着我国高等教育的产生而起步，最早研究散见于史书、传记和其他文献资料中，现代高等教育产生之后相关研究才逐渐走向专门化。由于我国现代大学在历史上登场较迟、规模较小，国内高等教育分流与社会分层流动的专门研究也相对开始较晚、学者较少，直到20世纪80年代在改革开放带来的社会急剧分化背景下才成为学者们的研究热点。据不完全统计，关于我国高等教育分流与社会分层流动的研究发表了260多篇（部）论文（包括20多篇硕士、博士论文）、论著（含非专论性论文、论著），其中1980年以来发表的占总数的90%以上，1990年以来发表的占总数的80%以上。纵观我国高等教育分流与社会分层流动研究，其主要聚焦于隋唐以来的科举制度、近代新式高等教育和新中国高等教育与社会分层流动的关系上②。从可收集到的文献看，以往研究主要呈现出六个方面的特点。

（一）重视社会分层流动影响高等教育机会的考察

无论对隋唐以来的科举制度、近代新式高等教育的考证，还是对中华人民共和国高等教育的调查，研究者都比较重视通过对受教育者的出身分析，显示受教育者接受高等教育机会的均等状况，从而说明社会分层流动对高等教育的影响，揭示高等教育对社会分层流动的潜在作用。在科举制度与社会分层流动的研究上，潘光旦、费孝通、杨开考察了科

---

① NEIDHOFER G, SERRANO J, LEONARDO G. Educational Inequality and Intergenerational Mobility in Latin America: A New Database [J]. Journal of Development Economics, 2018 (5): 329-349.

② 陈新忠，董泽芳．我国高等教育分流与社会分层流动研究的回溯和展望［J］．华中师范大学学报（人文社会科学版），2010（3）：149-155.

举与社会流动的关系，认为古代中国是开放社会，社会流动渠道畅通[①]，下层人士通过科举向上流动的概率相当高[②]；柯睿格对宋朝 1148 年和 1256 年科举考试成功者与他们家庭背景关系的研究表明，1148 年出身中下阶层的人数占 56.6%，1256 年占 57.9%[③]；周慧通过《苏州府志》对明朝苏州地区 2117 名举人的家庭状况进行了分析，认为 90%的举人出身于普通家庭，出身官僚家庭者仅占 10%，科举考试打开了普通人由下而上改变社会地位的道路[④]；阎崇年对清军入关后清朝 268 年间举行的 112 次科举考试录取的 26846 名进士进行了分析，认为清朝科举制度让许多贫寒的知识分子拥有了参政的机会[⑤]；何炳棣通过地方志等资料统计分析了明清两代 12226 名进士的家庭背景，发现平民家庭出身的占 42.3%，中上层家庭出身的占 57.7%，从而认为明清时代尽管平民经由科举向上流动的渠道畅通，但中上阶层具有较大优势[⑥]；刘海峰通过对科举制度的长期研究认为，产生于等级森严的君主时代的科举制度是人类历史上第一个强调凭才能而不是凭出身选拔官吏的制度，它使成千上万平民士子成为隋唐至明清的政治家、文学家和著名学者[⑦]；李世愉对隋唐以来科举制度分地取士的演进历史进行了剖析，认为明清两代注重对文化落后地区的扶植和政策倾斜，重视分地前提下的凭才取

---

① 潘光旦，费孝通．科举与社会流动［J］．社会科学，1947（1）：1-21.

② 杨开．科举制度对宋朝社会分层与社会流动的影响［D］．大连：东北财经大学，2015：15-16.

③ KRACKE E A. Family vs Merit in Chinese Civil Service Examinations under the Empire [J]. Harvard Journal of Asiatic Studies，1947（10）：103-121.

④ 周慧．明代的科举与社会流动：以苏州地区为核心的一个地域考察［D］．长春：东北师范大学，2005：5-6.

⑤ 参见阎崇年 2005 年 1 月 1 日在 CCTV-10《百家讲坛》栏目所讲《科举风云》（《清十二帝疑案之总说》之三），http：//www. cctv. com/program/bjjt/topic/education/C12379/20050106/100531. shtml.

⑥ HO P T. The Ladder of Success in Imperial China：Aspects of Social Mobility，1368—1911 [M]. New York：Columbia University Press，1962：112-114.

⑦ 刘海峰．科举制百年祭［J］．北京大学教育评论，2005（4）：75-80；刘海峰．为科举制平反［J］．基础教育，2005（6）：42-44.

士，使文化落后地区的士子增加了通过科举向上流动的机会[①]。在近代新式高等教育与社会分层流动的研究上，毕乃德通过对中国近代洋务学堂的考察，发现新式学堂的学生起初大都来自八旗家庭，满人居多，19世纪70年代后汉人比例才逐渐增高[②]；贺跃夫通过对京师大学堂师范馆1902—1906年招收的512名学生的出身分析，发现其中有传统功名者426人（举人62人，贡生48人，监生84人，生员232人），占总数的82%，认为20世纪初期的新式高等教育已被传统功名获得者所占据，成为旧式士绅向上流动的重要出路[③]；叶赋桂通过对清华大学1924年招收的389名学生的出身分析，发现其中来自官吏、学界、实业界、铁路界、军界等专业阶层的达374人，占96.2%，来自农业界的仅有15人，占3.8%，从而认为社会中上层阶级越来越多地占据了新式高等教育，而社会下层阶级逐渐被挤出新式高等教育，向下沉沦[④]；卢茨通过对中国近代教会大学的研究发现，教会大学的学生出身比例经由了"穷人—商人—官绅"的不断提升，教会大学最终成为为社会上层阶级升迁服务的机构[⑤]。在中华人民共和国高等教育与社会分层流动的研究上，杜瑞军通过对中华人民共和国50年高等教育入学机会分析，认为中华人民共和国成立初期（1949—1957）和教育"革命"时期（1958—1976）工农家庭出身的子弟接受高等教育的机会相对增多，改革开放后工农子弟在高校学生中的比例不断减小，农村学生在国家重点大学中的比例明显下降[⑥]；刘精明通过对2003年度全国综合社会调查（GSS）数据分析，认为社会优势阶层子女获取大学本科教育方面的

① 李世愉．分地取士是科举制度发展的必然趋势［J］．文化学刊，2008（1）：5-9.

② 毕乃德．洋务学堂［M］．杭州：杭州大学出版社，1993：110-111.

③ 贺跃夫．晚清士绅与近代社会变迁［M］．广州：广东人民出版社，1994：89.

④ 叶赋桂．中国近代高等教育与社会流动：1840—1922［M］//张斌贤，王晨．大学：社会分层与社会流动．北京：北京师范大学出版社，2007：22-23.

⑤ 卢茨．中国教会大学史（1850—1950）［M］．曾钜生，译．杭州：浙江教育出版社，1987：156-158.

⑥ 杜瑞军．从高等教育入学机会的分配标准透视教育公平问题：对中华人民共和国50年普通高校招生政策的历史回顾［J］．高等教育研究，2007（4）：29-35.

机会优势在成倍扩大，接受过城镇中小学教育尤其重点初中和重点高中等良好教育的体力劳动者的子代在获得各类高等教育机会时均保持并继续扩大着较高的机会优势①；谢作栩、王伟宜通过对全国 10 多个省市 50 多所高校学生家庭状况调查分析，认为中上阶层社会子女拥有比下层社会子女更多的高等教育入学机会，高收入社会阶层子女多选读热门或收费较高的大学专业②；余小波通过对某高校 2000 级 1760 名新生家庭背景分析，认为农村家庭子女的高等教育机会远不及城市家庭子女，农村家庭子女愈是选择热门专业，愈要考出更高的录取分数③；杨东平通过对部分高校不同家庭背景大学生调查分析，认为 1999 年高等教育扩招之后，高等教育入学机会的阶层差距呈现扩大趋势，它是高中阶段教育分层状况的积累和延续④；沈祖超、阎凤桥通过对西安 5 所民办高校 3600 多名学生的家庭背景分析，认为民办高校学生的家庭社会背景好于全国平均水平⑤；刘慧珍通过对不同层次高校学生的家庭背景分析，认为低社会阶层子女在高等教育内部分化中更多集中于低层次学校，弱势群体在高等教育机会占有方面处境不利⑥；刘云杉对北京大学 1978—2005 年近 30 年间学生家庭出身的统计研究发现，1978—1998 年来自农村的北大学子比例约占三成，20 世纪 90 年代中期开始下滑，2000 年至今考上北大的农村子弟只占一成左右⑦；梁晨、李中清等对北

---

① 刘精明. 高等教育扩展与入学机会差异：1978—2003［J］. 社会，2006（3）：158-179.

② 谢作栩，王伟宜. 高等教育大众化视野下我国社会各阶层子女高等教育入学机会差异的研究［J］. 教育学报，2006（2）：65-74.

③ 余小波. 当前我国社会分层与高等教育机会探析：对某所高校 2000 级学生的实证研究［J］. 现代大学教育，2002（2）：44-47.

④ 杨东平. 高等教育入学机会：扩大之中的阶层差距［J］. 清华大学教育研究，2006（1）：19-25.

⑤ 沈祖超，阎凤桥. 社会分层对于高等教育分层的影响：西安民办高校学生家庭背景的实证分析［J］. 北京大学教育评论，2006（2）：72-84.

⑥ 刘慧珍. 社会阶层分化与高等教育机会均等［J］. 北京师范大学学报（社会科学版），2007（1）：17-22.

⑦ 潘晓凌. 中国名校生源急剧变迁　农村学生难入名牌大学［EB/OL］.（2011-08-06）［2021-08-04］. http://edu. sina. com. cn/gaokao/2011-08-06/1118309006. shtml.

京大学与苏州大学 1952—2002 年学生社会来源的研究也表明，50 年来北京大学和苏州大学生源中干部子女所占比例总体呈提高趋势，1997 年北京大学生源中干部子女比例超过专业技术人员子女比例，达到 39.76%，同时农村家庭子女比例在 20 世纪 90 年代明显下降，1999 年降为 12%[①]。孙天华[②]、程家福[③]、沈艳[④]、周静玉[⑤]等学者对中华人民共和国成立以来的相关研究也证实了这些现象，谭敏[⑥]、魏然[⑦]、吴晓刚[⑧]、陈新忠[⑨]等学者则进一步指出，家庭背景不佳的农村子弟不仅在高等教育入学方面处于弱势地位，在接受高等教育过程中和职业发展过程中也处于不利地位。

（二）注重高等教育分流自身合理调节模式的探讨

在高等教育分流影响社会分层流动的研究上，部分学者试图通过构建合理的高等教育分流模式，实现高等教育分流有效促进社会合理分层流动的目标。陶能祥从主体、对象、机构、目的、活动等五个层面分析了高等教育分流的内涵，认为高等教育分流是高等教育与社会

---

① 梁晨，李中清，张浩，等. 无声的革命：北京大学与苏州大学学生社会来源研究（1952—2002）[J]. 中国社会科学，2012（1）：98-118.

② 孙天华，张济洲. 社会阶层结构与高等教育机会获得：基于山东省的实证研究 [J]. 湖北社会科学，2017（1）：171-177.

③ 程家福，张卫红，陈思齐，等. 农民子女重点大学入学机会不均等问题历史研究 [J]. 现代大学教育，2014（2）：12-23.

④ 沈艳，张恺. 家庭背景对我国高等教育入学机会的影响：基于 2013 届高校毕业生调查的实证分析 [J]. 教育学术月刊，2015（5）：30-36.

⑤ 陈新忠，周静玉. 子代教育、社会网络与收入代际流动性 [J]. 华中农业大学学报（社会科学版），2021（1）：120-129，179-180.

⑥ 谭敏. 社会分层、城乡二元与高等教育入学机会分化：基于福建省的实证分析 [J]. 复旦教育论坛，2016（14）：72-79.

⑦ 魏然，翟瑞. 知识改变命运?：从农村大学生就业看高等教育社会分层功能的弱化 [J]. 教育学术月刊，2016（6）：39-45.

⑧ 吴晓刚. 中国当代的高等教育、精英形成与社会分层：来自“首都大学生成长追踪调查”的初步发现 [J]. 社会，2016（3）：1-31.

⑨ 陈新忠. 农民的出路：教育促进农民收入代际流动性的机制与政策 [J]. 北京工商大学学报（社会科学版），2021，36（6）：80-89，126.

和个人发生联系的桥梁与纽带，具有活动性、过程性、时空性、结构性等特征[①]；董泽芳通过对我国高等教育分流现状的分析，指出当前我国高等教育分流存在着分流取向偏颇、分流依据不足、分流形式不活、分流结构失衡、分流机构定位不当等问题，应高度重视和加强对这些问题的研究[②]；李任认为，高等教育大众化背景下，适才、适量、自由是构建合理高等教育分流体系必须始终遵循的三大原则[③]；方红认为，分数标准、金钱标准和地域标准是高等教育分流的三个重要依据，欲使分流依据合理，要注重综合能力选拔，遵循“全面补偿”原则，尽量减少地域差异[④]；艾小平、肖海认为，要使高等教育分流合理，就必须对现行高等教育中不合理的类型结构、专业结构、层次结构、区域结构和行政管理结构等进行必要的调整[⑤]；左崇良通过对美国高等教育分流经验的分析，认为我国高等教育分流必须充分考虑、统筹兼顾社会发展、个人发展和高等教育自身发展的需要与条件，在高等教育对象、高等教育任务和高等教育资源方面分别给予适度满足[⑥]；刘桂芬通过对德国高等教育分流经验的分析，认为我国高等教育分流应做到“初次分流，层次明显”，“再次分流，依据时机”，“相互沟通，适时转流”，“各界配合，促进分流”[⑦]；熊德明分析了目前发达国家存在的证书资格型、考试选拔型、综合评价型、面试审查型、推荐保送型和开放入学型等六种高等教育分流选择方式，认为我国可以结合实际，整合多种选择方式，使高等教育分流合理有序进行[⑧]；李晓波通过对高等教育分流中存在问题的

---

① 陶能祥．论高等教育分流的基本属性［J］．黑龙江高教研究，2005（6）：4-6.

② 董泽芳．高等教育分流问题研究［J］．高等教育研究，2003（4）：35-40.

③ 李任．论高等教育分流的三大原则［J］．荆门职业技术学院学报·教育学刊，2007（7）：47-49.

④ 方红．试论高等教育分流及其依据［J］．华中师范大学研究生学报，2007（3）：103-106.

⑤ 艾小平，肖海．高等教育合理分流与高等教育结构调整［J］．喀什师范学院学报，2004（5）：85-88.

⑥ 左崇良．美国高等教育分流的经验及对中国的启示［J］．复旦教育论坛，2006（5）：74-76.

⑦ 刘桂芬．德国高等教育分流现状及对我国的启示［J］．现代教育科学，2007（4）：79-81.

⑧ 熊德明．高等教育分流选择方式策略：国际比较与思考［J］．大学·研究与评价，2007（11）：88-91.

分析，提出调整高等教育分流结构和高等教育分流过程以实现高等教育合理分流的对策建议①；罗先良通过对三所民办高校内分流现状的分析，提出了从分流目标、分流结构、分流功能、分流机制四个方面构建民办高等教育内分流模式的思路②；张凌洋通过比较发达国家教育分流经验，提出在中学阶段教育分流设计基础上，我国大学与高职“多轨并行”的分流意见和建议③，试图以合理的分流路径实现高等教育有效促进社会合理分层流动的目标；陈新忠针对当前我国农村收入代际弹性远小于城镇，农民收入代际流动性明显低于城镇居民，而教育促进农民收入代际流动性的作用十分有限的现状，提出我国亟须健全农民职业系统培训及教育、构建以教育促进农民收入代际流动性的内分流机制，举办校企一体化职业教育学院、构建以农民市民化提高收入代际流动性的外分流机制，完善高等教育分流与衔接、构建农民子女以教育提升收入代际流动性的外分流机制，强化高等教育的三产实践、构建以教育增进收入代际流动性的融通机制，促进农民子女通过教育内分流模式和教育外分流模式实现向上社会流动④。

（三）强调高等教育分流作用的社会影响因素挖掘

针对高等教育分流和社会分层流动关系在中国历史不同时期的不同表现，学者们对其社会影响因素进行了挖掘和剖析。孙立平认为，中国传统社会中的科举制不仅仅是一种教育体制，也是一种重要的精英和社会结构再生产机制，科举制度的产生源自封建统治阶级培养为自己服务的社会精英的需要⑤；谢俊美认为，科举制度自创建以来受到历代封建统治者的高度重视，封建统治阶级的坚持和维护是科举制度能够在中国

① 李晓波. 教育公平观视野下的高等教育分流研究 [D]. 武汉：华中师范大学，2003：34-41.

② 罗先良. 民办高等教育内分流模式研究 [D]. 武汉：华中师范大学，2006：36-41.

③ 张凌洋. 我国教育分流制度问题及对策 [J]. 国家教育行政学院学报，2014 (6)：55-58.

④ 陈新忠. 农民的出路：教育促进农民收入代际流动性的机制与政策 [J]. 北京工商大学学报（社会科学版），2021 (6)：80-89，126.

⑤ 孙立平. 科举制：一种精英再生产的机制 [J]. 战略与管理，1996 (5)：38-45.

延续1300多年的主要原因[①]；叶赋桂认为，近代商人和军人地位的上升使得社会上层精英和新进精英选择新式教育取代传统教育，社会结构转型引起社会阶层和职业地位的变动是近代高等教育学生出身成分变化的重要原因[②]；张宛丽认为，社会分层流动是社会资源的占有权力“再分配”的过程，是社会利益结构的调整过程，由于社会成员的收入、权力、声望在不同历史时期获得方式不同，高等教育在其中所起的作用也因时而异[③]；杜瑞军认为，中华人民共和国成立以来我国高等教育入学机会分配标准经历了中华人民共和国成立初期的学术和政治双重标准、教育“革命”时期的政治标准、“文革”后的学术标准和当前经济实力成为重要影响因素的变革历程，高校招生政策是决定社会人群现实处境和流动状况的关键[④]；张德祥认为，市场经济给社会流动注入了新的刺激因素，将有利于消除阻碍高等教育分流和社会分层流动的因素，进一步促进社会分层流动[⑤]；钱民辉认为，高等教育对社会分层流动的作用是有限的，其作用的发挥受到受教育者社会资本和文化资本等因素的影响[⑥]；刘慧珍认为，城乡基础教育资源配置不均，社会群体占有各种社会资源的差异是导致不同家庭出身的受教育者高等教育机会不同、影响社会分层流动的根源[⑦]；曹晶认为，在社会全面转型过程中，农村教育受到再分配和市场两种机制的双重边缘化，高等教育的社会分层功能在城乡之间明显失衡，弱化了高等教育的替代式社会流动功能，强化了高

---

① 谢俊美. 科举制度存废的历史考察［J］. 历史教学问题，1998（4）：7-11.

② 叶赋桂. 中国近代高等教育与社会流动：1840—1922［M］//张斌贤，王晨. 大学：社会分层与社会流动. 北京：北京师范大学出版社，2007：6-10.

③ 张宛丽. 中国社会阶级阶层研究二十年［J］. 社会学研究，2000（1）：24-39.

④ 杜瑞军. 从高等教育入学机会的分配标准透视教育公平问题：对中华人民共和国50年普通高校招生政策的历史回顾［J］. 高等教育研究，2007（4）：29-35.

⑤ 张德祥. 高等教育在社会流动中的作用［J］. 社会科学辑刊，1997（7）：42-47.

⑥ 钱民辉. 教育真的有助于向上社会流动吗：关于教育与社会分层的关系分析［J］. 社会科学战线，2004（4）：194-200.

⑦ 刘慧珍. 社会阶层分化与高等教育机会均等［J］. 北京师范大学学报（社会科学版），2007（1）：17-22.

等教育的复制式社会流动功能[①]；刘自团认为，农村大学生在高考择校时更看重“学费和生活费用因素”，家庭经济支付能力深刻影响着农村大学生对于高校类型和地域的选择[②]；张迪认为，近年来我国农村家庭子女入学率与全国高等教育平均入学率的差距逐年拉大，对教育成本和收益的自我权衡是影响农村家庭投资子女高等教育行为变化的主要影响因素[③]；王处辉[④]、张济洲[⑤]等认为，政治需要和社会经济机制转换是高等教育与社会分层流动发生反应、产生作用的主要社会影响因素；陈新忠、李保忠将教育与收入代际流动的互动关系划分为父代收入影响子代教育获得、宏观环境对子代教育获得的作用及子代教育获得影响子代收入三个阶段，在此基础上概述出以人力资本、非人力资本和遗传禀赋为核心的内部影响因素，以及由阶层收入不平等和公共教育政策所形成的外部影响因素[⑥]。

（四）突出高等教育分流与社会分层流动关系分析

在高等教育分流影响社会分层流动日益引起人们关注的背景下，学者们开始尝试对二者相互关系进行分析与构建。张衡、王云兰认为，社会分层影响着高等教育的起点公平、过程公平和结果公平，而合理的高等教育分流有助于形成中间阶层、推进社会阶层良性流动，因此探讨如何扩大高等教育机会，使之合理发挥社会“选拔器”和“均衡器”的功能显得至关重要[⑦]；马伟宁认为，在高等教育与社会分层的互动关系

---

① 曹晶．教育社会分层功能的失衡：转型期农村教育的主要危机［J］．教育科学，2007（1）：1-4.

② 刘自团．我国城乡大学生择校差异的实证研究［J］．教育与考试，2012（2）：55-60.

③ 张迪．从教育成本与收益角度分析我国农村家庭高等教育投资行为［J］．经济师，2014（5）：80-81.

④ 王处辉，朱焱龙．高等教育获得与代际流动：机制、变迁及现实［J］．中南大学学报（社会科学版），2015（2）：174-181.

⑤ 张济洲．“高考工厂”背后的阶层焦虑与机会公平［J］．中国高教研究，2015（9）：33-36.

⑥ 陈新忠，李保忠．教育作用于收入代际流动的理论、机制与引导［J］．教育评论，2022（2）：10-19.

⑦ 张衡，王云兰．我国高等教育公平与社会分层互动关系探讨［J］．教育发展研究，2006（2）：44-47.

上，社会分层不仅影响高等教育的入学机会和专业选择，而且影响高校毕业生的职业选择、就业机会等[①]；廖益认为社会分层对高等教育的影响主要表现在高等教育机会、学业成就、教育意愿、就业成功率等方面，高等教育则通过规定和控制入学资格与条件、设置专业类型、区分教育形式等对社会分层流动施加影响[②]；赵利生通过潜在分层与外显分层的比较分析，认为随着现代社会的发展，高等教育对社会分层及其流动的影响越来越大，高等教育作为一种潜在的分层标准直接影响着人们社会地位的获得与流动[③]；王晓燕、姜晓平认为，社会分层对高等教育入学机会具有明显影响，而高等教育只是影响社会分层流动的重要因素，并且其影响作用的发挥需要一定的条件，即只有正式的高等教育资格才能获得较高的社会地位[④]；杨志顺认为，高等教育与社会阶层结构是一种非线性的互动关系，其充分体现在弱势群体的社会流动与高等教育的关系上[⑤]；王远伟、高巍认为，社会各阶层自身拥有的资源状况影响着其子女高等教育的机会获得、教育过程和职业选择，社会各阶层子女高等教育和职业选择的状况又将影响其未来社会分层流动和传递，并以职业选择为中介构建高等教育分流与社会分层流动的互动关系[⑥]；李骏、罗忆源认为，实现高等教育分流和社会分层流动合理互动，必须完善高等教育政策，健全政治经济领域的配套改革[⑦]；彭拥军、董泽芳认为，古今中外的高等教育都具有促进社会分层流动的功能，高等教育改革的重要取向是能够促使高等教育大力促进社会合理分层流动，因而高

① 马伟宁. 浅析高等教育与社会分层之间的互动关系 [J]. 重庆教育学院学报，2006 (5)：76-79.

② 廖益. 社会分层与高等教育的互动 [J]. 现代大学教育，2005 (5)：63-66.

③ 赵利生. 高等教育与社会分层的动态考察 [J]. 兰州大学学报（社会科学版），1997 (4)：89-94.

④ 王晓燕，姜晓平. 社会分层与高等教育互动之探析 [J]. 当代教育论坛，2006 (7)：110-111.

⑤ 杨志顺. 教育与社会阶层结构的互动关系分析 [J]. 西南师范大学学报（人文社会科学版），2006 (4)：64-67.

⑥ 王远伟，高巍. 社会分层、高等教育与职业选择 [J]. 交通高教研究，2004 (5)：6-9.

⑦ 李骏，罗忆源. 转型中国的高等教育、社会分层与社会公平 [J]. 上海交通大学学报（哲学社会科学版），2005 (1)：62-67.

等教育改革必须高度重视促进高等教育内部合理分流从而促进其社会分层流动功能实现①。林毅夫认为，中国成功的代价是收入差距扩大，杨中超②、刘朝武③、宫毅敏④、缪子梅⑤、赵欣⑥、魏然⑦等对收入差距扩大背后的教育及高等教育的正负功能进行多维度分析和举证。白天亮和曲哲涵则在《人民日报》撰文指出，如果缺少一种可以流动的机制，弱势群体会越来越边缘化，不利于社会的稳定和发展⑧。陈新忠、刘红研究发现，我国高等教育影响收入代际流动性由政府主导机制推进，在机制主体、目标、运行、监管和动力等方面存在诸多发展困境，提出我国高等教育促进收入代际流动性应采用多元选择机制，激发政府之外高教、社会、家庭和学生四大主体在高等教育促进收入代际流动性活动中的应有活力⑨。

（五）推进高等教育分流与社会分层流动结合研究

从现有文献整体来看，我国高等教育分流与社会分层流动的相关研究主要集中在社会分层流动和高等教育分流两个方面，并沿着这两个方向发展，20 世纪 80 年代后这种趋势愈益明显。以郑杭生、陆学艺、李强、李培林等为代表的社会学研究者注重社会分层流动研究，强调社会

① 彭拥军，董泽芳．促进合理社会分层流动是高等教育改革的重要目标［J］．教育研究与实验，2011（5）：5-11.

② 杨中超．教育扩张促进了代际流动？［J］．社会，2016（6）：180-208.

③ 刘朝武．基于高等学校贫困生视角的高等教育与社会流动机会探析［J］．江苏高教，2016（3）：36-38.

④ 宫毅敏．高等教育与社会分层的相互关系及其历史审视［J］．教育评论，2016（11）：19-23.

⑤ 缪子梅．高等教育场域中社会流动和阶层固化的社会学思考［J］．黑龙江高教研究，2015（11）：14-16.

⑥ 赵欣，尹韶青．试论高等教育与社会分层的双向关系［J］．中国成人教育，2014（4）：27-28.

⑦ 魏然，翟瑞．知识改变命运?：从农村大学生就业看高等教育社会分层功能的弱化［J］．教育学术月刊，2016（6）：39-45.

⑧ 白天亮，曲哲涵．社会底层人群向上流动面临困难［N］．人民日报，2010-09-16（9）.

⑨ 陈新忠，刘红．高等教育促进收入代际流动性的机制研究［J］．高等教育评论，2021（2）：26-39.

政治经济制度变化对社会分层流动的影响。郑杭生将我国城市社会划分为管理阶层、专业技术人员阶层、办事员阶层、工人阶层、自雇佣者阶层、私营企业主阶层和其他等七个阶层[①]，认为经济体制转轨引发的社会结构转型是导致社会阶层变化的主因[②]；陆学艺将当代中国社会划分为国家与社会管理者阶层、经理人员阶层、私营企业主阶层、专业技术人员阶层、办事人员阶层、个体工商户阶层、商业服务业员工阶层、产业工人阶层、农业劳动者阶层以及城乡无业、失业半失业者阶层等十大阶层，认为工业化、城镇化和市场化是中国社会阶层结构变化和社会流动的动力[③]；李强将我国社会划分为富有阶层、中间阶层和贫困阶层等三大阶层，认为改革开放带来的贫富分化是社会阶层变化和流动的动因[④]；李培林主张将“职业”作为社会分层的标准，认为市场经济激励机制是引发工农比较利益低下、推动社会分层流动的主要因素[⑤]。以董泽芳、陶能祥、方红、李晓波等为代表的教育学研究者注重高等教育分流研究，强调高等教育自身的结构优化和功能调整。董泽芳较为系统地研究了高等教育分流的理论和实践，认为高等教育分流具有便于因材施教、充分发掘个体潜能，促进合理流动、优化社会分层结构，协调个人与社会、高校与国家等各方面矛盾、促进高等教育和谐发展等三大社会功能[⑥]；陶能祥通过对高等教育分流的考察，认为只要优化分流策略，高等教育就可以有效发挥自身功能，实现其社会目标[⑦]；方红、李晓波等也分别探讨了促进高等教育合理分流的途径，以期更好发挥高等教育

---

① 郑杭生. 关于城市社会阶层划分的几个问题（热点研究）[N]. 人民日报，2002-02-09（6）.

② 郑杭生. 我国社会阶层结构新变化的几个问题 [M] //郑杭生. 中国社会结构变化趋势研究. 北京：中国人民大学出版社，2004：1.

③ 陆学艺. 当代中国社会流动 [M]. 北京：社会科学文献出版社，2004：1-8.

④ 李强. 转型时期中国社会分层 [M]. 沈阳：辽宁教育出版社，2004：14-63.

⑤ 李培林，李强，孙立平，等. 中国社会分层 [M]. 北京：社会科学文献出版社，2004：93-104.

⑥ 董泽芳. 坚持科学发展观 促进高等教育合理分流 [J]. 华中师范大学学报（人文社会科学版），2004（11）：87-91.

⑦ 陶能祥. 高等教育内分流模式研究 [D]. 武汉：华中师范大学，2006：113-132.

的社会作用。就两大研究者群体内部而言，社会学研究者侧重将高等教育作为社会分层流动的一种影响因素进行简要分析，如李强认为学历在社会地位分层、社会人员流动中起着愈来愈重要的作用①，陆学艺认为受教育程度是干预人们地位获得的一种变量②，等等，他们对于社会分层流动影响高等教育分流则极少探讨；而教育学或教育社会学研究者侧重社会分层流动对高等教育机会影响的实证分析，对于高等教育分流影响社会分层流动则停留在一般的理论探讨上，很少开展广泛的调查研究和深入的机制构建。近年来，我国部分学者开始认识到高等教育分流与社会分层流动的密切相关性，积极推进高等教育分流与社会分层流动的结合研究。郑育琛、武毅英对高等教育大众化背景下大学生就业难、高考弃考等现象进行重新审视，认为高等教育分流直接或间接地影响着毕业生的社会分层，目前我国高等教育仍是优势阶层地位再生产的重要工具，学者们必须大力开展研究，推进协调高等教育与社会分层的关系③；陈新忠通过对我国高等教育分流影响社会分层流动的现状进行大量实证研究，认为在收入差距拉大和社会分化加剧的现阶段国情下，高等教育正在呈现出固化社会阶层的发展趋向，但随着高等教育规模扩大和现代社会入职标准提高，高等教育对社会成员分层流动的作用仍将日益凸显，广大学者需要加紧研究高等教育分流与社会分层流动的相互关系，指导高等教育分流促进社会合理分层流动④。

（六）尝试社会分层流动的高等教育影响机理解析

现有关于高等教育分流影响社会分层流动的研究注重以现实表象为考察客体，即以澄清“是什么”为主要取向。这种表象研究包括高等教

① 李强．转型时期中国社会分层［M］．沈阳：辽宁教育出版社，2004：18.

② 陆学艺．当代中国社会流动［M］．北京：社会科学文献出版社，2004：195-197.

③ 郑育琛，武毅英．我国高等教育社会分层功能的再审视［J］．现代教育管理，2014：(6)：1-6.

④ 陈新忠．分层与流动：高等教育分流的社会影响研究［M］．武汉：华中师范大学出版社，2018：153-172.

育分流的现状和问题、社会分层流动的现状和问题，以及高等教育分流影响社会分层流动的现状和问题。这些研究大多停留在表象描绘上，只是对高等教育分流影响社会分层流动的实然状态进行图表列举和文字陈述，较少对表象背后的影响机理开展深入探究。学者们对于高等教育机会的考察给我们呈现了社会各个阶层获得高等教育机会多少和在高等教育内部不同表现的状况，但这种状况何以出现、如何发展等问题很少有人予以进一步研究。部分学者即使探究高等教育分流影响社会分层流动表象背后的影响因素，也多集中于社会外在因素和高等教育外部因素的分析上，如学者们对于我国高等教育分流影响社会分层流动活动在不同历史时期不同表现的社会影响因素剖析便是如此。然而，即使如此，仍然有少数学者尝试从社会运行体制和高等教育运作机制入手探讨高等教育分流合理影响社会分层流动的活动建设。陈学恂从社会心理学出发考察近代教会学校的入学机会，认为中国人对西方列强仇视和对西方文化排斥的社会心理，是当时中上层阶级抵制教会学校而底层和中下层国人成为教会学校起始阶段学员主体且社会评价不高的内在动因①；叶赋桂从高等教育与工业社会的关系出发，认为近代中国的工业化带动了科技和教育的发展，促进人们投身工业化以实现社会分层流动是中国教育尤其是高等教育的使命②；谢维和从高等教育内部出发分析高等教育分流与社会分层流动的关系，认为高等教育的分层、标准化和证书都在影响着毕业生的就业状况，进而影响社会分层流动③；陈文娇从生态学出发探讨高等教育内部系统关系，认为各种高等教育机构、各种学科专业和每个受教育者根据自身特色和优势合理定位是高等教育合理分流促进社会分层流动的生态反应和发展之路④；谭晓闯、郭晓岩从高等教育资源

---

① 陈学恂．中国近代教育史教学参考资料：上［M］．北京：人民教育出版社，1986：51-52.

② 叶赋桂．中国近代高等教育与社会流动：1840—1922［M］//张斌贤，王晨．大学：社会分层与社会流动．北京：北京师范大学出版社，2007：46-49.

③ 谢维和．分层、标准化与证书：高等教育内部影响毕业生就业的因素分析［J］．中国高等教育，2004（8）：23-25.

④ 陈文娇．教育生态位与高等教育分流［J］．大学·研究与评价，2007（11）：83-87.

合理配置着眼思考高等教育分流的社会分层流动作用，认为高等教育要在科学调整资源区域布局、全面缩小高校之间资源分配差距和优化改革高考招生政策中寻求其影响社会合理分层流动的出路①；陈新忠、黄欢从高等教育影响社会分层流动的政策出发，认为高等教育对社会分层流动的影响和作用有赖于教育发展促进社会流动性的系列政策，国家颁布的有利于农村籍产业工人阶层、农业劳动者阶层、城乡无业失业半失业者等弱势社会阶层及其子女不断接受适切教育的各种各类政策，针对弱势阶层从教育机会均等、教育经费扶持、教育渠道疏通、教育质量提高、教育环境营造及教育愿景实现六大方面进行帮扶，有效破解社会纵向流动弱化困境，提升社会流动性②。

三、国内外研究评价

国内外关于高等教育分流影响社会分层流动的研究取得了明显成效，为进一步深化研究我国高等教育分流合理影响社会分层流动打下了深厚基础；但也存在着不少问题，仍需后来者继续攻关探究。分析中外已有研究的利弊得失，我们才能明确高等教育分流影响社会分层流动研究的软肋和方向。

（一）国内研究评价

我国的社会分层流动理论从西方引进，高等教育分流影响社会分层流动研究在高等教育机会、高等教育分流、社会影响因素、二者关系认识等方面的探讨上取得了明显成效；但在研究对象、研究内容、研究方法、研究视角等方面还存在诸多问题。概而言之，在理论依据上，我国学者借用西方理论进行分析的多，结合本土实际进行创新的少，对于高等教育分流影响社会分层流动研究还未形成比较系统的理论；在研究对象上，我国学者仍以在校学生为主考察高等教育公平状况，很少对某一所或几所高校的学生进行多年社会跟踪以寻求变化规律，也没有从社会

① 谭晓闯，郭晓岩. 公平视角下高等教育资源的合理配置［N］. 吉林日报，2014-07-04（11）.

② 陈新忠，黄欢. 我国以教育发展促进收入代际流动性的政策演进与前瞻［J］. 国家教育行政学院学报，2021（4）：67-74.

上直接选取大量对象进行广泛调查以揭示内在机理；在研究内容上，我国学者侧重社会分层流动中的高等教育因素分析和高等教育改革背景下的高等教育分流探讨，对高等教育分流影响社会分层流动极少予以现实关注和建设性研究；在研究方法上，我国学者综合运用定量研究与定性研究、归纳研究与演绎研究、证验性研究与规范性研究、事实研究与价值研究、冲突研究与和谐研究等诸多方法对高等教育分流与社会分层流动关系进行分析的少，综合运用教育学、社会学、哲学、政治学、经济学、历史学、心理学、生态学等多种学科理论对高等教育分流影响社会分层流动进行分析的更少；在研究目标和结论上，我国学者虽然在陈述问题的基础上提出了一些改进现状的设想，但是还没有从某一方面或角度提出过中国特色高等教育合理分流影响社会合理分层流动的整体性理论架构①。

（二）国外研究评价

国外高等教育分流影响社会分层流动研究起步较早，成效显著，20 世纪 20 年代以来在理论依据、研究目标、研究对象、研究内容、研究方法和研究结论等六个方面呈现出从单一取向向二元（或多元）结合转变的特点②。他们的相关研究日趋成熟，值得我国学者学习和借鉴。然而，在理论依据上，国外学者只是注重呈现客观现状的理论假设、理论印证和理论构建，如拉尔夫·特纳提出的赞助性流动模式和竞争性流动模式、彼得·布劳和奥迪斯·邓肯提出的社会地位获得模型等，并没有对高等教育合理分流与社会合理分层流动的内涵及其互动机理进行深入探讨；在研究对象上，国外学者仍然注重选取在校大学生进行研究，即使 20 世纪 50 年代实现考察对象由单一向多元转变后，大多学者也仅仅是立足高校、将在校大学生的背景材料延伸至校外，除了日本学者广

① 陈新忠，董泽芳．我国高等教育分流与社会分层流动研究的回溯和展望［J］．华中师范大学学报（人文社会科学版），2010（3）：149-155．

② 陈新忠．国外高等教育分流与社会分层流动研究的特点及启示［J］．清华大学教育研究，2009（4）：59-66．

石小野借用1995年日本社会分层与流动调查（SSM）数据进行研究[①]外，极少有人直接选取社会成员为对象进行高等教育分流影响社会分层流动的专门研究；在研究内容上，国外学者研究社会分层流动影响高等教育分流的多，研究高等教育分流影响社会分层流动的少，即使出现了一些高等教育分流影响社会分层流动的研究，它们也多置身于社会分层流动影响高等教育分流的研究名目之下，专门的高等教育分流影响社会分层流动的研究极少；在研究方法上，国外学者注重数理统计和模型分析，量化研究与质性分析有机结合的成果较少，以数据为基础对高等教育分流影响社会分层流动状况进行质性分析的成果更少；在研究目标和结论上，国外学者注重在众多因素分析中澄清高等教育的社会影响，虽然提出了一些改革高校教育制度的建议和措施，但是并没有构建出较为系统的高等教育分流合理影响社会分层流动的具体策略和理论体系。

针对国内外研究现状，展望我国高等教育分流与社会分层流动研究，我们要加强基础理论建设，确立以研促建目标，重视社会整体调查，注重多元方法分析，强化互动规律探讨，致力科学机制构建[②]。

第四节　研究方法与思路

高等教育分流影响社会分层流动是极其复杂的社会现象，需要运用科学的方法和思路进行研究。清晰的思路是科学研究得以展开的基础，严谨的研究方法则有助于我们认识纷繁现象掩盖下的问题和本质[③]。本书以前人研究成果为借鉴，以笔者前期研究成果作基础，力

---

① ONO H. Who Goes to College?: Features of Institutional Tracking in Japanese Higher Education [J]. American Journal of Education, 2001 (2): 161-195.

② 陈新忠，董泽芳. 我国高等教育分流与社会分层流动研究的回溯和展望［J］. 华中师范大学学报（人文社会科学版），2010（3）：149-155.

③ 陈新忠. 多元化农业技术推广服务体系建设研究［M］. 北京：科学出版社，2014：40.

图将国内研究和国外研究有机统一，把理论探讨和实践探索密切结合，为我国实现高等教育分流促进社会分层流动作一次大胆而有益的研究尝试。

一、研究方法

每一种研究方法都是一定研究视角的体现，都有其相对局限性，“没有一种研究方法能揭示一切”①。为全面、科学地开展高等教育分流影响社会分层流动研究，本书综合运用多种方法进行研究。

（一）文献研究法

文献研究法是指根据研究目的或课题需要，对记录相关知识的图书、报刊、文件、报告、学位论文、专利材料和各种音像视听资料等载体进行查阅和梳理，全面了解研究项目，从中发现问题、寻求借鉴的一种研究方法②。社会分层流动伴随着人类社会的产生而出现，在人类社会发展过程中引起了众多学者的关注和研究，积累了大量的文献资料；现代意义上的高等教育在欧洲走过了几百年的历程，在我国也有100余年的历史，对社会分层流动发挥了重大作用，已有的相关研究形成了丰富的文献成果。本书作者将从学校图书馆、中国知网和相关部门获取国内外有关社会分层流动与高等教育关系的专著、论文、文件等文献，用于梳理已有研究成果，进行理论分析，提炼国外经验，寻求机制和政策借鉴。

（二）调查研究法

调查研究法是指根据研究目的或课题需要，综合运用观察、谈话、问卷、测验、计算、实验等方式，有目的、有计划、有系统地获取研究对象历史资料和现实状况，借以总结成效、发现问题、探究原因、寻求

---

① 克拉克．高等教育学新论：多学科的研究［M］．王承绪，徐辉，郑继伟，等译．杭州：浙江教育出版社，2003：2.

② 陈新忠．分层与流动：高等教育分流的社会影响研究［M］．武汉：华中师范大学出版社，2013：31-32.

出路或规律的一种研究方法[①]。美国学者莫顿·亨特指出，社会科学是建立在系统考察取得的具体数据基础之上的科学，这些数据“必须被进一步的观察和实验所证实或修正”[②]。高等教育分流影响社会分层流动研究是一项实践性课题，不可能脱离高等教育分流影响社会分层流动的实际只进行单纯的理性思辨。本书将以北京、上海、河南、湖北、广西、云南六省（区、市）为例，通过走访六省（区、市）的组织人事部门和政、事、企主管部门，查阅六省（区、市）统计网站和统计年鉴，了解六省（区、市）高等教育分流影响社会分层流动的整体情况；通过选择六省（区、市）省、市、县（区）、乡（镇）有代表性的行政机关和企事业单位进行问卷调查与访谈，了解高等教育分流影响社会分层流动的具体现状及问题；通过访谈部分专家、学者，了解高等教育分流影响社会分层流动中存在问题背后的深层次原因及其发展趋势，征询对策建议。

（三）案例研究法

案例研究法是指根据研究目的或课题需要，选取具有典型意义的一个或多个案例为基本素材，概括其成长特点，提炼其发展经验，分析其本土化启示，以寻求对研究项目的问题解决有所借鉴的一种研究方法[③]。国外现代高等教育历史悠久，在与本国社会成员分层流动的互动中发挥了重大作用，形成了自己特色，它们积累的经验值得我国高等教育学习。本书将以美国、英国、德国为例，对三个国家高等教育分流促进社会分层流动的经验进行概括提炼，对三个国家高等教育分流促进社会分层流动过程中表现出来的显著特点进行归纳总结，寻求研究借鉴。

---

① 陈新忠. 高等教育分流对社会分层流动的影响研究［D］. 武汉：华中师范大学，2010：27.

② 亨特. 社会研究方法新论［M］. 郑建宏，等译. 武汉：华中理工大学出版社，1989：3.

③ 陈新忠. 分层与流动：高等教育分流的社会影响研究［M］. 武汉：华中师范大学出版社，2013：32.

（四）系统分析法

系统分析法是指以系统理论作指导，把研究对象看作是一个由若干相互联系、相互作用的要素组成的具有特定结构、性质和功能的有机整体，在强调系统的整体性、系统要素之间相互作用和相互依存的前提下，以边界开放的功能和有序化的原则探究对象事物最佳运行机理的研究方法[①]。本书以系统理论为指导，将高等教育看作一个对高中后学生的分流施教系统，从流源、流量、流层、流型、流域、流向等八个维度，对高等教育分流影响社会分层流动的现状进行分析；从多学科视角和社会有机系统出发，对高等教育分流影响社会分层流动的主要模式、作用机制和促进政策进行构建。

二、研究思路

在研究进程中，本书将紧紧围绕“高等教育分流影响社会分层流动的机制与政策”这一主题，沿着“文献研究—理论探讨—现状剖析—经验汲取—对策构建”的思路有序展开，通过提出问题、分析问题和解决问题达到研究目标，实现以机制与政策设计促进高等教育分流积极影响社会分层流动的目的。

（一）文献研究

以前人思考和研究的相关成果为铺垫，本书首先通过查阅和分析大量文献，明确本书的研究是在什么样的背景下、基于什么样的社会现实和个人情怀开展的。然后，本书通过对国内外高等教育分流与社会分层流动的已有文献进行概述，阐明前辈学者围绕这一主题在哪些方面、做了什么研究，取得了怎样的研究成绩，存在哪些研究不足，进而明晰本书的研究方向和主要内容、研究目的和研究意义等。在此基础上，本书将进一步整理和挖潜文献，为理论分析、案例分析和政策建议做准备。

---

① 陈新忠．多元化农业技术推广服务体系建设研究［M］．北京：科学出版社，2014：40.

（二）理论研究

研究伊始，本书将在明晰“高等教育合理分流”“社会合理分层流动”等高等教育分流与影响社会分层流动研究相关概念内涵与外延的前提下，对高等教育分流影响社会分层流动的有关理论进行探讨。本书将具体分析高等教育分流影响社会分层流动的特征，揭示高等教育分流影响社会分层流动的基本规律和作用趋势，明确高等教育分流影响社会分层流动研究应该遵循的理论依据，探析高等教育分流影响社会分层流动研究的具体视角和分析维度。

（三）现状研究

本书将以高等教育分流影响社会分层流动研究的基本理论为依据，以北京、上海、河南、湖北、广西、云南六省（区、市）为例对我国高等教育分流影响社会分层流动的现状进行调研。本书将科学选择调研对象，设计调研方案，基于调研结果实事求是地总结我国高等教育分流影响社会分层流动的成效，明确我国高等教育分流影响社会分层流动过程中存在的问题，分析我国高等教育分流影响社会分层流动过程中存在问题的原因。

（四）案例研究

为使我国高等教育分流影响社会分层流动的研究成果有所参照，本书将对国外高等教育分流促进社会分层流动的经验做法进行探析和借鉴。本书将分析美国、英国和德国三个国家高等教育分流促进社会分层流动的历史及现实，研究和归纳三个发达国家高等教育分流促进社会分层流动的成功经验，探讨国外经验对我国高等教育分流促进社会分层流动的启示。

（五）对策研究

在理论探讨、现状分析和经验借鉴的基础上，本书将提出我国高等教育分流促进社会分层流动的作用机制与政策建议。本书将把高等教育分流影响社会分层流动看作一个既相对封闭又永恒开放的有机系统，从系统论和和谐社会建设出发，以 21 世纪以来我国高等教育分流影响社会分层流动的现实境况为背景，提出知识经济社会背景下我国高等教育分流促进社会分层流动的选择机制和政策框架。

本书研究的技术路线如图 1-1 所示。

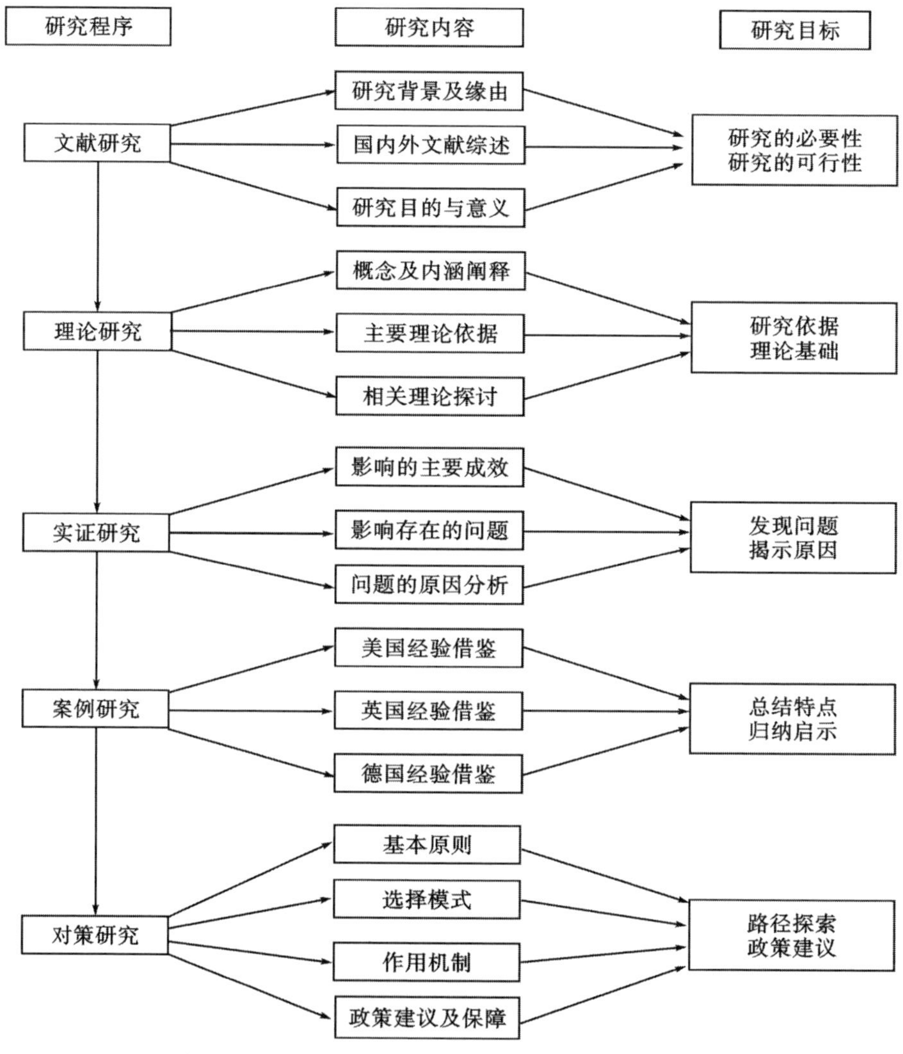

图 1-1　高等教育分流影响社会分层流动机制与政策研究技术路线图

第五节 本章小结

作为一项分流施教的社会活动，高等教育影响着受教育个体毕业之后在社会上的分层与流动。在科学技术日新月异和民主程度日益增强的现代社会，各行各业入职门槛逐年提高，我国高等教育也从大众化走向普及化，高等教育促进个体社会分层流动的作用日趋凸显。然而，在收入差距拉大、社会分化加剧的现实背景下，我国高等教育却呈现出固化社会阶层之势。面向知识经济社会，我国高等教育分流主体运用科学的机制和策略，通过大学生这个特殊群体与社会组织及个体良性互动，实现社会阶层有序流转，是建设社会主义强国的必由之路。

1977年我国恢复高考，给数十万的知识青年以向上社会流动的机遇，1999年高校扩招又使社会个体通过高等教育实现向上社会流动的机会不断扩大。但是，社会个体借助高等教育实现向上社会流动的道路并非一帆风顺，外部资本的介入和各种规则的干预使得社会底层成员所依赖的这一应然坦途变得曲折而复杂。面对富裕程度提高和贫富悬殊扩大，中国社会成员大都在密切关注：高等教育是在成为社会个体迈向经济富裕的助手，还是在成为被富人裹挟的昂贵品远离贫民？人们希望借助高等教育而富足，同时希望在高等教育面前起点平等，不因家庭贫富而影响社会个体对高等教育的选择。社会底层民众盼望在高等教育机会不断增多的社会背景下，优质高等教育能够对他们保持渠道畅通。现代知识资本化的国内外趋势迫使社会成员不得不努力选择进修高等教育，而社会行业及其职业之间收入与地位的巨大差距又使社会成员面临着付出较大的经济成本和时间成本后前途未卜的尴尬局面。高等教育分流现存的种种问题为社会成员正常通过高等教育这一渠道实现向上社会流动增加了更多的不确定性，增大了对高等教育的选择难度。在社会治理民主化的氛围中，社会成员大都具有表达自己高等教育愿景的要求，也有改变国家和地方高等教育现实问题的期望，更有参与高等教育治理的向往和热情。21世纪以来，在社会成员主动或被动追逐高等教育的热潮中，笔者既看到了高等教育与社会分层流动之间的良性作用和影响，也深切地感受到了高等教育与社会分层流动之间的非良性互动，社会科学工作者的使命驱使自己主动投入这项研究，以求呈现事实，改善现状。

国内外关于高等教育分流影响社会分层流动的研究取得了明显成效，为进一步深化研究我国高等教育分流合理影响社会分层流动打下了深厚基础；但也存在着不少问题，仍需后来者继续攻关探究。我国的社会分层流动理论从西方引进，高等教育分流影响社会分层流动研究在高等教育机会、高等教育分流、社会影响因素、二者关系认识等方面的探讨上取得了明显成效；但在研究对象、研究内容、研究方法、研究视角等方面还存在诸多问题。国外高等教育分流影响社会分层流动研究起步较早，成效显著，20 世纪 20 年代以来在理论依据、研究目标、研究对象、研究内容、研究方法和研究结论等六个方面呈现出从单一取向向二元（或多元）结合转变的特点。他们的相关研究日趋成熟，值得我国学者学习和借鉴。然而，国外相关研究在理论依据、研究对象、研究内容上、研究方法上、研究目标和结论上亦存在诸多不足，亟须改进和完善。针对国内外研究现状，展望我国高等教育分流与社会分层流动研究，我们要加强基础理论建设，确立以研促建目标，重视社会整体调查，注重多元方法分析，强化互动规律探讨，致力科学机制构建。

本书以 21 世纪我国和谐社会建设为背景，以已有的高等教育分流和社会分层流动相关理论为依据，从高等教育分流与社会分层流动的内在联系入手，立足考察我国高等教育分流影响社会分层流动的现状与问题，借鉴国外高等教育分流促进社会分层流动的成功经验，探讨高等教育分流影响社会分层流动的特点、规律和作用机制，构建我国高等教育分流促进社会分层流动的模式和选择路径。具体而言，本书将厘定什么是高等教育分流与社会分层流动、阐释高等教育分流与社会分层流动的关系、探究高等教育分流如何影响社会分层流动、澄清我国高等教育分流影响社会分层流动现状、提炼国外高等教育分流促进社会分层流动经验、探索我国高等教育分流促进社会分层流动机制。理论方面，本书将通过界定“高等教育合理分流”“社会合理分层流动”等概念，丰富高等教育分流和社会分层流动的深刻内涵；通过分析高等教育分流影响社会分层流动的发展趋向和基本规律，丰富高等教育分流和社会分层流动的关系理论；通过探讨高等教育分流影响社会分层流动的逻辑起点、价值目标及分析维度，深化和拓展人们对二者关系的认识，为构建高等教育分流影响社会分层流动的现实机制和具体政策提供理论参照和指导。实践方面，本书将通过对我国高等教育分流影响社会分层流动的现状分析，发现存在的问题并揭示其原因，帮助人们认清我国高等教育分流影响社会分层流动的现实状况，增强改进我国高等教育分流影响社会分层流动状况的紧迫感和针对性；通过对国外高等教育分流影响社会分层流动典型做法的剖析，总结提炼他们促进高等教育分流合理影响社会分层流动的成功经验，为我国推进高等教育分流合理影响社会分层流动提供工作借鉴；通过构建我国高等教育分流合理影响社会分层流动的实现模式和运行机制，提出保障我国高等教育分流合理影响社会分层流动的具体建议，为推动我国高等教育合理分流影响社会合理分层流动的改革实践提供策略参考。

第二章　高等教育分流影响社会分层流动研究的理论基础

与自然科学研究一样，社会科学研究也是一个提出问题、分析问题和解决问题的过程。在提出问题之后，社会科学研究中分析问题和解决问题的过程需要一定的理论支撑，这便是理论基础。理论基础是社会科学研究对所涉及的基本概念、理论依据和相关理论的探讨，是社会科学开展研究的起点和前提。马克思主义认识论认为，近代以来几乎人类的所有活动都有理论作指导，对于基本理论的深入思考是指导社会活动走向成功的关键环节。就本书开展的研究而言，理论基础将对“什么是社会分层流动和高等教育分流”“现有哪些理论可以印证和支撑高等教育分流影响社会分层流动”“高等教育分流影响社会分层流动具有哪些特征、规律和趋势”等基本问题做出分析，并对高等教育分流影响社会分层流动的“研究视角”“探究取向”和“分析维度”等研究切入点进行定位，以便后续的研究和分析有所依据与遵循，确保本书研究前后一致，标准统一，思维缜密，逻辑严谨，论述通畅，结论科学。

第一节　核心概念及其内涵

本书从分流施教与和谐互动视角出发研究高等教育与社会分层流动问题，把高等教育视为一项分流施教的社会活动。在此视域下，高等教育将完全高中后学生分流输送进不同层次、专业、类型和地区的高校施以教育，直接或间接地影响着这些学生的社会分层流动，关系着教育公平和社会公正，关乎着社会的和谐发展。为研究高等教育分流影响社会分层流动的现状和问题，本书从澄清一系列基本概念及其内涵开始，明确所要研究对象的具体范畴和操作尺度。

一、社会分层流动

社会学一般认为，社会分层与社会流动是两个不同的概念，社会分层是社会结构的静态形态，而社会流动属于社会结构的动态形态。

社会分层是指根据一定标准把社会成员划分为各种不同层次的社会集团和高低有序的社会等级[①]，是社会成员社会阶层等级化的一种存在状态。社会分层是随着社会分工的加快与阶级、阶层的分化而必然出现的一种普遍社会现象，是经济社会发展的历史性产物。在现代社会，社会成员的社会活动和社会关系既具有某种相同的内容和状态，处于类似的社会位置，又具有各自不同的内容和状态，处于不同的社会位置。社会成员在社会活动和社会关系中的共同性和差异性使得他们表现出在社会劳动形式、经济利益获得、社会财富占用、物质生活条件、社会生活方式等方面的异同，进而将人们区分为不同的类型，形成彼此类似又彼此区别的社会集团和个体等级。社会分层既是促进社会生产发展与社会机构正常运转的动力，又是导致社会产生不公平与形成各种社会冲突的根源[②]。社会分层的内涵包括三个层次：第一层次是阶级，第二层次是阶层，第三层次是各种具体的社会分层。首先，阶级分层在阶级社会中占首要地位。社会成员对生产资料的关系在早期社会是平等的，当生产力发展得使这种平等关系难以维系时，阶级就产生了。因此，社会阶级是自己时代经济关系的产物[③]，阶级差别的基本标志“就是它们在社会

---

① 谷中原. 社会学理论基础［M］. 长沙：中南大学出版社，2004：188-189.

② 董泽芳. 教育社会学（修订本）［M］. 武汉：华中师范大学出版社，2009：78-79.

③ 恩格斯. 反杜林论［M］//中共中央马克思恩格斯列宁斯大林著作编译局. 马克思恩格斯全集：第二十卷. 北京：人民出版社，1971：29.

生产中所处的地位，因而也就是它们对生产资料的关系”[①]。在阶级社会里，阶级既包括决定社会面貌、处于对立状态的基本阶级，如奴隶社会中的奴隶主阶级和奴隶阶级、封建社会中的地主阶级和农民阶级、资本主义社会中的资产阶级和无产阶级等，又包括作为社会自然补充、处于弱势地位的非基本阶级，如旧社会遗留下来的残余阶级、经济社会发展中的萌芽阶级、社会经济体系中作用比较小的阶级等。其次，阶层分层是阶层分化的必然产物。阶级分层揭示了社会纵向结构的基本轮廓和社会成员的根本差别，而阶层分层能反映社会纵向结构的社会层面和社会成员的具体差别。阶层分层不仅仅依据经济因素，而是社会成员职业、权力、财富、收入、教育等诸多方面的统一。阶层分层包括两种基本类型：一种是阶级内部的社会阶层，如旧中国地主阶级主要分为大地主、中地主、小地主三个阶层，农民阶级主要分为中农、贫农、雇农三个阶层，资产阶级主要分为大资产阶级（或官僚买办资产阶级）和中小资产阶级（或民族资产阶级）两个阶层等；一种是基本阶级以外的社会阶层，如封建社会里的高利贷者、手工业者、商人，旧中国的“三教九流”，现阶段我国工农两大阶级之外的个体劳动者等。最后，具体分层是社会分层的重要手段。在现实生活中，由于阶层的复杂性，人们根据需要进行更为具体的分层，如依据社会成员的劳动性质可分为脑力劳动和体力劳动，依据社会成员的劳动职业可分为工人、农民和商人，依据社会成员的知识水平可分为高级知识分子、中级知识分子和初级知识分子，依据社会成员的学历层次可分为小学生、中学生、大学生和研究生，依据社会成员的生活水平可分为贫困型、温饱型、小康型和富裕型，如此等等。在国家和社会关系活动中，政府和社会组织逐渐将社会分层制度化，如军界有军衔制，政界有官阶制，宗教界有教阶制，学术领域有学位制，公务员和公司职员有等级制等[②]。

---

① 列宁. 社会革命党人所复活的庸俗社会主义和民粹主义［M］//中共中央马克思恩格斯列宁斯大林著作编译局. 列宁选集：第七卷. 北京：人民出版社，1986：30.

② 谷中原. 社会学理论基础［M］. 长沙：中南大学出版社，2004：189-190.

社会流动是指社会分层结构中各个阶级或阶层内部以及不同阶级和阶层之间的个人或者群体社会地位升降与职业转换现象。社会流动产生和加剧的原因很多，首先，生产力发展是促进社会流动的首要条件和根本原因。在农业社会，生产力水平低下，社会成员流动率较低；在工业社会，生产力水平不断提升，社会成员的流动频率加快。工业社会的社会化大生产不仅使大量农民从农村转移到城市，使大批工人从蓝领晋升为白领，而且使一些富有的资产者沦为贫穷的无产者。其次，市场经济体制是促进社会流动的重要致因。在封建社会和我国计划经济时代，职位转换相对稳定而封闭，社会成员流动较少；在市场经济体制下，岗位聘用面向社会开放，社会成员流动增多。市场对资源的基础性配置作用不仅使财和物实现了较好的流动与结合，而且为每位社会成员提供了向上流动的机会，加速了社会流动。最后，科技和教育是促进社会流动的重要杠杆。自工业社会以来，教育和科技成为改变民族、阶级和个体社会地位的手段。随着生产与科技一体化的加强，知识和信息成为社会财富增加的主要工具，拥有学位、知识、科技和信息的社会成员逐渐上升为社会位置的高层，一些虽然没有雄厚资金和大型工厂却掌握科学技术的创新人才在较短时期内成为世界富有阶层，一些拥有先进科技的国家和民族成为世界领军集团①。社会流动复杂多样，依据不同的标准可以将其划分为不同的类型。以方向为标准，社会流动可分为垂直流动和水平流动：垂直流动又称纵向流动，是指社会成员个体或者群体在不同社会阶层之间的流动；水平流动又称横向流动，是指社会成员在同一社会地位的社会阶层之间的流动。以时间为标准，社会流动可分为代际流动和代内流动：代际流动是指社会成员两代之间的社会地位变动情况，代内流动是指社会成员一生中的社会地位变动情况。测定代际流动和代内流动一般以职业为社会地位变化的参照量，以“职业世袭率”（即以父辈为基准，下代人从事同样职业的百分比率）、“事业同职率”（即以本人为基准，与上一代人从事同样职业的百分比率）和“职业持续率”

① 谷中原．社会学理论基础［M］．长沙：中南大学出版社，2004：242-243.

（即以初次职业为基准，目前仍从事与初次职业相同者的百分比率）为主要指标。以成因为标准，社会流动可分为自然性流动和非自然性流动：自然性流动是基于社会成员对某一目标的追求而自然产生的流动，不带强制性；非自然性流动是指政府、组织或个体为达到某种目的，有计划、有组织采用一定经济、政治和行政等强制性手段迫使社会成员进行的流动。以规模为标准，社会流动可分为结构性流动和非结构性流动：结构性流动是指由于政治、经济、科技、文化或自然条件等变化而引起社会某些阶层或群体较大规模的流动；非结构性流动则是指由于某些人为或客观因素而引起的少数人流动。以方式为标准，社会流动可分为竞争性流动和赞助性流动：竞争性流动是指社会成员在公开、公平的条件下通过个体努力而获得的流动；赞助性流动则是指社会成员利用其他社会资源而获得的流动①。

与传统研究不同，本书将"社会分层流动"作为一个整体概念进行研究。本书认为，社会分层没有绝对静止的分层，都是社会流动中的分层；社会流动也不尽是地位静止的流动，而多是地位分层式的流动；社会分层与社会流动相互联系，密不可分；社会分层流动并非将该词分拆后的"社会分层"和"社会流动"两个概念，而是综合这两个社会学名词后形成的一个偏正式整体性复合概念。所谓社会分层流动，是指处于一定社会结构的社会成员在社会关系空间中从一种地位移向另一种地位，从一个阶层移向另一个阶层的状况②。本书中的社会分层流动主要研究社会成员个体的分层式流动，从而以点带面，认识和把握社会成员群体的分层式流动。为便于从操作意义上把握社会分层流动概念，本书主要选取职业、地位、收入（或财富）、权力等维度进行认识与分析。

二、高等教育分流

高等教育分流从属于教育分流，是教育分流的特殊形式和特殊阶

---

① 董泽芳. 教育社会学（修订本）[M]. 武汉：华中师范大学出版社，2009：88-89.

② 陈新忠. 国外高等教育分流与社会分层流动研究的特点及启示 [J]. 清华大学教育研究，2009（4）：59-66.

段，也是教育分流与现代社会关系最为密切的高级学段。探讨何谓高等教育分流，首先要从何谓教育分流谈起。

教育分流是指学校教育系统根据社会的需要和学生个体的意愿与条件，把愿意接受教育的学生有计划、分层次、按比例地分别纳入不同类型、不同层次的教育，以培养社会发展所需要的各级各类人才的活动[①]。教育分流是教育与社会互动作用的结果，是社会分化达到一定阶段的产物。上古之时，“万民无别，群物无殊”，人类尚无社会分化，教育的分流功能还未显现。经过三次大分工[②]后，社会逐步分化出士、农、工、商四大阶层及多种社会角色，教育分流便开始受到人们重视。早在我国西周时期，学校教学内容便有“六艺”之分；到了唐代，为适应社会分工与角色分化的需要，国家专门设立了书学、算学、天文、律学与医学等方面的学校，以培养各种专门人才；至宋代，教育家胡缓根据学生的特长进行“分斋教学”，可算是最早的教育分流。随着现代社会分工的日趋复杂，教育分流的功能不断增强。社会成员进入职业社会前必须经过较为严格的专业训练，具备一定的专业知识与专业技能，这一任务主要依靠各级各类学校来完成。社会分工对专业化的要求愈高，角色分化对教育分流的依赖程度就愈大。于是，分流培养人才日益成为学校教育的一项重要任务[③]。在我国，教育分流已形成三级分流格局，包括初等教育分流、中等教育分流与高等教育分流。初等教育是人才培养的基础阶段，在当前义务教育已经普及的背景下，初等教育分流担负着学生的兴趣激发与保护、个性发现与培养，以及学术性向的初步观察与指导的任务。中等教育分流一方面担负着传授基本知识、培养基本技能，为高校输送合格生源的任务；另一方面承担着向社会输送合格劳动

---

① 董泽芳. 教育社会学（修订本）[M]. 武汉：华中师范大学出版社，2009：100.

② 三次社会大分工均发生在原始社会末期：第一次社会大分工是指农业部落和游牧部落从狩猎、采集者中分离出来；第二次社会大分工是指手工业从农业活动中分离出来；第三次社会大分工是指商人阶层从农业和手工业生产活动中分离出来。

③ 董泽芳. 略论社会分化与教育分流［J］. 华中师范大学学报（哲学社会科学版），1995（6）：11-18.

者与初级专门人才的任务。高等教育分流则不仅担负着开发学生潜能、培养学生学术兴趣与能力等多方面的任务，而且担负着培养各级各类专门人才、优化人才结构、满足社会经济发展多方面需求的任务。

"高等教育"一词内涵丰富，不同时期、不同国度的人们赋予其不同的含义。在古代社会，人们将初等以上的教育统称为高等教育；在美国和日本，人们将中学以后的教育通称为高等教育；在英国，1963 年以前人们称中学毕业之后学习某项专业技术为进一步教育，仅称大学为高等教育[①]。1962 年，联合国教科文组织在高等教育国际会议上指出，高等教育是由大学、文理学院、师范学院、理工学院等机构实施的各种类型的教育。这些机构具有如下共同点：基本的入学条件是受完中等教育（普通、职业、技术中等教育或中等师范的教育），受教育者的入学年龄通常为十八岁，修完课程即授予相应的学位、文凭或高等学习证书[②]。在我国，当前高等教育一般意义上是指在完成中等教育基础上，由各级各类高等学校或高等教育机构实施的各种层次、各种形式的专业教育。在类别上，高等教育既包括学历教育，又包括非学历教育；在层次上，高等教育既包括专科教育、本科教育，又包括研究生教育；在办学形式上，高等教育既包括全日制正规教育，又包括高等教育自学考试等非正规教育。高等教育不同于高等院校（或高等学校），与高等院校既相联系又有区别。高等教育是一种教育教学活动，是培养人的社会实践活动或社会现象，主要依靠高等学校实施，其他具有高等教育资质的社会组织、企业、团体也可以进行高等教育活动；高等院校是实施高等教育的重要机构，既包括进行本科及以上层次教育的高等学校，也包括高等专科学校、高等职业学校、成人高校、网络教育机构等，但其所从事的并非完全是高等教育活动，也有一些为高等教育提供支持、保障及服务的其他活动[③]。

① 杨平. 论高等教育的功能效应与服务特性 [J]. 国家教育行政学院学报，2005 (3)：45-50.

② 汪永铨. 教育大辞典：第 3 卷 [M]. 上海：上海教育出版社，1991：60.

③ 张国强. 论高等教育功能的失调与调适 [D]. 武汉：华中师范大学，2008：33-35.

高等教育分流是指高等教育分流主体根据国家与社会发展的可能和需要、分流对象的条件和意愿，由分流机构实施操作的，对分流对象有目的、有计划、有差别地培养高层次专门人才的活动[①]。依据活动内容，高等教育分流包含资源分流、任务分流和对象分流三个方面。首先，高等教育资源分流是指为追求效益最大化，而对高等教育分流活动所需的人、财、物和相关资源进行配置和组合。高等教育资源分流根据高等教育资源的性质，可以分为人力资源分流、财力资源分流、物力资源分流和相关资源分流四部分。高等教育人力资源分流是将高等教育机构的教职工和学生等人力资源经过配置和组合合理分流到高等教育类型、层次、地域、形式上；高等教育财力资源分流是将教育财政经费、学费等办学所需财力资源经过配置和组合合理分流到高等教育类型、层次、地域、形式上；高等教育物力资源分流是将教学场地、图书、教学设备等办学所需物力资源经过配置和组合合理分流到高等教育类型、层次、地域、形式上；高等教育相关资源分流是将教育理念、办学经验等办学过程中形成的无形资产经过配置和组合合理分流到类型、层次、地域、形式上。其次，高等教育任务分流是指依据教育定位与自身状况，高等教育机构在培养目标、培养对象和培养方式上有所不同。高等教育任务分流依据高等教育机构的现状，可以分为地域分流、层次分流、类型分流和性质分流四个部分。高等教育任务的地域分流是指东中西部、沿海和内地等不同地域的高等教育机构的人才培养目标、对象与方式有所差别；高等教育任务的层次分流是指重点高校和普通高校、本科高校和专科高校等不同层次高等教育机构的人才培养目标、对象和方式各有侧重；高等教育任务的类型分流是综合高校和单科高校、农林医工等不同类型高等教育机构的人才培养的目标、对象和方式各有分工；高等教育任务的性质分流是指正规高校和非正规高校、全日制高校和非全日制高校等不同性质的高等教育机构的人才培养目标、对象和方式各有不同。最后，高等教育对象分流是指将接受高等教育的学生分流进各种各

① 董泽芳. 高等教育分流问题研究 [J]. 高等教育研究，2003，24 (4)：35-40.

样的高等教育机构。高等教育对象分流依据接受高等教育的学生的所处位置，可以分为地域分流、形式分流、层次分流和类型分流四部分。高等教育对象的地域分流是将接受高等教育的学生分流进处于沿海和内地、省会城市（直辖市/首都）和地级城市、东中西部等不同地域的高等教育机构；高等教育对象的形式分流是将接受高等教育的学生分流进正规高等教育和非正规高等教育、全日制高等教育和非全日制高等教育等不同形式的高等教育机构；高等教育对象的层次分流是将接受高等教育的学生分流进部属高校和省属高校、一本高校和二本、三本高校等不同层次的高等教育机构；高等教育对象的类型分流是将接受高等教育的学生分流进师范、政法、语言、艺术等不同类型的高等教育机构。高等教育的资源分流、任务分流和对象分流相互影响，密切联系。高等教育资源分流是保障，高等教育任务分流是途径，高等教育对象分流是前提①。

为便于在操作层面上更好地把握高等教育分流，本书主要选取高等教育分流结构的视角对高等教育分流进行考察。高等教育分流结构是指高等教育系统中接受高等教育者分流进入不同层次、不同方向、不同类型、不同区域高等教育机构的比例构成和纵横连接方式，主要包括流层结构，即不同层次高校和学生的构成状态及其比例关系；流向结构，即不同专业高校和学生的构成状态及其比例关系；流型结构，即不同形式高校和学生的构成状态及其比例关系；流域结构，即不同地域高校和学生的构成状态及其比例关系②。对于高等教育分流，本书将从高等教育分流结构入手，主要从流层、流向、流型、流域等维度进行认识与分析。

三、高等教育合理分流与社会合理分层流动

高等教育分流的发展方向是高等教育合理分流，社会分层流动的追

---

① 陈新忠. 高等教育与社会公平研究：基于分流施教与和谐互动视角［M］. 北京：人民出版社，2014：62-64.

② 董泽芳，李晓波. 试析我国高等教育分流中的结构失衡问题［J］. 教育研究，2003(10)：25-30.

求目标是社会合理分层流动。高等教育合理分流与社会合理分层流动是高等教育分流合理影响社会分层流动的基础和要求。

（一）高等教育合理分流

高等教育合理分流是指高等教育分流主体根据国家、社会及个人发展的需要和条件，结合高等教育发展的要求和基础，遵循高等教育规律，对分流对象实施的有计划、有区别的高等教育培养活动。高等教育合理分流与一定历史时期的经济水平、社会发展和高等教育状况相适应，能够促进高等教育与社会、个人协调发展。高等教育合理分流是高等教育分流的发展方向，也是高等教育分流的追求目标。

与高等教育初兴时期的分流施教不同，高等教育合理分流将在分流目标、分流依据、分流结构、分流时机和分流实施方面体现出明显的科学合理性。第一，分流目标统筹兼顾。高等教育分流活动涉及政府、企业、社会组织、学校、家庭和社会个体等多方面利益主体、多层次的培养目标和多类型的服务方向，高等教育分流主体能够根据正确的分流思想找准自己在高等教育培养系统中的位置，确立能够兼顾多方面利益的分流目标。第二，分流依据主客结合。高等教育分流采用的标准既有品德操行、专业兴趣等主观依据，又有家庭背景、地区差异等客观依据，高等教育合理分流将做到主观依据和客观依据有机结合。第三，分流结构比例协调。高等教育分流系统中拥有不同层次、形式、类型、区域的高校，高等教育合理分流将保持系统中不同层次、形式、类型、区域之间高校及其学生比例构成和连接方式与社会、个人及高教的发展相协调。第四，分流时机适度把握。高等教育分流时机主要反映在首次分流时间、再次分流时间和分流间隔时间三个方面，高等教育合理分流将在认真研究不同层次、类型人才培养目标、培养方式、培养效果的基础上，结合学生身心发展状况，对具体分流时间作出恰当选择。第五，分流实施形式多样。高等教育分流实施是对分流对象的区别培养，高等教育合理分流的实施将适应纷繁复杂的社会分工和丰富多彩的个性发展要求，采取灵活多样的分流形式。

（二）社会合理分层流动

社会合理分层流动是指一定社会结构中的社会成员遵循社会发展规律，顺应时代发展潮流，自觉提高自身素质和能力，积极主动创造社会价值，在社会关系空间中从一个阶层移向另一个阶层，从一种地位移向另一种地位的状况[①]。社会合理分层流动不仅有量的要求，还有质的标准。从量的角度看，社会分层流动数量既不能过多，又不能过少，而应以适量为宜。社会合理分层流动应能够满足社会发展需要，而不超过社会承受力[②]。从质的角度看，社会分层流动既不全是高素质人才的流动，也不都是低素质人员的流动，而是全社会成员的合理分层流动。社会合理分层流动符合机会均等原则，有助于个人健康成长，能够促进社会发展[③]。社会合理分层流动既是社会分层流动的发展趋势，也是社会分层流动的必然要求。

与知识经济社会之前的社会成员分层流动不同，社会合理分层流动将在分层流动目标、分层流动目的、分层流动规则、分层流动秩序和分层流动结果方面体现出明显的时代进步性。其一，社会合理分层流动的目的是社会阶层流转有序。社会阶层是社会成员因权力、财富、声望等众多方面差异而分化为不同社会群体，进而形成的社会纵向层级。如果社会成员不能在各个社会层级流动，将会出现阶层固化现象，阻碍个人和社会的发展。社会合理分层流动要求社会成员能够凭借天赋条件和个人奋斗而实现向社会上层流动，使社会形成合理有序的流动秩序。其二，社会合理分层流动的目标是促进个人自由而全面的发展。个人和社会相互依存，相互制约。个人的自由全面发展不仅受到个人主观因素影响，也受到社会的制约。社会合理分层流动要为个人的全面发展创造良好的社会环境，使个人能够在社会分层流动过程中充分发挥自己的聪明

---

① 陈新忠. 国外高等教育分流与社会分层流动研究的特点及启示［J］. 清华大学教育研究，2009（4）：59-66.

② 吴增基，吴鹏森，苏振芳. 现代社会学［M］. 3版. 上海：上海人民出版社，2006：232-233.

③ 谷中原. 社会学理论基础［M］. 长沙：中南大学出版社，2004：265-266.

才智，寻找到适合自己的位置，实现自由而全面的发展。其三，社会合理分层流动的规则是社会组织吐庸纳英。社会合理分层流动要求各类社会组织坚持正确的选人、用人导向，建立人才竞争机制，不断吸纳优秀人才而淘汰低素质、低能力的庸才，为个人建功立业、实现向社会上层流动搭建平台。其四，社会合理分层流动的秩序是社会规则健全有效。在合理分层流动的社会里，法律、政策、道德等规则是社会成员遵守的行为规范，是社会分层流动常态化、有序开展的基本保障。社会合理分层流动要求建立健全社会流动的机制和规则，兼顾公平和效率。其五，社会合理分层流动的结果是社会系统稳定进步。社会合理分层流动使社会成员在社会系统中能够合理、有序流动，不仅能够实现人力资源的合理利用，而且有助于社会系统良性运转，创造富有生机的社会局面。

第二节　主要理论依据

理论依据是开展研究的基础，是进行现状分析和策略探讨的根据。就本书而言，社会和谐发展理论、社会分层流动理论和高等教育分流理论是高等教育分流影响社会分层流动研究的主要理论依据。

一、社会和谐发展理论

实现社会和谐，建设美好社会，始终是人类孜孜以求的社会理想，也是中国共产党和中国人民不懈追求的社会目标。从历史演进看，社会和谐发展理论经历了古代学者伟人初创阶段、空想社会主义者虚拟阶段、马克思主义经典作家推进阶段和中国共产党人定型阶段。

（一）古代学者、伟人对和谐社会的论述

在我国，孔子最早提出“和为贵”的思想。在中国传统社会和谐理论中，以孔子为代表的儒家社会和谐模式论居于主导地位。儒家社会和谐模式论包括四个方面：“中和”是社会和谐的核心，“仁与礼”是社会和谐的两大纲领，“养均齐”是社会和谐的三大基石，君本论、官本论、

民本论、农本论是社会和谐的四大支柱①。孔子认为，“天下之本在国，国之本在家，家之本在身”，主张分天下、国家、家庭、个体四个层次践行“人和”的思想，构建“和而不同”的和谐社会②。继孔子之后，墨子提出了“兼相爱”“爱无差”的社会理想，孟子提出了“老吾老以及人之老，幼吾幼以及人之幼”的社会理想。《礼记·礼运》中也描绘了“大道之行也，天下为公，选贤与能，讲信修睦。故人不独亲其亲，不独子其子，使老有所终，壮有所用，幼有所长，鳏寡孤独废疾者皆有所养”的理想社会。19 世纪中叶，洪秀全在太平天国起义过程中提出了“务使天下共享”，“有田同耕，有饭同食，有衣同穿，有钱同使，无处不均匀，无人不饱暖”的社会构想。19 世纪末 20 世纪初，康有为在戊戌变法过程中提出了建立“人人相亲，人人平等，天下为公”的社会理想。在国外，柏拉图和亚里士多德等为代表的古代思想家对社会和谐也曾有过重要论述。他们认为，和谐与秩序是宇宙的最高规律，也是任何理想城邦必须遵循的重要原则；法治是实现城邦和谐与秩序的必要条件；教育是实现社会和谐的重要手段；“贤人政治”是达到理想城邦的体制保证；正义和平等是实现社会和谐的重要条件③。19 世纪初，黑格尔从政治角度指出，西方社会接受冲突的社会现实，但更注重体验公平地落实社会公义。他认为，社会矛盾、社会冲突是不可避免的，关键是如何使解决方法公平，能够实践公义；重视落实公义能达致社会和谐，因而西方社会重视程序公义④。中外古代学者伟人关于和谐社会的论述，对于我们今天构建社会主义和谐社会仍有重要的参考价值。

（二）空想社会主义者对和谐社会的描述

1803 年，法国空想社会主义者傅立叶发表《全世界和谐》一文，

---

① 董根洪. 儒家社会和谐模式论初探［J］. 学习与探索，2006（5）：27-31.

② 陈增辉. 孔子的社会和谐理论［J］. 孔子研究，2006（4）：10-17.

③ 师凤莲. 古希腊思想家社会和谐理论刍论［J］. 理论学刊，2009（1）：75-78.

④ 王卓棋，彭华民. 社会政策视角的中西社会和谐理论比较研究［J］. 南开学报（哲学社会科学版），2009（1）：45-51.

首次明确提出了建设“和谐制度”的思想。他在文中指出，现存的资本主义制度是不合理的，必将为“和谐制度”所代替。他对当时资本主义进行无情地揭露和抨击，指出资本主义发展带来的生态危机、社会危机、道德危机、精神危机和价值危机，导致了人与人之间、人与自然之间、人与社会之间的各种矛盾不断激化。他在深入批判资本主义的基础上，鲜明地提出了要构建“和谐制度”，力求构建一种解决人类和谐与冲突之间张力失衡的基本原则。傅立叶认为，资本主义社会的文明制度已经创造了大规模的生产、高度的科学和优美的艺术等建设新社会必需的“动力”，现在的任务就是要发明与这种分散经营相反的协作结构。他认为“社会不和谐”是资本主义“文明制度”压抑了人们的种种情欲，这导致人们不仅不能满足物质的和精神的需要，而且不能满足自身社会结合的需要，因而他主张建立情欲的内部作用和外部作用的“和谐”来实现“社会和谐”①。傅立叶的“和谐制度”理论虽然有着明显的缺陷，但关于消灭私人经营、消灭雇佣劳动、提倡社会和谐、变国家为纯粹管理机构等构想至今仍具有重要的现实意义。傅立叶之后，英国空想社会主义者欧文 1824 年在美国进行共产主义试验，以“新和谐”命名；德国空想共产主义者魏特林 1842 年在《和谐与自由的保证》一书中把社会主义称为“和谐与自由的社会”，并指出新社会的“和谐”是“全体和谐”。

（三）马克思主义经典作家对和谐社会的论证

马克思主义认为，取代资本主义社会的崭新社会应该是一个和谐社会。1848 年，马克思与恩格斯在《共产党宣言》中指出：“代替那存在着阶级和阶级对立的资产阶级旧社会的，将是这样一个联合体，在那里，每个人的自由发展是一切人的自由发展的条件。”② 按照马克思、

---

① 史少博. 空想社会主义者傅立叶探“情欲引力”与“和谐社会”［J］. 学术论坛，2010（2）：59-62.

② 马克思，恩格斯. 共产党宣言［M］. 中共中央马克思恩格斯列宁斯大林著作编译局，译. 北京：人民出版社，1997：50.

恩格斯的设想，未来社会将在打碎旧的国家机器、消灭私有制的基础上，消除阶级之间、城乡之间、脑力劳动和体力劳动之间的对立和差别，极大地调动全体劳动者的积极性，使社会物质财富极大丰富、人民精神境界极大提高，实行各尽所能、各取所需，实现每个人自由而全面的发展，在人与人之间、人与自然之间都形成和谐的关系。马克思、恩格斯认为，资本主义创造的文明成果虽然超过了以往一切社会，但资本主义是在种种不和谐的矛盾中产生和运行的，它仍是片面发展和严重失调的社会，其中充斥着社会不平等和两极分化，存在着尖锐的阶级对抗，其社会发展以牺牲工人阶级和其他劳动人民的利益为代价。马克思、恩格斯在批判资本主义不和谐的同时，通过对人类社会发展规律的分析，提出了只有用共产主义代替资本主义，才能真正实现社会和谐。这是因为：人类社会是由低级向高级不断发展的过程，是由不和谐向和谐不断发展的过程。资本主义社会生产力和生产关系的矛盾、经济基础和上层建筑之间的矛盾，给社会造成了极度的不和谐。要消除这对矛盾，必然要求用新的和谐的社会制度来取代资本主义制度。马克思、恩格斯认为，构建未来和谐社会的出发点和归宿是“每个人的自由发展”，人的自由而全面发展是未来社会的最高价值诉求。马克思、恩格斯所说的“每个人的自由发展”是指人的各种能力和潜能充分发挥，人的多样性需求不断得到满足，人的社会关系日益丰富，人与自然和谐共生，人的自由个性充分发展。在马克思、恩格斯看来，未来和谐社会的核心就是在自由人的联合体中实现人的全面和自由发展；只有实现共产主义，为人的发展创造充分必要的条件，才能真正实现人的自由全面发展①。马克思、恩格斯之后，列宁也认为，只有共产主义才可能广泛推行和真正支配根据科学原则进行的产品生产和分配，以便使所有劳动者过上最美好、最幸福的生活。马克思主义经典作家对于和谐社会的论证，为我们今天构建社会主义和谐社会指明了方向。

---

① 吴丽萍．马克思恩格斯关于和谐社会的科学构想［EB/OL］．(2006-10-09)［2022-06-30］．http://www.southcn.com/nflr/xssc/200610090450.htm.

（四）中国共产党人和谐社会思想的形成

中华人民共和国成立之后，毛泽东努力在处理人民内部矛盾和其他社会矛盾中探索和谐社会建设。他提出以民主的方法解决人民内部矛盾，以“双百”方针化解科学文化领域的矛盾，以“长期共存，互相监督”解决党派矛盾，以“统筹兼顾，适当安排”解决城乡矛盾，指出“我们的目标，是想造成一个又有集中又有民主，又有纪律又有自由，又有统一意志，又有个人心情舒畅、生动活泼，那样一种政治局面”。毛泽东之后，邓小平于20世纪80—90年代提出通过“解放生产力，发展生产力，消灭剥削，消除两极分化，最终达到共同富裕”[①]，以及物质文明和精神文明“两手抓，两手都要硬”的途径迈向和谐社会；江泽民在2002年党的十六大报告中提出，我们要在21世纪头二十年，集中力量，全面建设惠及十几亿人口的更高水平的小康社会，使经济更加发展、民主更加健全、科教更加进步、文化更加繁荣、社会更加和谐、人民生活更加殷实，这是中国共产党首次提出构建和谐社会；胡锦涛2004年10月在党的十六届四中全会上把“提高构建社会主义和谐社会的能力”作为党执政能力的一个重要方面明确提出。2006年10月，中国共产党十六届六中全会审议通过的《中共中央关于构建社会主义和谐社会若干重大问题的决定》，全面深刻地阐明了社会主义和谐社会的性质和定位，指明了构建和谐社会的指导思想、目标任务、工作原则和重大部署。在中国共产党人眼中，和谐社会就是指人与自然、人与社会、人与人之间和谐统一与协调发展的社会；就是生产力和生产关系、经济基础和上层建筑之间和谐统一与协调发展的社会。胡锦涛指出，我们所要建设的和谐社会，应该是民主法治、公平正义、诚信友爱、充满活力、安定有序、人与自然和谐相处的社会。民主法治，就是社会主义民主得到充分发扬，依法治国基本方略得到切实落实，各方面积极因素得到广泛调动；公平正义，就是社会各方面的利益关系得到妥善协调，人

---

① 邓小平．在武昌、深圳、珠海、上海等地的谈话要点［M］//邓小平．邓小平文选：第三卷．北京：人民出版社，1993：373．

民内部矛盾和其他社会矛盾得到正确处理，社会公平和正义得到切实维护和实现；诚信友爱，就是全社会互帮互助、诚实守信，全体人民平等友爱、融洽相处；充满活力，就是能够使一切有利于社会进步的创造愿望得到尊重，创造活动得到支持，创造才能得到发挥，创造成果得到肯定；安定有序，就是社会组织机制健全，社会管理完善，社会秩序良好，人民群众安居乐业，社会保持安定团结；人与自然和谐相处，就是生产发展，生活富裕，生态良好。和谐并非折中妥协、一团和气、不思进取、相安无事，而是事物内部与事物之间各要素相互依赖、相互协调、相互促进、共同生长的状态和情形，是事物存在和发展的根本条件与动力。中国共产党人始终认为，“社会和谐是中国特色社会主义的本质属性”，“构建社会主义和谐社会是贯穿中国特色社会主义事业全过程的长期历史任务，是在发展的基础上正确处理各种社会矛盾的历史过程和社会结果”①。2012 年以来，中国共产党中央委员会总书记习近平指出，中国有 13 亿人口，个人愿望可能千差万别，但一个共同愿望就是希望社会和谐、发展、稳定，从这个意义上讲，实现中国梦，就是实现社会的和谐、稳定；构建和谐社会，是人们的共同理想和愿望，是中国梦的重要组成部分；促进社会和谐，是实现中国梦的题中应有之义，是人们共同企盼的目标和结果②。近年来，习近平总书记进一步指出，我国建设社会主义现代化具有许多重要特征，其中之一就是我国现代化是人与自然和谐共生的现代化，注重同步推进物质文明建设和生态文明建设；并向世界传递“万物和谐”之道，倡导共建万物和谐的美丽世界③。中国共产党人的和谐社会思想深化了我党对社会主义本质的科学认识，深刻反映了把我国建设成为富强、民主、文明、和谐的社会主义

① 胡锦涛. 高举中国特色社会主义伟大旗帜，为夺取全面建设小康社会新胜利而奋斗［M］. 北京：人民出版社，2007：17.

② 张兴德. 在促进社会和谐中实现中国梦［EB/OL］.（2013-05-14）［2022-06-30］. http://theory.people.com.cn/n/2013/0514/c40531-21477056.html.

③ 习近平. 共同富裕是社会主义的本质要求，是中国式现代化的重要特征［EB/OL］.（2021-08-22）［2022-06-30］. http://www.qstheory.cn/zhuanqu/2021-08/22/c_1127784024.htm.

现代化国家的内在要求，充分体现了中国特色社会主义自觉追求的价值目标，是未来我国社会建设的重要指针①。

社会和谐发展是古今中外仁人志士和人民大众的共识，是古往今来社会成员的共同追求。社会和谐发展理论是古今中外学者和领袖们的集体智慧结晶，是指导和谐中国与和谐世界建设的重要理论。尤其中国共产党人对于社会和谐发展理论的提炼、概括和总结，是马克思主义和谐社会思想的深化和升华，对于本书研究高等教育分流影响社会分层流动具有直接指导作用。

二、社会分层流动理论

已有社会分层流动的理论主要表现为社会分层理论和社会流动理论，以西方学者的学说为代表。社会分层理论中影响较大的主要有以马克斯·韦伯为代表的三位一体分层理论、以卡尔·马克思为代表的马克思主义阶级理论和以维尔弗雷多·帕累托为代表的社会精英理论；社会流动理论影响较大的有索罗金的社会流动研究、邓肯与布劳的社会流动研究、本迪克斯与李普塞特的社会流动研究。

（一）社会分层理论

马克思主义的阶级理论建立在阶级意识和阶级斗争的分析之上，是对资本主义社会分层研究的伟大成果，对我们今天研究社会分层结构仍具有重要指导意义。马克思主义阶级理论使用单一的经济指标划分阶级，认为经济关系包括社会成员对生产资料的占有关系、在生产关系中的地位及支配社会财富的情况，阶级是社会生产力发展到一定阶段后出现剩余产品、形成私有制的基础上产生的，在资本主义社会表现为资产阶级与无产阶级两大对立阶级；同一阶级的社会成员在阶级意识的作用下，认清共同利益，组织起来，就会表现出巨大的阶级力量；私有制社会中的基本阶级关系是生产力与生产关系矛盾运动的集中体现，阶级斗

① 贺善侃．社会和谐理论：科学社会主义的重要创新［J］．湖南师范大学社会科学学报，2009（2）：20-23.

争是解决社会基本矛盾、推动阶级社会发展的直接动力；阶级现象是同生产力发展阶段相联系的历史现象，将随着生产力的高度发展、私有制的逐渐铲除而最终消亡。在马克思理论基础上，列宁认为，阶级“就是这样一些人的集团，这些集团在历史上一定的社会生产体系中所处的地位不同，同生产资料的关系（这种关系大部分是在法律上明文规定了的）不同，在社会劳动组织中所起的作用不同，因而取得归自己支配的那份社会财富方式和多寡也不同。所谓阶级，就是这样一些集团，由于它们在一定社会经济结构中所处的地位不同，其中一个集团能够占有另一个集团的劳动”①。

作为社会分层理论的创始人，德国著名的社会学家马克斯·韦伯提出了描述社会差异的三位一体分层理论。韦伯认为，社会结构是多层面的统一体，经济虽是社会分层的重要标准，但不是唯一标准；除经济标准（财富和收入）之外，社会标准（声望）和政治标准（权力）同样重要；社会分层是三位一体的，应从经济、社会和政治三个方面进行综合考虑。在韦伯看来，社会成员的经济地位就是其阶级地位，是指社会成员个体或群体在商品市场上拥有的机会，主要取决于社会成员获得的货币量多少，而不涉及生产资料的占有关系；声望地位是指根据涉及出身门第、教育水平、仪表风度、生活方式等评价因素的社会公认评价体系，社会成员在从肯定到否定高低有序的排列阶梯中所处的位置，是社会成员社会影响的外显；权力地位是根据社会成员是否拥有为实现自身意志而无视他人意愿、支配他人行为的能力及能力大小确定的，表现在科层组织管理部门中各种管理职位的安排上，反映了政治领域的不平等。许多社会学家根据韦伯的社会分层模式及其理论，提出了新的社会分层理论，譬如：三个阶级论，即根据财富、收入、权力、声望等一系列指标，将社会成员分为上层阶级、中层阶级和下层阶级；六个或九个阶层论，即增加住房状况、教育程度、宗教信仰、衣着方式等具体指

① 列宁．伟大的创举［M］//中共中央马克思恩格斯列宁斯大林著作编译局．列宁选集：第四卷．北京：人民出版社，1975：10.

标，将上、中、下三个阶级的每个阶级又细分为上、下两层或上、中、下三层；两个阶级论，即依据职业或工作的性质，将社会成员分为蓝领阶级和白领阶级[①]。

意大利社会学家维尔弗雷多·帕累托从社会成员地位时代变化的角度出发提出社会精英理论，成为西方社会分层理论的另一杰出代表。帕累托认为，社会分层结构是普遍存在的，但它内部的上层成员和下层成员并非凝固不变；在传统农业社会里，等级结构相对封闭稳定，而在现代工业社会中，创新、竞争和变革成为时代精神，社会成员终身或世袭的地位不复存在。在帕累托看来，社会成员的地位和阶层归属既来自后天的教导和劳作，又取决于他们天生的禀赋和能力；那些具有特殊素质和才干的社会成员是社会的精英人物，他们散布于社会的各个集团之中，位于社会成员层级中的高端；具有上层身份的社会成员即使出身名望贵族，如果天赋愚蠢笨拙，生性懒惰僵化，也会沦落为社会下层。根据天赋能力的自然条件和掌权与否的社会差异，帕累托将社会成员分为执政精英和执政庸才、非执政精英和芸芸众生四类，认为只有当执政阶层社会成员的能力、才干平均值高于非执政阶层社会成员时，一个社会才会稳定，而要保持这样的态势就必须借助于社会阶层之间的精英循环，即非执政阶层中的社会精英成员上升为执政者，执政阶层中的执政庸才成员下降为非执政者；没有社会阶层的下行循环，执政阶层的社会成员就有可能聚集起来一大批腐败分子，使得整个执政阶层的能力、才干平均值大大下降，统治地位受到威胁和动摇；社会阶层的上行循环通道不畅或堵塞，非执政阶层社会成员的能力、才干平均值就可能通过积累而上升，一旦积累到一定程度，他们就会联合起来以暴力手段夺取政权；导致社会冲突的根源不是阶级对立，而是社会阶层精英循环条件和机制的缺乏[②]。

---

① 谷中原. 社会学理论基础［M］. 长沙：中南大学出版社，2004：194-195.

② 吴增基，吴鹏森，苏振芳. 现代社会学［M］. 3 版. 上海：上海人民出版社，2006：197-199.

（二）社会流动理论

作为社会流动理论的奠基人，索罗金起初从较为宽泛的社会学意义上来理解社会流动，认为社会流动由社会人口、社会环境及父母与子女之间天赋能力的差别引起，是指一个社会主体或一个社会客体、抑或一种社会价值（由人类活动创造或改造的任何东西）从一种社会地位向另一种社会地位的任何转变[①]。索罗金将社会流动分为水平流动和垂直流动两种基本形式，认为水平流动是一个社会主体或社会客体在同一水平层次上从一个社会群体向另一个社会群体的流动；垂直流动是一个社会主体或社会客体从一种社会阶层向另一种社会阶层的转变，包括向上流动和向下流动。他从经济（财富）、政治（权力）和职业三个维度来区分社会结构中社会成员的不平等状况，着重运用阶层理论从个体视角研究社会成员的垂直流动，以观察社会个体和社会群体在社会等级秩序中的地位变化。索罗金研究发现，开放的工业社会比封闭的传统社会垂直流动较为频繁，并且呈现出如下特点：同一阶层中父母和子女的职业类型扩散程度较高，同一家庭的子女大多分散于不同的职业群体；所有职业群体都由来自不同社会阶层的社会成员构成，不同职业群体之间的社会差异逐渐缩小；社会成员子女垂直流动的渐次过渡性明显，父亲的职业地位对子女的职业地位影响较大；社会分层体系的中间阶层比两段稳定，等级位置相似或相近的职业群体更容易交换社会成员[②]。通过大量实证资料分析，索罗金发现18世纪以来的社会流动率直线攀升，社会流动与社会发展呈正相关关系。索罗金认为社会流动是稳定社会制度的安全阀，它给处于社会底层的社会成员提供了破坏和重构现行社会制度的机会，对于下层社会成员释放不满情绪、变革社会制度具有积极作用[③]。

---

① 周晓虹. 西方社会学历史与体系：第一卷［M］. 上海：上海人民出版社，2002：431-432.

② 许欣欣. 当代中国社会结构变迁与流动［M］. 北京：社会科学文献出版社，2000：54-58.

③ 谷中原. 社会学理论基础［M］. 长沙：中南大学出版社，2004：249-250.

本迪克斯和利普赛特是在索罗金社会流动理论基础上以经验资料验证社会流动理论的社会学家，提出了社会流动研究的四个步骤。首先，社会流动要研究社会个体生涯起点与当前地位之间的关系，分析社会个体在社会流动中的地位变化；其次，社会流动要研究社会继承与流动方式之间的关系，探讨社会个体出身对受教育程度、劳动技能获得、社会人际交往、社会流动动机的影响和作用；再次，社会流动要研究社会个体的流动过程，从社会个体的职业流动历史中分析其当前地位与起始地位的关系；最后，社会流动要研究社会个体的流动结果，判断社会个体在社会流动过程中的流动量大小和方向。通过实证考察，他们认为直接影响社会流动率的因素主要有五个方面，即社会个体能够得到的地位空间数量、人口出生率、职业等级变化、社会个体可以继承的社会位置数量和有关社会流动法律限制的变化。在利普赛特和本迪克斯看来，工业社会需要越来越多的企业管理者，白领位置数上升，蓝领位置数下降，社会成员向上垂直流动的机会不断增多；经济持续增长为社会成员向上流动创造了更多的工作位置，而工业国的人口出生率较低，影响了社会流动率的变化；工业社会的职业声望及其社会等级随着社会变迁而不断波动，社会个体可能在工作不变的情况下流动到社会瞩目的地位；工业化国家的社会地位和职业结构中能够被子女继承的位置不断减少，社会个体只有凭借自己的努力才能实现向上流动的愿望；工业化国家逐渐取消有关限制社会成员流动的法律，允许人们自由选择职业，为社会个体向上流动提供了条件①。在受教育程度与职业获得的关系上，利普赛特和本迪克斯调查认为，来自社会低阶层家庭的子女接受学校教育的年限相对较短，而来自社会高阶层家庭的子女接受学校教育的年限相对较长；只有高中学历的社会成员大多在体力劳动中度过一生，而受过高等教育的社会成员则大都在非体力劳动中度过一生；体力劳动者的子女大多仍旧从事体力劳动，只有学院教育能使体力劳动者的子女进入劳动市

① 许欣欣．当代中国社会结构变迁与流动［M］．北京：社会科学文献出版社，2000：57-59.

场中的中等阶级职业；优越的家庭背景可以使子女接受较长时间的学校教育，从而使子女拥有获得较好职业的机会；贫寒的家庭背景则使子女无法完成足够的学校教育，进而使子女无法找到能够向上流动的理想职位。利普赛特和本迪克斯认为，社会成员的社会流动与社会城市化、工业化和阶层化紧密相连，随着这些过程的加剧，社会个体的流动率将不断提高①。

布劳和邓肯对于社会流动的研究主要集中在美国职业流动和个人地位获得模型两个方面，取得了划时代的研究成果。他们将美国职业结构划分为 17 种类别②，通过对调查数据进行代际和代内的职业流动分析，认为职业继承仍在较大范围内存在，社会流动比较普遍；社会成员的向上流动比向下流动更为广泛，地位等级制中比较靠近的两个职业间的社会成员流动较多。布劳和邓肯研究发现，美国职业结构中的社会成员流动并非均匀分布在不同的职业层次上，而是一般固定在最低的白领阶层和最低的蓝领阶层中，位于这两个阶层分界线之上的群体拥有较高的流入率和流出率，流入的社会成员来自较低的社会阶层，流出的社会成员主要流向较高的社会阶层；在美国的社会成员流动中，高等教育为处于劣势的较低社会阶层成员提供了多阶层跨越的长距离向上流动机会，使大约 10％的体力劳动者子女获得了社会精英的地位③。布劳和邓肯研究社会流动并不拘泥于职业流动结构及其趋势的分析，而是在探究职业流动和个人成功的影响因素基础上提出了社会成员的地位实现模型（如图 2-1 所示）。他们认为在现代工业化社会里，个人职业地位的获得要受到父亲职业地位、父亲受教育程度、本人受教育程度、本人初职和本人现职五个人生周期中顺序出现的获致性因素影响；在这五个变量因素

① 谷中原. 社会学理论基础［M］. 长沙：中南大学出版社，2004：250-251.

② 邓肯 1961 年根据诺斯和哈特的职业声望量表得分，创造出社会经济地位指数，并按照得分高低将美国 17 种职业排序为：自营专业人员、领薪专业人员、经理、销售人员、有产者、店员、制造业技艺工人、制造业以外的技艺工人、零售商、建筑工人、制造业操作员、制造业以外的操作员、服务人员、制造业工人、制造业以外的工人、农民、农场工人。

③ 许欣欣. 当代中国社会结构变迁与流动［M］. 北京：社会科学文献出版社，2000：63-64.

中，父亲职业地位和父亲受教育程度是影响社会成员获得职业地位的外生变量，本人受教育程度、本人初职和本人现职是决定社会成员获得职业地位的内生变量，其中本人受教育程度在美国对社会成员职业地位的影响最大，本人初职的影响次之，父亲职业地位和父亲受教育程度的影响最小[①]。

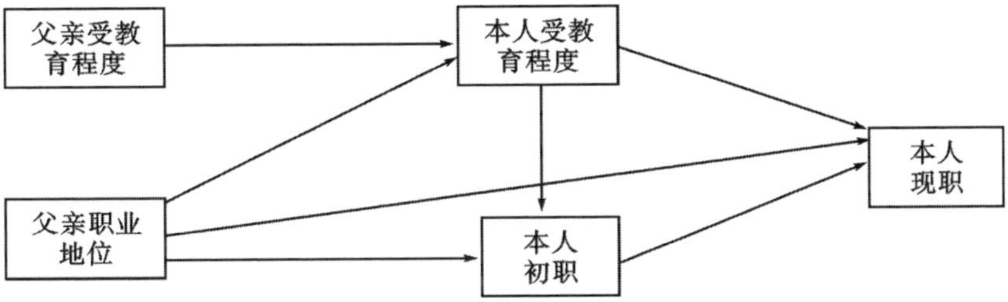

图 2-1　布劳和邓肯提出的美国社会成员地位获得模型图

此外，以帕森斯为代表的功能主义学派认为，高等教育通过培养高级专门人才发挥着维护社会制度平衡的作用[②]，以柯林斯为代表的冲突主义学派认为，高等教育是社会不同阶层成员获得特殊身份而争夺的重要利益对象[③]。以上社会分层和流动理论是本书的重要理论基础，对我们科学、合理地划分社会阶层，认识各个社会阶层的区别和各个阶层社会成员的特点，研究社会成员在社会系统中的分层流动，探究高等教育分流对社会分层流动的影响机制具有重要的指引作用。同时，这些理论也是本书进一步探讨社会分层流动理论的起点。

三、高等教育分流理论

在我国教育分流和高等教育分流研究上，以华中师范大学董泽芳教授为代表的学者们做了大量开拓性的奠基工作，取得了较为丰厚的研究成果，形成了初步的高等教育分流理论。他们在教育分流研究的基础

---

① 谷中原．社会学理论基础［M］．长沙：中南大学出版社，2004：252-253.

② 罗伯逊．社会学：下［M］．黄育馥，译．北京：商务印书馆，1991：504-505.

③ COLLINS R．Functional and Conflict Theories of Educational Stratification［J］．American Sociological Review，1971（6）：1011-1014.

上，对高等教育为什么分流，如何分流，我国高等教育分流的现状、问题及对策进行了较为系统的研究。

（一）高等教育分流的必要性

高等教育之所以分流，既是来自政府和社会的外部要求，也是源自教育自身的内部追求。在国家建设和社会发展过程中，政府需要大批具有专门知识的行政管理人员来维护和促进行政系统的运转，巩固和发展无产阶级的政治地位；社会各行各业也需要相应的专门人才从事各项工作，发展各项事业。这些都要求高等教育进行分流，分类培养人才，满足政府和社会的需要。同时，高等教育作为中学后教育，本身就是培养具有高深知识的高级专门人才的，其教育层次性质和目标决定了必须对教育对象分流实施教育。此外，从学生来看，每个学生的兴趣爱好、专业特长、学业成绩、经济状况等又各有差异，也要求高等教育因材施教，分流培养，开发个体潜能，促进个体更好地发展。

（二）高等教育分流的实施设计

进行高等教育分流，需要明确分流主体、分流对象、分流形式和策略、分流结果和意义。首先，高等教育分流并非单一性行为，而是一项由多种主体参加的复杂性活动。在高等教育分流活动中，政府是决策和调控的主体，教育部门和各类高等教育机构是执行的主体，企业、家庭、学生和相关的社会组织是重要的参与主体。高等教育分流的具体机构是指实施分流培养人才活动的单位，包括所有高等院校和其他具有实施职后或非正式高等教育资格的单位。其次，高等教育分流活动的复杂性表现在内容、形式等多个方面，凸显于高等教育分流对象的多样性上。高等教育分流对象是指愿意接受高等教育且符合一定条件的所有人，既包括符合一定录取标准的应届高中毕业生，又包括高考落榜生和各年龄阶段有志于接受高等教育并有一定基础的人。在整个分流活动中，高等教育分流对象既是被分流的客体，又是参与分流的主体，具有双重属性。再次，进行高等教育分流，具有多种形式和策略。就形式而言，高等教育分流主要有外分流与内分流。外分流是指依据一定标准对高等教育对象进行选择，将符合标准的对象选拔出来分流到各类高等学校中去的活动；内分流是指将进入高等学校的大学生依据自身需要和高校条件分流到不同的学科、专业、课程、班组、课堂与不同的年级和教育层次的活动。就策略而言，高等教育分流主要包括选择策略、分化策略和分配策略。在高等教育分流的运作和实施中，选择策略的关键是要做到分流依据公平合理；分化策略的关键是要做到分流时间的选择、分流比例的确定和分流对象的安排均适时、适度、适才；分配策略的关键是要做到使学生的职业分配尽可能做到人尽其才、才尽其用、岗能匹配①。最后，高等教育分流的结果和意义也表现在多个方面。就结构而言，高等教育分流能使高等教育系统中学生分流进入不同形式、不同层次、不同类型、不同区域的高等院校（包括各类教育机构），形成合理的比例构成与纵横联结方式。就功能而言，高等教育分流的效果主要表现在三个方面：从学生来看，高等教育分流能充分考虑学生的兴趣爱好、知识基础及其他条件，更好地因材施教，促进其志趣、才能、专长全面和谐地发展；从社会来看，高等教育分流能全面反映国家要求，针对性地培养社会所需的各级各类人才，促进社会结构优化，为社会主义现代化建设服务；从社会与个体的关系来看，高等教育分流能通过分化与整合，协调个体与社会的矛盾和冲突，将学生个体、家庭和国家的利益尽可能地统一起来。

（三）高等教育分流的现有瓶颈

我国高等教育分流既存在着分流取向偏颇、分流依据不足的问题，又存在着分流形式不活、分流机构定位不当的问题，其中分流结构的失衡问题尤为突出。有学者认为，高等教育分流结构的失衡主要表现在流层结构、流向结构、流型结构、流域结构四个方面。首先，在流层结构上，我国高等教育的专科层次独立性不强，办学特色不明，被社会认同的程度远远低于其他层次的教育；研究生层次较为薄弱，研究生教育在高等教育系统中所占的比例明显偏低。其次，在流向结构上，我国高等

① 董泽芳. 高等教育分流问题研究［J］. 高等教育研究，2003（4）：35-40.

教育急需科类重点不突出，国家急需的高新技术专业和高层次经营管理类人才供给不足，面向地方经济建设的应用型人才培养薄弱，对新兴的边缘、交叉学科建设和发展重视不够；高等教育专业设置不合理，一批高校仅从学校利益出发，争上热门专业，盲目跟风，致使一些专业重复设置，不仅造成了高校资源严重浪费，而且导致了一些专业人才培养相对过剩。再次，在流型结构上，当前我国高等教育有全日制普通高校、成人高校、民办高校和高等自学考试四个部分，但全日制普通高校与成人高校定位不准，在发展过程中存在着较为严重的职能共享、资源互争的现象；民办高等教育起步晚，规模小，底子薄，基础差，先天发展不足；成人高校普遍存在着“重创收、轻管理，重数量、轻质量”的倾向，相当一部分学校没有稳定的教师队伍，管理人员文化素质和水平不高，发展前景令人担忧。最后，在流域结构上，我国高等教育存在着中心城市与非中心城市高校分布不平衡，高等教育资源主要集中在中心城市；东部与西部高等教育资源配置不平衡，西部高等教育资源比较匮乏，与东部地区还存在着巨大差别；发达地区与欠发达地区高等教育扩张不平衡，高等教育欠发达地区在校生增长率大多低于全国平均增长水平①。

（四）高等教育分流的改进指向

改进分流状况，我国高等教育应主要从分流依据、分流方式、分流时机、分流比例和分流次数五个方面进行完善。其一，在分流依据上，高等教育分流应从偏重知识向综合选拔发展；其二，在分流方式上，高等教育分流应从偏重考试向灵活多样发展；其三，在分流时机上，高等教育分流应从进校分流向适时分流发展；其四，在分流比例上，高等教育分流应从片面适应向动态平衡发展；其五，在分流次数上，高等教育分流应从一次到位向多次选择发展②。改进分流状况，我国高等教育要

---

① 董泽芳，李晓波．试析我国高等教育分流中的结构失衡问题［J］．教育研究，2003（10）：25-30．

② 董泽芳，黄红霞．试论高等教育分流策略的科学化趋势［J］．长江大学学报（社会科学版），2006（1）：116-120．

努力从以下六个方面建立健全高等教育分流模式：一是多向分流，即高等教育分流能为学生提供多种流向选择，包括全日制与非全日制、正规与非正规的各类高等教育；二是多次分流，即高等教育分流能够普遍为学生提供两次以上自主选择流向和流层的高等教育机会；三是相互沟通，即在承认普通高等教育和职业高等教育两大类型教育各有其独特性质与任务的前提下，根据国家、社会和个人需要，富有特色地同时发展两类高等教育，使之相互渗透、相互补充；四是上下衔接，即低层次的普通高等教育和职业高等教育，能与相同或相近甚至不同专业方向的高一层次普通高等教育和职业高等教育对口式衔接或流转式衔接；五是内外融合，即高等教育要改变自身封闭育人的模式，与社会部门、各行各业紧密联系，发挥社会力量的作用，构建高校、企业、社会密切合作的分流育人模式；六是前后循环，即高等教育要改变传统上过分注重职前教育的直线式分流模式，构建高校学习—职业工作—再高校学习—再职业工作的循环式分流模式①。另外，有学者还以民办高等学校为例，对高等教育分流模式进行了探讨，认为民办高等学校学生基础教育素质参差不齐，学术学习能力偏低，具有与公办高校学生不同的特点；民办高等教育分流应区别于公办高等教育，建立多样的培养目标，实行培养过程分层，允许合理流动，重视每个学生的发展②。还有学者对高等教育分流结构的优化作了进一步分析，认为在流层结构上，专科流层高等教育构成了高等教育体系厚重的底部，应定位在发展高等职业技术教育上，突出“实用性强、技能性高、使用成本低、适销对路”等培养特色，予以大力发展；本科流层处于高等教育的中间层次，对培养我国经济发展具有举足轻重的作用，应注重提高质量，调整科类构成，加快人才培养模式的改革，努力培养复合型、应用型人才；研究生教育是高等教育中培养精英型人才的高层次教育，针对我国研究生比率偏低的状

---

① 董泽芳．新型教育分流模式的六大特征［J］．教育评论，1999（4）：10-13；董泽芳．试析教育分流的时代特征［J］．教育研究与实验，1998（4）：10-14．

② 董泽芳，罗先良．我国民办高等学校分流培养模式探讨［J］．高教发展与评估，2006（2）：28-30．

况，结合我国生产力发展水平的客观需要，我国研究生层次的人才比重应相应提高。在流向结构上，高等教育必须紧紧瞄准国家经济、科技发展变化的大趋势，加强学科专业市场的适应性；要基本稳定基础学科，适当发展新兴学科和边缘学科，重点发展社会需要量较多的应用学科；面对当前和今后相当长时期内第三产业和对外开放的一些专业人才将十分短缺的情况，应积极稳妥地发展一些适销对路的新专业流向。在流型结构上，针对高等教育规模扩张、经费短缺的状况，高等教育必须积极鼓励以多种形式发展民办高等教育，扩大函授、夜大等成人高等教育的比例，大力发展现代远程高等教育；针对成人高等教育中学历教育比重过大、岗位培训重视不够、工学矛盾比较突出等问题，高等教育要加快普通高等学校与成人高等学校学历教育的并轨改革步伐。在流域结构上，中央政府应加大西部高等教育投资，地方政府应积极筹措充足资金，发展适应西部经济发展的高等教育；对于大城市，实行高等学校同类合并，促进其办学质量的提高；对于中小城市，加强建设与当地经济社会发展相适应的综合型院校或高等职业技术学院①。

高等教育分流理论是本书对高等教育分流影响社会分层流动相关理论进行进一步探讨的起点之一，也是开展高等教育分流影响社会分层流动研究的基本理论依据。在本书中，笔者将进一步明确高等教育分流的原因、主体、对象和作用，把握高等教育分流的基本形式和策略，运用已有理论对高等教育分流影响社会分层流动的作用机理进行深入分析，在广泛调研的基础上揭示我国教育分流影响社会分层流动的现状，探索我国高等教育分流促进社会分层流动的作用机制和实现策略。

第三节　相关理论探讨

研究高等教育分流影响社会分层流动的机制与政策，我们必须厘清高等教育分流和社会分层流动之间的关系，认识高等教育分流影响社会

① 陶能祥. 论我国高等教育分流结构的优化［J］. 教育评论，2001（6）：22-26.

分层流动的特征，进而把握高等教育分流影响社会分层流动的规律和趋势。

一、高等教育分流与社会分层流动的关系

高等教育分流和社会分层流动两个概念既相互区别，又密切联系。在二者相互关系中，高等教育分流影响着社会分层流动，社会分层流动制约着高等教育分流。

（一）高等教育分流影响社会分层流动

在现代社会中，随着职业对知识和技术要求的日益提高，高等教育在经济社会发展中的地位不断上升，高等教育分流对社会分层流动的作用不断增强。从高等教育分流结构看，高等教育分流在流层、流向、流型、流域四个方面影响社会分层流动。第一，在流层上，重点大学与非重点大学、部属重点与省属重点、一本院校与二本院校、本科院校与专科院校、研究生教育与本科教育等的设置与区分使得接受相应高等教育的社会个体大多进入社会阶层的对应层次，如重点大学培养的学生大多进入同类职业中的中心城市、重点部门和重要岗位，非重点院校培养的学生大多进入同类职业中的非中心城市、一般部门和一般岗位，研究生大多进入高等院校或研发机构，专科生大多进入基层组织或一般企业等。第二，在流向上，综合院校与专门院校、理工农医与文史经管等高等学校、学科门类的设置与区分使得接受相应高等教育的社会个体在社会分层流动中大多进入对应领域，如工科院校培养的学生大多进入工程领域部门，学习医学的学生大多进入医疗卫生领域等。第三，在流型上，全日制高等学校与非全日制高等学校、正规高等学校与非正规高等学校、学历教育与单项进修等的设置与区分使得接受相应高等教育的社会个体在社会分层流动中享有不同的晋升待遇，如全日制正规高校培养的学生自由选择职业的机会较多、空间较大，非全日制和非正规高校培养的学生自由选择职业的机会较少、限制较多等。第四，在流域上，都市与非都市、省城与非省城、沿海与内地、东中部与西部等高等院校办学地点的设置与区分，使得接受相应高等教育的社会个体在社会分层流

动中较多优先选择本地域的职业，如设在都市和省城的高等院校培养的学生较多喜欢选择留在学校所在城市发展，设在东中部和西部的高等院校培养的学生较多喜欢选择留在学校所在地区发展等。一些学者如廖益、张衡、马伟宁等在研究高等教育和社会分层关系时也认为，高等教育分流影响着高校毕业生的就业机会和职业选择，有助于推进社会阶层良性流动。

（二）社会分层流动制约高等教育分流

自私有制产生以来，社会分层流动随着生产力的发展而不断加快。在社会分层流动中，拥有较多财富、权力和较高声望的社会成员群体上升为社会阶层的中层和上层，而拥有较少财富、权力和较低声望的社会成员群体下降为社会阶层的下层；社会中、上阶层家庭享有较为优越的生活和消费条件，能够为子女获得较好的社会地位进行相应的教育投资，而社会低下阶层家庭处于比较拮据的生活和消费之中，无力为子女获得较好的社会地位进行相应的教育投资。现代社会的高等教育仍然属于需要受教育者购买的稀缺资源，还没有成为政府财政支持下的普及性义务教育。在这种现实情况下，社会分层流动极大地作用于高等教育分流，制约着社会成员的高等教育机会和高等教育选择。由于财力充足，社会中、上阶层家庭的子女拥有较多的高等教育机会，可以选择较好高等教育专业；由于财力匮乏，社会低下阶层家庭的子女则拥有较少的高等教育机会，只能选择收费较少的高等教育专业。即使政府、学校和社会开展多种资助，解决了部分学费问题，考虑到资助额度有限，生活和家庭负担过大，社会低下阶层家庭子女仍在高等教育中处于不利地位。除此之外，社会分层流动还制约着高等教育分流的结果，作用于受过高等教育子女的地位获得。在高等教育分流和社会分层流动中，较好的家庭背景使社会中、上阶层家庭子女具备了取得优良高等教育成绩的外部条件，并有可能为子女获得较为优越的社会地位提供帮助；贫穷的家庭背景则使社会低下阶层家庭子女失去了取得优良高等教育成绩的外部条件，并极少可能为子女获得较为优越的社会地位提供帮助。一些学者如刘精明、杜瑞军、谢作栩、杨东平、沈祖超、刘慧珍等关于高等教育和社会分层关系的调研也充分表明，社会分层流动从高等教育机会获得、高等教育专业选择、高等教育成绩优劣等方面制约高等教育分流。

（三）高等教育分流与社会分层流动相互作用

社会分层流动对高等教育分流的制约与高等教育分流对社会分层流动的影响并非单向作用，而是彼此互动，互为条件，互为因果。社会成员在现代社会分层流动中要想拥有较大的政治权力，处于优越的位置，享有较高的社会声望，必须借助于良好的教育修养，于是高等教育成为社会个体攀升社会阶梯的重要手段。已有的社会分层流动状况影响制约着高等教育的机会和结果，从而推动社会成员的进一步分层流动。高等教育在推进社会公平的进程中实行教育分流，在高等教育内部实施分别培养，将受教育者按照不同层次、方向、类型、地域进行区分和施教，为高等教育学生进入社会分层流动准备了条件，促进了社会的进一步分化。因此，社会分层流动制约高等教育分流的同时，高等教育分流也在影响着社会分层流动；社会分层流动是高等教育分流的重要基础，高等教育分流又是社会分层流动的重要条件。一些学者如杨志顺、赵利生、李骏、王远伟等对于社会分层和高等教育关系的探讨也表明，随着现代社会的发展，高等教育分流与社会分层流动之间的相互影响愈益鲜明，二者关系更加密切①。

二、高等教育分流影响社会分层流动的特征

从不同的角度看，高等教育分流影响社会分层流动具有不同的特征。本书以高等教育分流的进程为依据，从高等教育机会、高等教育过程、高等教育结果、高等教育前景四个方面分析高等教育分流影响社会分层流动的特征。

（一）高等教育机会公平

作为高等教育分流与社会分层流动互动反应的入口和起点，高等教

① 陈新忠. 分层与流动：高等教育分流的社会影响研究［M］. 武汉：华中师范大学出版社，2013：59-61.

育分流影响社会分层流动的首显特征表现为高等教育机会公平。高等教育机会公平是指高等教育机构面对社会成员及其子女在选择高等教育时，平等对待所有有意愿且有能力接受高等教育的社会个体，尽可能满足所有人的要求，不因父母身份、家庭经济、地区所属、资源贫富等差异而有所区别。高等教育机会公平是高等教育分流促进社会分层流动的重要特征，在数量上表现为社会各阶层子女在高等教育机构中的比例与他们在社会上各群体人数所占的比例基本相当。

（二）高等教育过程公平

作为高等教育分流影响社会分层流动的中间阶段和积蓄时段，高等教育分流影响社会分层流动的次显特征表现为高等教育过程公平。高等教育过程公平是指高等教育机构在社会成员及其子女接受高等教育的过程中，对他们一视同仁，平等对待，并且因材施教，促使他们各有所获。具体而言，高等教育的过程公平突出地体现在对“三难”大学生的帮助和促进上：帮助家庭困难的大学生逐步摆脱家庭经济状况或其他事故的困扰，集中精力专注于学业；帮助学业困难的大学生逐步摆脱基础较差或其他事件的困扰，使弱科成绩逐步达标或创优；帮助心理困难的大学生逐步摆脱思想焦虑或心理阴影的困扰，做一名健康向上、乐观豁达的优秀公民。

（三）高等教育结果公平

高等教育结果公平指社会成员及其子女接受高等教育后的学业成绩基本公平，社会入职基本公平，并且其学业成绩与社会入职密切相关。经过多年的高等教育过程，接受高等教育者的学业成绩应在同层级同学科同专业中保持较小的差距，不因任何外部因素造成巨大的差别；接受高等教育者的毕业初职应在同层级同学科同专业中大致相当，不因任何社会资源干扰而形成显著落差；同时，接受高等教育者的毕业初职应与其学业成绩紧密关联，不因仅仅能够胜任现职而漠视了数年的专业培养。高等教育结果公平是高等教育分流促进社会分层流动的重要落足点，也是高等教育分流促进社会分层流动的重要目标追求。

（四）高等教育前景公平

高等教育分流既对社会分层流动产生显性的现实影响，又对社会分层流动产生隐性的未来影响[①]。高等教育前景公平是指接受高等教育的社会成员在未来社会分层流动中整体优于没有接受高等教育的社会成员，并且在未来社会分层流动中机会平等、过程公正、结果公平。一方面，参与高等教育分流且取得高等教育学历的社会成员之间在职业、财富、权力和社会地位等方面的获得中应表现公平，形成进退有据的优良社会秩序；另一方面，参与高等教育分流且取得高等教育学历的社会成员应该比没有接受高等教育的社会成员有更加远大的发展前景，能够在权力、财富、职业和社会声望等方面的获得上表现出较为明显的优势。高等教育前景公平是高等教育分流促进社会分层流动的应然影响，也是高等教育分流促进社会分层流动的美好期待（或愿景）。

三、高等教育分流影响社会分层流动的规律

高等教育分流影响社会分层流动规律是指在高等教育分流影响社会分层流动活动过程中存在的内在的、本质的、必然的联系。根据高等教育分流影响社会分层流动的进程及关键环节，本书将高等教育分流影响社会分层流动的规律分为门槛趋低规律、过程淘汰规律和结果公平规律。

（一）门槛趋低规律

门槛趋低规律是指在高等教育分流影响社会分层流动的活动过程中，高等教育机构对即将纳入分流过程的分流对象入学门槛、社会组织及各界人士对分层流动的社会人士入职门槛都将逐步降低，确保有意愿和有能力的社会成员都能够进入高等教育分流系统，进而能够进入以高等教育学历为起点的社会分层流动系统。高等教育分流促进社会分层流动不能仅仅满足于少数人或个别群体的需求，而要面向更多的社会公

① 陈新忠. 分层与流动：高等教育分流的社会影响研究［M］. 武汉：华中师范大学出版社，2013：65.

众，促使越来越多的社会成员参与其中，以便有效发挥高等教育分流对社会分层流动的促进作用。这一目的迫使高等教育分流与社会分层流动不得不逐渐降低入门门槛，逐步扩大行为的社会覆盖面，为更多的社会成员争取参与其中的机会。

（二）过程淘汰规律

过程淘汰规律是指在高等教育分流影响社会分层流动的活动过程中，高等教育机构对已经进入分流过程的分流对象进行施教、社会组织及各界人士对已经进入分层流动的社会人士进行晋升都将通过他们自身的竞争，淘汰自身不努力的社会个体，确保比较努力且有能力的社会成员能够胜出或处于优势地位的社会活动及其表现出来的必然性联系。尽管追求和谐互动，高等教育机构和社会组织也要制定优胜劣汰的制度和规则，以保障高等教育分流影响社会分层流动的过程公平。为此，实施过程淘汰是高等教育机构和社会组织的必然选择。虽然过程淘汰的形式在不同的时代和地区有不同的表现，但出于达成和谐互动，对过程淘汰规律的遵守却是高等教育分流影响社会分层流动活动过程中的各个实施主体的共同选择。

（三）结果公平规律

结果公平规律是指在高等教育分流影响社会分层流动的过程中，高等教育机构对分流对象的施教结果、社会组织及各界人士对社会成员的分层流动结果都力求公平，保障他们学有所获、劳有所得、付出与收获匹配、能力与职位相当的社会活动及其表现出来的必然性联系。结果是否公平是高等教育分流影响社会分层流动这一社会活动是否科学合理的最终体现，也是反观教育起点公平和过程公平的重要参照，影响着新一轮的活动能否合理和谐开展。因此，为促使高等教育分流合理有效促进社会分层流动，高等教育机构和社会组织将在历史发展中持续推进结果公平。尽管在不同历史时期结果公平的形式和程度有所差异，但为了追求和谐互动，高等教育分流影响社会分层流动过程中各个实施主体都要始终遵循结果公平规律。

四、高等教育分流影响社会分层流动的趋势

遵循高等教育分流影响社会分层流动规律，高等教育分流促进社会分层流动必然呈现出相应的公平高效趋势。依据高等教育分流作用于社会分层流动的过程及其关键环节，高等教育分流影响社会分层流动的公平高效趋势主要表现在机会、过程和结果三个方面的发展方向上。

（一）机会均有趋势

从高等教育的入学机会和社会分层流动的入职机会看，高等教育分流影响社会分层流动将遵循门槛趋低规律，呈现出社会成员机会均享的趋势。就高等教育分流而言，高等教育机构将使所有有能力且有意愿接受高等教育的社会成员都能够享有接受相应高等教育的机会，保证他们能够参加到合理的高等教育分流中来，真正做到起点公平；就社会分层流动而言，社会组织或单位将使所有有能力且有意愿从事某一职业工作的社会成员都能够享有从事该职业工作的机会，保证他们能够参加到有序的社会分层流动中来，真正做到不问出身。这样，高等教育分流促进社会分层流动这一社会活动就能由社会个别成员的特权活动变为社会成员的共同行为和全民通道。

（二）规则民主趋势

从高等教育的教育过程和社会分层流动的职业过程看，高等教育分流影响社会分层流动将遵循过程淘汰规律，呈现出活动过程规则民主的趋势。由于兴趣、能力、水平和勤奋程度的差异，以及专业和职业数量的有限性，高等教育分流影响社会分层流动不可能使所有的社会成员达到同一学业水平，取得同一职业结果。为保证结果公平，高等教育分流影响社会分层流动这一社会活动就必须制定愈来愈民主的规则，保障社会成员既学有所获、劳有所得，又公平地参与同类乃至全体成员的竞争之中。规则民主是社会成员公平参与高等教育分流影响社会分层流动活动过程的基本条件，也是确保社会成员在高等教育分流影响社会分层流动活动中取得公平结果的必要前提，是高等教育分流影响社会分层流动

的必然趋势。

（三）弱者优先趋势

从高等教育的教育结果和社会分层流动的职业结果看，高等教育分流影响社会分层流动将遵循结果公平规律，呈现出能者为尊、弱者优先的趋势。高等教育分流促进社会分层流动的社会活动本质是将自然素质较好的社会成员选入流动通道，不因其周围社会资源的贫富而受阻；经过良好的高等教育和社会历练后，使其成为全面发展的人、对社会有益的人。基于本质目的考虑，高等教育分流影响社会分层流动这一社会活动一直将社会底层成员或弱势成员的成长和成才作为活动的底线，视为活动是否合理和科学的重要评判标准。为此，高等教育分流影响社会分层流动的历史进程中，必然把社会底层成员或弱势成员的状况放在重要位置优先考虑，将与社会优势阶层取得同样成绩的社会底层成员或弱势成员置于优先地位。

第四节　研究展开的切入点

高等教育分流与社会分层流动的已有理论和相关探讨为本书研究打下了基础，是本书论述的基本依据。为使研究更加具体地有所遵循，本书从研究视角、研究取向和分析维度探寻研究的切入点。

一、高等教育分流影响社会分层流动的研究视角

本书综合运用教育学、经济学、哲学、社会学和政治学等多门学科知识，从分流施教视角、和谐互动视角和阶层优化视角对高等教育分流影响社会分层流动进行观察和思考，以期在认识上有所突破和发展。

（一）分流施教视角

分流原指从河水干流分出一股或几股水流，分道而流，后来喻指事物或人员分为不同的类别、流往不同的方向，如学术分流、人车分流、

子孙分流、电路分流等①。本书中的分流施教视角是指遵循高等教育规律，综合运用教育学、社会学等学科理论，把高等教育看作一项分流施教的社会活动，从其将完全高中后学生分层次、分专业、分类型、分地域地纳入各种高等教育机构进行分流施教的行为、过程和结果，分析高等教育对社会成员分层流动的影响，进而促进高等教育合理分流、与社会分层流动和谐互动的一种研究角度。高等教育分专业教学的性质和培养专门高级人才的目的，使得本书选择分流施教视角具有合理性和科学性，高等教育规模持续扩张及其社会作用日益增强，使得本书选择分流施教视角研究高等教育分流影响社会分层流动的作用机制及其相关促进政策显得必要而迫切。

（二）和谐互动视角

和谐是指事物与事物之间或事物内部诸要素之间和合共生的一种状态，既是事物存在的条件，也是事物发展的动力之一。本书中的和谐互动视角是指遵循人类社会发展规律，综合运用教育学、社会学、哲学和历史学等学科理论，认识和分析人类社会发展趋势尤其是高等教育分流影响社会分层流动趋势的一种研究角度。从孔子的“和为贵”、墨子的“兼相爱”“爱无差”到洪秀全的“无处不均匀，无人不饱暖”、康有为的“人人平等”，从傅立叶的“全世界和谐”、魏特林的“全体和谐”到马克思的“各尽所能、按需分配”、邓小平的“共同富裕”，人类在生存生活的奋斗中一直将社会和谐作为孜孜以求的社会理想。随着物质基础的丰厚和思想认识的深化，人类社会逐渐从单一文明向多元文明发展，逐步从物质文明领先向多种文明并重转型。在人类社会和谐发展的趋势下，在我国社会主义和谐社会的建设中，高等教育也应与社会和谐互动发展。以和谐互动视角探讨高等教育分流影响社会分层流动的内涵，分析高等教育分流影响社会分层流动的特征，研究高等教育分流影响社会分层流动的现状，是研究结论科学合理的重要依据。

① 陈新忠. 高等教育分流对社会分层流动的影响研究［D］. 武汉：华中师范大学，2010：32.

（三）阶层优化视角

优化是采取措施促进事物向好发展的过程和状态，是事物发展的必然要求和应然表现。本书中的阶层优化视角是指遵循经济社会发展规律，综合运用教育学、政治学、社会学和经济学等学科理论，认识和分析社会阶层发展趋势，尤其是高等教育分流影响社会分层流动这一社会活动中的社会阶层发展趋势的一种研究角度。随着经济社会从农业时代、工业时代向知识时代迈进，社会中坚阶层从体能型、技能型向智能型转化。在这一转化过程中，知识的拥有者在社会分层流动中凸显出愈来愈多的优势，享有更多向上社会流动的机会。推动社会阶层分化，教育扮演的角色越来越重要；促进社会阶层优化，高等教育发挥的作用日益突出。然而，在社会阶层分化中，高等教育分流既有成效，也有问题。以阶层优化视角重新审视高等教育分流与社会分层流动的互动关系，分析高等教育分流影响社会分层流动的正负作用，探讨高等教育分流影响社会分层流动的作用机制及其实现方略，既是理论的呼唤，也是现实的需要①。

二、高等教育分流影响社会分层流动的探究取向

高等教育规律与社会发展规律告诉我们，高等教育与社会和谐发展是二者关系的应然状态和理想目标。高等教育分流影响社会分层流动从属于高等教育与社会的关系，其发展应以高等教育与社会的关系理论为指导。高等教育分流影响社会分层流动是高等教育分流与社会分层流动相互关系中的重要部分，其研究必须以高等教育与社会的理想关系为目的取向。

（一）在社会发展对高等教育的良性作用上开展研究

社会是高等教育的依存环境，高等教育与社会息息相关。在高等教育与社会的关系中，社会对高等教育的制约主要体现在社会发展对高等教育的良性作用上。这种良性作用具体表现在三个重要方面：一是社会

---

① 陈新忠. 分层与流动：高等教育分流的社会影响研究 [M]. 武汉：华中师范大学出版社，2013：30-31.

要为高等教育发展提供物质支持，以充足的财物保证高等教育规模不断扩大，推动高等教育质量不断提高；二是社会要为高等教育发展提供文化支持，以良好的文化氛围形成共建高等教育、做强高等教育的大好局面；三是社会要为高等教育发展提供政治支持，以优惠的法令政策保障高等教育有序开展，促进高等教育在不断改革中成为社会发展的中坚力量。作为社会大系统中的子系统，高等教育的发展离不开社会的支持和帮助，高等教育作用的发挥也离不开社会的互动配合。高等教育分流影响社会分层流动是高等教育作用表现的一个重要方面，是高等教育与社会关系的有机组成部分。研究高等教育分流影响社会分层流动需要以社会对高等教育良性作用理论为指导，在社会良性作用于高等教育发展的价值取向下进行分析。

（二）在高等教育合理影响社会发展中开展研究

高等教育是先进知识、文化、科技的创造者和传递者，对社会发展具有合理性影响。这种合理影响具体彰显在三个重要方面：一是高等教育要适应社会政治、经济、文化、科技等的发展，不断调整自身，使自身体制、规模、结构、职能等与社会发展的实际保持一致；二是高等教育要促进社会政治、经济、文化、科技等的发展，通过培养社会各行各业需要的高级专门人才投入社会实践以推动社会生产力水平提高和人类文明进步；三是高等教育要引领社会政治、经济、文化、科技等的发展，通过科学研究、知识创造、精神塑造和熏陶以培育拔尖创新人才来拉动社会前进。高等教育分流是高等教育人才培养过程的重要行为和活动，社会分层流动是社会变迁的重要方式和现象。研究高等教育分流影响社会分层流动要遵循高等教育与社会相互关系理论，以高等教育与社会和谐发展为价值目标，在高等教育合理影响社会发展的价值取向下进行探讨。

（三）在高等教育与社会的和谐互动中开展研究

高等教育与社会相互影响，和谐互动是理想境界。一方面，高等教育的产生和发展以社会为条件。高等教育是社会发展的阶段性产物，并利用社会的资源和支持而发展壮大。在高等教育发展过程中，社会为高等教育创造越多的条件，给予越多的扶植，高等教育就发展得越快；反之，高等教育则发展得越慢。另一方面，社会以高等教育为发展手段。当发现高等教育能够为社会行业、部门培养具有知识素养的高级专门人才后，社会便较为普遍地大力发展高等教育，借助高等教育的力量推动社会进步。在社会发展进程中，高等教育愈是适应社会，为社会作贡献，社会就发展得愈快；反之，社会则发展得愈慢。由此看来，高等教育与社会越协调、越和谐，双方才会得到最大化地发展。作为两者关系的一种反映，高等教育分流影响社会分层流动也应在双方和谐共进的前提下进行才能获得最佳效果。因此，研究高等教育分流影响社会分层流动必须以高等教育与社会和谐互动为前提和指导，在高等教育与社会和谐互动的价值取向下进行考察①。

三、高等教育分流影响社会分层流动的分析维度

分析维度即分析的层次、方向和尺度，是对研究对象的剖析设计。合理的分析维度是认识事物的量尺，是解决问题的钥匙。高等教育分流影响社会分层流动是一项十分复杂的社会活动，需要选取科学的分析维度进行研究。根据高等教育分流的过程及其结构，本书以高等教育分流的八种形式为分析维度探讨高等教育分流对社会分层流动的全面影响②。

（一）流源

流源是指高等教育分流的对象即受高等教育者的来源，包括家庭、学校、属地、素质、成绩和操行等来源。家庭来源可以区分为农民和工人，富裕和贫穷等；学校来源可以区分为乡村中学和城镇中学、一般中学和重点中学等；属地来源可以区分为中西部和东部、城市和农村等；

---

① 陈新忠．高等教育与社会公平研究：基于分流施教与和谐互动视角［M］．北京：人民出版社，2014：109-111.

② 陈新忠．分层与流动：高等教育分流的社会影响研究［M］．武汉：华中师范大学出版社，2013：69-73.

素质来源可以区分为各科均衡、单科优先、身心俱佳、分数挂帅等；成绩来源可以区分为是拔尖、优秀、良好、较差等[①]；操行来源可以区分为道德标兵、模范、一般、尚可、恶劣等。以高等教育的流源为分析维度，我们能够比较社会个体在高等教育分流影响社会分层流动中的前后变化，观察其在活动中的地位变化及影响因子。

（二）流量

流量是指高等教育分流的对象即受高等教育个体的数量，包括各级各类高等教育机构培养的学生总数。为便于分析，流量可以区分为流入量、流中量和流出量。流入量是指高等教育机构每年招收的学生数量，例如 1999 年我国高校扩招后，普通高等教育本专科共招生 275.45 万人，比上年增加 66.95 万人[②]。流中量是指高等教育机构每年在读的学生数量，例如 2004 年我国高等教育规模突破 2000 万人，全国普通高等教育本专科在校生达 1333.50 万人[③]，高等教育规模位居世界第一。流出量是指高等教育机构每年毕业的学生数量及社会上已有的大学毕业生数量，例如 2019 年全国普通高等教育本专科毕业生达 758.53 万人，毕业研究生 63.97 万人，其中毕业博士生 6.26 万人，毕业硕士生 57.71 万人[④]。截至 2022 年 2 月，全国接受高等教育的人口已达 2.4 亿，占全国总人口的 17.14%；新增劳动力平均受教育年限达 13.8 年，劳动力素质结构发生了重大变化[⑤]。高等教育流量与高等教育机会直接相关，与

① 陈新忠，任尚舒．新高考改革背景下高等农业院校危机及应对研究［J］．教育评论，2017（5）：18-23.

② 中华人民共和国教育部．1999 年全国教育事业发展统计公报［EB/OL］．（2000-05-30）［2022-07-10］．http://www.moe.gov.cn/jyb_sjzl/sjzl_fztigb/tnull_841.html.

③ 中华人民共和国教育部．2004 年全国教育事业发展统计公报［EB/OL］．（2005-04-30）［2022-07-10］．http://www.moe.gov.cn/jyb_sjzl/sjzl_fztigb/tnull_10934.html.

④ 中华人民共和国教育部．2019 年全国教育事业发展统计公报［EB/OL］．（2020-05-20）［2022-07-10］．http://www.moe.gov.cn/jyb_sjzl/sjzl_fztjgb/202005/t20200520_456751.html.

⑤ 中华人民共和国教育部．中国高等教育在学总人数超过 4430 万人　接受高等教育的人口达到 2.4 亿［EB/OL］．（2022-05-17）［2022-07-10］．https://baijiahao.baidu.com/s?id=1733038231928930080&wfr=spider&for=pc.

经济社会发展也关系甚大，究竟多少适度是一个值得研究的重要问题。当前我国高等教育流量是多是少，对社会分层流动影响怎样，这些都需要我们以流量为维度进行细致分析。

（三）流层

流层是指高等教育分流的对象即受高等教育者在高等教育多元结构中所处的层次，一般包括机构层次和学历层次。机构层次指高校等级，可以区分为一本院校和二本院校，普通本科院校和高职高专院校，重点院校和一般院校等；学历层次指学历等级，可以区分为本科教育和专科教育，硕士研究生教育和博士研究生教育等。当前，学历层次一定程度上决定着受高等教育者从事职业的类型，影响着社会个体在社会分层流动中的职业地位性质；机构层次一定程度上决定着受高等教育者从事职业的层次，影响着社会个体在社会分层流动中的职业地位高低。那么，高等教育流层的设置在全国各地状况怎样，对社会成员分层流动的影响是否合理，如何改进流层以促进社会分层流动，这些都要求我们以流层为维度进行深入研究。

（四）流型

流型是指高等教育分流的对象即受高等教育者进入的高等教育类型，包括学历类型和机构类型。学历类型指接受高等教育的社会个体接受的教育学历类别，可以区分为学历教育和非学历教育，全日制教育和非全日制教育等；机构类型是指接受高等教育的社会个体进入的高校类别，可以区分正规高校和非正规高校，全日制高校和非全日制高校等[①]。按照现行的社会规则，社会个体所受的高等教育类型不同，在社会分层流动中晋升的机遇就会有所差别，拥有的地位空间将会有较大差异。因此，流型对社会成员的分层流动甚为重要，对社会个体的地位得失影响重大。以流型为维度分析不同高等教育机构类型和学历类型给大学毕业生带来的机会差异与地位差别，可以引发我们反思高等教育分流

① 董泽芳，李晓波．试析我国高等教育分流中的结构失衡问题［J］．教育研究，2003（10）：25-30．

影响社会分层流动这一活动的合理性，进而谋求科学、合理的改善之举。

（五）流域

流域是指高等教育分流的对象即受高等教育者所读高校的地理区域分布状态，包括东西部区域分布和城乡区域分布。在我国，根据区域经济学研究成果和国情实际，东西部区域可以区分为东部、中部和西部三大地区①；城乡区域可以区分为城市地区和农村地区。为照顾教育和经济相对落后地区，我国在高等教育招生中将生源划分为A、B、C三类特定地区（2012年起调整为A、B两类特定地区）②，招生分数由A区向B区、C区递减。以流域为维度分析高校地理位置给大学毕业生带来的机会差异与地位差别，能够促使我们更加全面地审视高等教育分流影响社会成员分层流动的多元影响因素。

（六）流向

流向是指高等教育分流的对象即受高等教育者的教育方向，包括专业方向和高校方向。专业方向指教育的专业性质，可以区分为理学、工学、农学、医学、文学、法学、哲学、教育学、历史学、经济学、管理学、军事学、艺术学等学科门类；高校方向指学校的科类性质，可以区分为综合院校和专门院校，师范院校和农林院校等③。从整体来说，流

① 东部地区包括北京、天津、上海、辽宁、河北、山东、浙江、江苏、福建、广东和海南等11个省（市），中部地区包括黑龙江、吉林、山西、安徽、江西、河南、湖北、湖南等8个省，西部地区包括陕西、甘肃、青海、宁夏、新疆、贵州、云南、西藏、广西、内蒙古、四川、重庆等12个省（区、市）。

② A区包括北京、天津、上海、浙江、江苏、福建、广东、山东、河南、湖北、湖南等11个省（市），B区包括黑龙江、吉林、辽宁、河北、山西、安徽、江西、重庆、四川、陕西等10个省（市），C区包括内蒙古、甘肃、青海、宁夏、新疆、云南、西藏、广西、贵州、海南等10个省（市）。2012年起，三区改为两区划分，其中A区包括北京、天津、河北、山西、辽宁、吉林、黑龙江、上海、江苏、浙江、安徽、福建、江西、山东、河南、湖北、湖南、广东、重庆、四川、陕西等21个省（市），B区包括内蒙古、广西、海南、贵州、云南、西藏、甘肃、青海、宁夏、新疆等10个省（区）。

③ 陈新忠，李忠云. 国家重点学科的分布特点与评审建议［J］. 中国高教研究，2006（8）：35-37.

向决定着职业方向，社会个体选择什么科类的高校和专业学习，大多将要在相应的领域内寻求发展。以流向为维度分析不同科类高校和专业对大学毕业生升迁机会与地位差别的影响，我们可以发现高等教育流向影响社会分层流动的更多问题，以便改善高等教育学科专业对社会成员分层流动的职业影响。

（七）流质

流质是指高等教育分流的对象即受高等教育者完成教育的质量，包括综合素质和学业质量。综合素质指素质状况，包括心理素质、身体素质、组织能力、交际能力等，可以区分为不合格、基本合格、合格、优秀等；学业质量指学业成就，包括专业能力和课程成绩，可以区分为不及格、及格、良好、优秀等。从理论上而言，社会个体完成高等教育的学业成就与综合素质直接影响甚至决定着他毕业时职业岗位的优劣选择，关系着他在社会分层流动中的地位变迁。以流质为维度分析比较不同学业成就和综合素质对大学毕业生就业机会与地位差别的影响，能够引发我们反思高等教育人才培养的质量及其社会应用，探讨以优质高等教育推动社会合理分层流动的途径，促进社会阶层不断优化。

（八）流速

流速是指高等教育分流的对象即受高等教育者完成教育的速度，包括本专科教育流速与研究生教育流速。本专科教育流速指完成本专科教育的时间，包括专科教育流速和本科教育流速，一般可以区分为 2～6 年间长短不一的学制或学习时间；研究生教育流速指完成研究生教育的时间，包括硕士生教育流速和博士生教育流速，可以区分为 2～8 年间长短不一的学制或学习时间。流速的快慢即在学时间的长短影响着受高等教育社会个体的职业机遇和财富创造，进而影响着他的身心健康成长和社会地位获得。以流速为维度分析不同学习年限或教育学制对受高等教育社会个体就业机会与地位差别的影响，有利于我们审视高等教育学制对社会成员的事业成就及全面发展的正负作用，制定以合理流速促进社会成员合理分层流动的科学方案，推动高等教育学制朝着更加科学合理的方向改革发展。

第五节 本章小结

研究高等教育分流影响社会分层流动的机制与政策要以已有的成熟理论为基础，并对相关理论进行探讨，形成充分而科学的理论支撑。

在已有理论方面，教育分流与社会分层流动、高等教育与高等教育分流、高等教育合理分流与社会合理分层流动等是高等教育分流影响社会分层流动研究的基本概念，需要明确其内涵范畴和操作程序；高等教育分流理论、社会和谐发展理论、社会分层流动理论等是高等教育分流影响社会分层流动研究的主要理论依据，需要认识其对本书的应用意义和指导作用。

在理论探讨方面，本书认为，研究高等教育分流影响社会分层流动的作用机制及其相关政策，需要在理论方面明晰高等教育分流影响社会分层流动的动因、特征、规律和趋势。从动因来看，高等教育分流有效促进社会分层流动是社会发展到一定阶段，由社会运行、政府治理、高等教育自身、社会底层成员及外部国家（或组织）合力而为的善治局面；从特征来看，高等教育分流影响社会分层流动在高等教育机会、高等教育过程、高等教育结果、高等教育前景四个方面都表现出和谐的特性。研究高等教育分流影响社会分层流动的现状及改进策略，必须遵从高等教育分流影响社会分层流动的门槛趋低规律、过程淘汰规律和结果公平规律，顺应高等教育分流影响社会分层流动的机会均有趋势、规则民主趋势、弱者优先趋势。具体研究中，本书将选取分流施教视角、和谐互动视角和阶层优化视角，以高等教育分流的八种形式为分析维度，在高等教育合理影响社会发展中开展研究，在社会良性作用于高等教育发展中开展研究，在高等教育与社会和谐互动中开展研究。

第三章　高等教育分流影响社会分层流动的现状分析

高等教育分流合理影响社会分层流动是我国建设和谐社会与创新型国家的重要方面，对于促进我国社会阶层优化、社会公平公正及中国梦的实现具有重大价值和作用。面向知识经济社会，越来越多的社会成员希望子女接受优质高等教育，实现向上社会流动。然而，由于历史与现实的种种原因，我国高等教育尤其优质高等教育还不能满足所有人的需求。在高等教育资源尤其优质资源相对短缺和劳动力市场对求职者综合素质要求日高的背景下，高等教育分流与社会分层流动的关系问题逐渐成为人们关注的热点。目前，我国社会各界对国内高等教育分流影响社会分层流动的现状众说纷纭，莫衷一是，对现状的把握仍不全面，结论仍欠准确。为澄清人们的认识，本书以上海、北京、河南、湖北、广西和云南六省（区、市）为观察点，通过实地调研、问卷调查、访谈、文献资料收集等方式，对我国高等教育分流影响社会分层流动的现状进行较为全面地考察，以增强改进建议的针对性和实效性。

第一节　调研设计与分析方法

高等教育分流影响社会分层流动是一个长期的作用过程，是一项十分复杂的社会活动。调研高等教育分流影响社会分层流动的现状，需要从研究假设、研究目的、调查对象、分析方法等多个方面进行整体设计①。

一、研究假设与研究目的

研究假设是对研究问题现状及其趋势的推测，研究目的是研究者研究行为的目标指向。研究假设和研究目的是任何一项研究都不能回避的基本问题，也是研究者研究伊始必须澄清的首要问题。

（一）研究假设

本书研究认为，我国高等教育分流促进社会分层流动取得了一定成效，但也存在许多问题。在以往学者研究的基础上，本书提出了三个研究假设。

假设一，高校毕业学生接受高等教育前的家庭状况显著影响他的社会分层流动状况。家庭背景较差的高校毕业生在职位获得与社会地位变迁中处于不利地位，家庭背景较好的高校毕业生在职位获得和社会地位变迁中处于优势地位。高校毕业生的家庭出身、父母文化程度、所处地域、经济状况等通过影响其高等教育机会获得而对其职业岗位和社会地位的获取与升迁具有直接作用，从而制约其社会分层流动状况。

假设二，高校毕业学生接受高等教育时的高等教育状况显著影响他的社会分层流动状况。高等教育层次较低、高等院校属于非重点或非本科的高校毕业生在职位获得和地位变迁中处于劣势地位，高等教育层次较高、高等院校属于国家重点或省属重点的高校毕业生在职位获得和地位变迁中处于优势地位。

假设三，高校毕业学生接受高等教育的教育效果显著影响他的社会分层流动状况。学业成绩较差和综合素质较低的高校毕业生在职位获得和地位变迁中处于劣势地位，学业成绩较好和综合素质较高的高校毕业生在职位获得和地位变迁中处于优势地位。

---

① 陈新忠．高等教育与社会公平研究：基于分流施教与和谐互动视角［M］．北京：人民出版社，2014：117-118.

（二）研究目的

本书开展调查的目的是了解我国高等教育分流影响社会分层流动的现状和问题，以探究我国高等教育分流影响社会分层流动过程存在问题的深刻原因。具体而言，本书以北京、上海、河南、湖北、广西和云南六省（区、市）为调研范围，通过了解六省（区、市）高等教育分流对社会分层流动的影响现状和问题，以点带面地剖析我国高等教育分流影响社会分层流动的整体状况，进而分析我国高等教育分流影响社会分层流动存在问题的深层原因。

二、对象选择与调查方法

调查对象选择的范围和数量影响着研究结论的信度和效度，调查方法的科学与否则直接决定着研究的成败。本书力求涉及全体对象，运用科学方法，呈现我国高等教育分流影响社会分层流动的全貌。

（一）调查对象选择

本书之所以选取北京、上海、河南、湖北、广西和云南进行研究，是希望通过从我国东、中、西部各选择两个省（区、市）作为观察点，便于较为全面地了解我国高等教育分流对社会分层流动的影响现状。具体而言，本书以中华人民共和国成立后尤其是改革开放40余年来北京、上海、河南、湖北、广西和云南六省（区、市）范围内高校毕业生为整体样本，选取乡（镇）、县（区）、市（州）、省（市）等不同地区或层次的行政机关、企事业单位和教育系统的7200名高校毕业生进行问卷调查。本书的调查内容有三个方面：一是高校毕业生接受高等教育前的基本情况，如家庭经济状况、父母学历、家庭属地、父母职业（家庭阶层）等；二是高校毕业生接受高等教育时的基本情况，如高校属地、高校层次和类型、所学专业、学业成绩等；三是高校毕业生接受高等教育后的发展状况，如工作经历、经济收入、职业性质和类型、工作地域、社会声誉、专业发展等。

（二）调查方法及对象分布

本书通过查阅《中国教育年鉴》、六省（区、市）的统计年鉴和人事档案资料，走访组织人事部门等方式了解各省（区、市）行政机关、企事业单位和教育系统中高校毕业生的整体状况；采取非概率抽样偶遇调查法，向调查对象发放了7200份问卷，回收有效问卷7031份，有效问卷回收率为97.65%（调查问卷发放与回收情况见表3-1），获取了六省（区、市）行政机关、教育系统和企事业单位中7031名高校毕业生的情况；并对其中行政机关、教育系统和企事业单位的245名代表进行了访谈。

表3-1　调查问卷发放与回收情况

问卷调查单位	问卷发放情况		
	发放问卷（份）	回收有效问卷（份）	有效问卷回收率（百分比）
行政机关	1800	1747	97.06
事业单位	1800	1751	97.28
教育系统	1800	1762	97.89
企业系统	1800	1771	98.39
合计	7200	7031	97.65

三、调研组织与调查实施

2019年7月，笔者制订了《〈高等教育分流影响社会分层流动的机制与政策研究〉调查方案》，设计了调查问卷和访谈提纲。2019年8月至2020年12月，由笔者任组长、硕博士研究生为成员组成的“高等教育分流影响社会分层流动的机制与政策研究”调研小组，在46名本科生的协助下，对六省（区、市）高等教育分流影响社会分层流动的现状进行了问卷调查。此次调查对六省（区、市）的调研对象共收到有效问卷7031份，访谈管理干部、教师和职工245人。

四、调查统计与调研分析

以本书第二章探索的基本理论为基础，笔者将研究视角和分析维度转化为具体的分析方法，以期对我国高等教育分流影响社会分层流动的现状有一个崭新而全面的认识。

（一）调查统计

本书首先对六省（区、市）的调研数据进行整理、归类，剔除无用和不完整信息，然后对经过初步整理的数据利用 Excel 2010 与 SPSS 18.0 进行统计分析。作为传统的统计工具，Excel 2010 不仅具有便捷的数据处理功能，还有较为强大的绘图优势，有利于统计后的进一步分析；作为新兴的统计工具，SPSS 18.0 不但是中文版式，便于操作，而且具有数据制表的特长，能够较好地为进一步的研究服务。

（二）分析方法

本书主要以高等教育分流的八种形式即流源、流量、流层、流型、流域、流向、流质和流速为分析维度，利用调查数据分析这些因素对社会分层流动的影响。在高等教育分流的八种形式中，流源主要选择高校毕业生接受高等教育前的家庭属地、家庭经济收入、父母职业、父母受教育程度进行分析；流量主要选择 1950 年、1979 年、1999 年和 2019 年六省（区、市）工作岗位上的高校毕业生整体数据进行分析；流层主要选取高校毕业生接受高等教育时的学历层次和高校层次进行分析，学历层次为专科、本科和研究生，高校层次为专科高校、一般本科高校、省属重点本科高校和国家重点本科高校；流型主要选取高校毕业生接受高等教育时的教育形式分析，教育形式分为网络教育、广播电视大学、成人教育、自学考试、全日制普通高校；流域主要选取高校毕业生接受高等教育时的大学属地进行分析，大学属地分为省会城市（直辖市/首都）、地级城市、小城镇等；流向主要选取高校毕业生接受高等教育时的就读学科进行分析，学科分为农学、经济学、工学、文学、理学、教育学、医学、法学、哲学、历史学、管理学和军事学；流质主要选取高校毕业生接受高等教育时的学业成绩进行分析，成绩分为不合格、合格、良好和优秀；流速主要选取高校毕业生接受高等教育时的学制年限进行分析。

在社会分层流动方面，我们主要选取职业、收入、权力、属地四个变量进行分析。在社会职业方面，本书将社会职业分为无业或失业、农民工或农民、工人或职员、专业技术人员、私营企业主或经理人员、国家管理干部（包括军人）六种，依据陆学艺提出的“三种资源”[①] 职业分类法将六种职业分为低、中、高三个阶层——低阶层职业从业者拥有很少量的组织资源、经济资源和文化资源，包括无业或失业、农民工或农民、工人或职员；中阶层职业从业者拥有较多的经济资源和丰富的文化资源，主要为专业技术人员；高阶层职业从业者拥有较多的经济资源和丰富的组织资源，包括私营企业主或经理人员、国家管理干部（包括军人）（本书在分析父母职业时将其划分为政、事、企管理干部）。在经济收入方面，本书将收入水平分为下、中、上三个主要层次，并细分为下等、中下等、中等、中上等和上等五类——下等为贫困和低收入者，中下等为温饱型和较低收入者，中等为小康生活和地方平均收入者，中上等为生活比较富足和较高收入者，上等为生活富裕和高收入者。在权力方面，本书分析时将权力按照学术（或技术）职称等次分为初级、中级、副高、正高及其以上，按照行政级别分为股级、科级、处级、厅级及其以上，并且将学术（或技术）职称等次和行政级别匹配对应，综合后根据职称级别和职务将权力分为上、中、下三类——上等为副高职称或处级职务及其以上，中等为中级职称或科级职务，下等为初级或股级及其以下。在工作和家庭属地方面，本书将属地划分为省会城市（包括直辖市/首都）、地级城市、小城镇、农村，根据人们的社会认知将四种属地分为下、中、上三等——下等为农村和小城镇，中等为地级城市，上等为省会城市（直辖市/首都）。这样，通过对一定时期内代表群体的调研分析，我们就能较为清晰地获得高等教育分流影响社会分层流动的现状全貌。

---

① 陆学艺提出以组织资源、经济资源和文化资源的占有情况划分职业，研究社会阶层。

第二节　高等教育分流对社会分层流动的积极影响分析

本书直接选取大量社会人士调研高等教育分流影响社会分层流动的实然状态，与以往学者仅以在校学生为研究对象有所不同。笔者以中华人民共和国成立后特别是改革开放 40 余年来北京、上海、湖北、河南、广西、云南六省（区、市）省域高校毕业生为整体样本，选取省、市（州）、县（区）、乡（镇）的行政机关、企事业单位和教育系统的高校毕业生 7200 人，利用调查问卷获得了 7031 人在接受高等教育前、接受高等教育后和接受高等教育过程中的具体信息，并对其中的 245 名代表作了访谈。此外，笔者通过实地调查和查阅文献，获取了与其相关的整体情况和比较资料。

一、高等教育流源对社会分层流动的积极影响

在高等教育流源对社会分层流动的积极影响上，本书主要选取家庭源地和经济来源，分析其对高校毕业生职业岗位状况和现职收入状况的影响。

从高校毕业生家庭源地看，目前国家管理干部中的 61.67%（1102 人）、经理人员和私营企业主中的 48.91%（631 人）、专业技术人员中的 69.01%（1686 人）、职员和工人中的 60.89%（878 人）都来自农村和小城镇，这些群体来自地级城市和省会城市（直辖市/首都）的占比约为 1/3（见表 3-2）；从高校毕业生家庭经济来源看，目前来自下等和中下等家庭的就职人员在所有中等收入群体中约占 65.33%（1901 人），在中上等收入群体中约占 57.61%，在上等收入群体中约占 49.70%（表 3-3）。由此可以看出，中华人民共和国成立以来高等教育分流使得来自低收入家庭和村镇的社会成员享有更多向上社会流动的机会，获得了更多向上社会流动的职位。另外，据笔者调研，高等教育分流使得父母学历为初中及以下、中专或高中的社会成员获得了比父母学历为专

科、本科及以上的社会成员更多向上社会流动的职位，享有更多的向上社会流动机会[①]；高等教育分流也使父母职业属于失业、无业、农民、农民工、职员和工人的社会成员获得了比父母职业属政府机关、企事业单位管理干部的社会成员更多向上社会流动的职位，享有更多的向上社会流动机会[②]。

表 3-2　家庭源地对高校毕业生职业岗位的影响状况

现职 家庭源地	国家管理干部		私营企业主/经理		专业技术人员		工人/职员		其他	
	人数	百分比（%）	人数	百分比（%）	人数	百分比（%）	人数	百分比（%）	人数	百分比（%）
农村	719	40.24	314	24.34	1050	42.98	460	31.90	25	36.23
小城镇	383	21.43	317	24.57	636	26.03	418	28.99	19	27.54
地级城市	348	19.47	315	24.41	427	17.49	315	21.84	14	20.29
省会城市（直辖市/首都）	322	18.02	334	25.89	309	12.65	237	16.43	8	11.59
其他	15	0.84	10	0.78	21	0.86	12	0.83	3	4.35

表 3-3　经济来源对高校毕业生现职收入的影响状况

现职收入 经济来源	下等		中下等		中等		中上等		上等	
	人数	百分比（%）	人数	百分比（%）	人数	百分比（%）	人数	百分比（%）	人数	百分比（%）
下等	187	32.98	485	31.49	1234	42.41	543	35.79	91	18.31
中下等	156	27.51	391	24.09	667	22.92	331	21.82	156	31.39
中等	135	23.81	317	20.58	459	15.77	245	16.15	108	21.73
中上等	70	12.35	278	18.05	454	15.60	246	16.21	127	25.55
上等	19	3.35	69	4.49	96	3.30	152	10.02	15	3.01

① 陈新忠. 分层与流动：高等教育分流的社会影响研究［M］. 武汉：华中师范大学出版社，2018：87-91.

② 董泽芳，陈新忠. 高等教育分流影响社会分层流动的实证研究［J］. 华中师范大学学报（人文社会科学版），2013（5）：147-154.

二、高等教育流量对社会分层流动的积极影响

在高等教育流量对社会分层流动的积极影响上，本书主要分析六省（区、市）行政机关与企事业单位在职人员中高校毕业生的数量变化状况。

从企事业单位的在职人员看，1950 年六省（区、市）有 43872 人具有专科学历，只有 18224 人具有本科及以上学历，大学学历者在全体人员中的比重仅为 9.61%，本科及其以上学历者在全体人员中的比重为 2.82%；1979 年六省（区、市）有 656072 人具有专科学历，272032 人具有本科及以上学历，大学学历者在全体人员中的比重为 15.18%，本科及其以上学历者在全体人员中的比重为 4.45%；1999 年六省（区、市）有 1392640 人具有专科学历，779344 人具有本科学历，并且有 31184 人具有研究生学历，大学学历者在全体人员中的比重为 72.86%，本科及其以上学历者在全体人员中的比重为 26.81%；2019 年六省（区、市）有 934980 人具有专科学历，1495840 人具有本科学历，587760 人具有研究生学历，大学学历者在全体人员中的比重为 84.31%，本科及其以上学历者在全体人员中的比重为 58.19%（见表 3-4）。

从行政机关的在职人员看，1950 年六省（区、市）有 14936 人具有专科学历，只有 6400 人具有本科及以上学历，大学学历者在全体人员中的比重为 10%，本科及其以上学历者在全体人员中的比重仅为 2.99%；1979 年六省（区、市）有 224032 人具有专科学历，96016 人具有本科及以上学历，大学学历者在全体人员中的比重为 15%，本科及其以上学历者在全体人员中的比重为 4.50%；1999 年六省（区、市）有 478320 人具有专科学历，279672 人具有本科学历，并且 10592 人具有研究生学历，大学学历者在全体人员中的比重为 72.04%，本科及其以上学历者在全体人员中的比重为 27.21%；2019 年六省（区、市）有 271660 人具有专科学历，365280 人具有本科学历，167920 人具有研究生学历，大学学历者在全体人员中的比重为 94.31%，本科及其以上学历者在全体人员中的比重为 62.48%（见表 3-5）。

由此可以看出，中华人民共和国成立以来高等教育分流使得企事业

单位和行政机关的职业岗位被大批高校毕业生充实，在职人员正在被高学历者取代。

表 3-4　六省（区、市）企事业单位高校毕业生数量变化情况

学历年度	研究生人数	本科人数	大专人数	高中/中专及以下人数
2019	587760	1495840	934980	561800
1999	31184	779344	1392640	820480
1979	—	272032（含本科以上）	656072	5187200
1950	—	18224（含本科以上）	43872	584056

数据来源：根据六省（区、市）组织人事部门调研和六省（区、市）统计年鉴数据整理而成。

表 3-5　六省（区、市）行政机关高校毕业生数量变化情况

学历年度	研究生人数	本科人数	大专人数	高中/中专及以下人数
2019	167920	365280	271660	48600
1999	10592	279672	478320	298240
1979	—	96016（含本科以上）	224032	1813600
1950	—	6400（含本科以上）	14936	192028

数据来源：根据六省（区、市）组织人事部门调研和六省（区、市）统计年鉴数据整理而成。

三、高等教育流层对社会分层流动的积极影响

在高等教育流层对社会分层流动的积极影响上，本书主要分析高等院校层次对其毕业生就业岗位的影响，以及学生的学历层次对其社会权利的影响。

从高校毕业生所读院校的层次看，重点本科院校毕业者在国家管理干部中占 51.87%（927 人），在专业技术人员中占 57.35%（1401 人），而一般本科院校和专科及以下院校毕业者在经理和私营企业主中占

67.44％（870 人），在职员和工人中占 74.90％（1080 人）（见表 3-6）。从高校毕业生的学历层次看，本科及以上学历者在科级干部与中级职称的职工中所占比重约为 59.78％，在处级干部与副高级职称的职工中所占比重约为 71.51％，在厅级干部与高级职称的职工中所占比重约为 86.63％，而专科及以下学历者在股级干部与初级职称的职工中占到了 57.83％（见表 3-7）。由此可以看出，中华人民共和国成立以来高等教育的不同层次教育和不同层次高校为相应社会领域培养了各自需要的人才。

表 3-6 院校层次对高校毕业生职业岗位的影响状况

现职 高校层次	国家管理干部		私营业主/经理		专业技术人员		工人/职员		其他	
	人数	百分比（％）	人数	百分比（％）	人数	百分比（％）	人数	百分比（％）	人数	百分比（％）
国家重点本科	290	16.23	147	11.40	780	31.93	132	9.15	8	11.59
省属重点本科	637	35.64	273	21.16	621	25.42	230	15.95	16	23.19
一般本科院校	701	39.23	416	32.25	582	23.82	607	42.09	29	42.03
专科及以下院校	159	8.90	454	35.19	460	18.83	473	32.81	16	23.19

表 3-7 学历层次对高校毕业生社会权力的影响状况

社会权力 学历层次	初级/股级		中级/科级		副高/处级		正高/厅级		其他	
	人数	百分比（％）	人数	百分比（％）	人数	百分比（％）	人数	百分比（％）	人数	百分比（％）
研究生	33	3.47	631	21.24	632	30.62	421	46.52	34	24.29
本科	368	38.70	1145	38.54	844	40.89	363	40.11	33	23.57
专科	353	37.12	1031	34.70	487	23.59	107	11.82	50	35.71
高中/中专及以下	197	20.71	164	5.52	101	4.90	14	1.55	23	16.43

四、高等教育流型对社会分层流动的积极影响

在高等教育流型对社会分层流动的积极影响上，本书主要分析教育

形式影响高校毕业生职业岗位和现职属地的状况。

从教育形式看，全日制普通高校毕业生在各种职业岗位中平均比例在80%左右，其中在国家管理干部、经理或私营业主中的比例在90%左右，在专业技术人员中也达到了81.42%（见表3-8）；全日制普通高校毕业生在省会城市（直辖市/首都）的职工中比例约为90.06%，在地级城市和小城镇职工中比例分别约为88.48%和85.19%（见表3-9）。由此可以看出，中华人民共和国成立以来在我国高等教育分流类型当中，全日制普通高校教育是社会成员获得职业岗位并向上流动的主要途径，自学考试、成人教育、广播电视大学和网络教育对社会分层流动的影响较小。

表3-8　教育形式对高校毕业生职业岗位的影响状况

现职 教育形式	国家管理干部		私营业主/经理		专业技术人员		工人/职员		其他	
	人数	百分比（%）	人数	百分比（%）	人数	百分比（%）	人数	百分比（%）	人数	百分比（%）
全日制普通高校	1632	91.33	1157	89.69	1989	81.42	1074	74.48	43	62.31
自学考试	27	1.51	39	3.02	157	6.43	160	11.10	8	11.60
成人教育	30	1.68	34	2.64	110	4.50	101	7.00	7	10.14
广播电视大学	98	5.48	31	2.40	97	3.97	77	5.34	5	7.25
网络教育	0	0.00	29	2.25	90	3.68	30	2.08	6	8.70

表3-9　教育形式对高校毕业生现职属地的影响状况

现职属地 高校层次	省会城市		地级城市		小城镇		农村		其他	
	人数	百分比（%）	人数	百分比（%）	人数	百分比（%）	人数	百分比（%）	人数	百分比（%）
全日制普通高校	1541	90.06	1552	88.48	2220	85.19	512	60.95	93	77.5
自学考试	60	3.51	64	3.65	101	3.88	88	10.48	9	7.5
成人教育	38	2.22	37	2.11	105	4.03	91	10.83	7	5.83
广播电视大学	72	4.21	71	4.05	120	4.60	119	14.17	5	4.17
网络教育	0	0.00	30	1.71	60	2.30	30	3.57	6	5.00

五、高等教育流域对社会分层流动的积极影响

在高等教育流域对社会分层流动的积极影响上，本书主要分析大学属地影响高校毕业生职业属地的状况。

从表 3-10 可以看出，毕业于省会城市（含直辖市、首都）高校的学生在省会城市（直辖市/首都）的职工中的比重高达 61.21%，毕业于地级城市高校的学生在地级城市的职工中约为 52.78%。由此可以看出，中华人民共和国成立以来我国高等教育的地域分流使得高等院校毕业生立足大学属地就业，并依据大学属地差别形成了有区别的社会流动基本秩序。

表 3-10　大学属地对高校毕业生现职属地的影响状况

现职属地 大学属地	省会城市（直辖市/首都）		地级城市		小城镇		农村		其他	
	人数	百分比（%）	人数	百分比（%）	人数	百分比（%）	人数	百分比（%）	人数	百分比（%）
省会城市（直辖市/首都）	1035	61.21	664	38.05	1560	59.88	395	46.20	67	49.63
地级城市	493	29.15	921	52.78	595	22.84	220	25.73	38	28.15
农村/小城镇	73	4.32	100	5.73	360	13.82	240	28.07	15	11.11
其他	90	5.32	60	3.43	90	3.45	0	0.00	15	11.11

六、高等教育流向对社会分层流动的积极影响

在高等教育流向对社会分层流动的积极影响上，本书主要分析学科方向对高校毕业生职业岗位的影响。

从学科方向看，国家管理干部中管理学的高校毕业生所占比重最高约为 19.42%，其次是农学（占 10.46%）和工学（占 10.07%）；经理和私营企业主中管理学和法学毕业生数量较多，比重分别约为 20.93%与 11.32%；专业技术人员、职员和工人中工学和理学毕业生所占比重较大（见表 3-11）。由此可以看出，中华人民共和国成立以来我国高等教育的科类分流中，管理学、工学、理学、农学、经济学等学科的高校毕业学生在社会各种职业群体中所占比重较大，并在社会分层流动过程

中形成了优劣差异。

表 3-11　学科方向对高校毕业生职业岗位的影响状况

现职 修读学科	国家管理干部		私营业主/经理		专业技术人员		工人/职员		其他	
	人数	百分比(%)	人数	百分比(%)	人数	百分比(%)	人数	百分比(%)	人数	百分比(%)
哲学	103	5.76	87	6.74	176	7.20	63	4.36	7	10.14
经济学	167	9.35	123	9.53	244	9.99	77	5.34	6	8.70
法学	135	7.55	146	11.32	129	5.28	92	6.38	5	7.25
教育学	109	6.10	94	7.29	171	6.70	68	4.72	6	8.70
文学	158	8.84	114	8.84	122	4.99	84	5.83	7	10.14
历史学	112	6.27	96	7.44	118	4.83	60	4.15	3	4.35
理学	143	8.00	115	8.91	365	14.94	356	24.69	10	14.48
工学	180	10.07	95	7.36	375	15.35	374	25.94	8	11.59
农学	187	10.46	113	8.76	253	10.36	140	9.71	4	5.80
医学	120	6.72	37	2.88	237	9.70	66	4.58	3	4.35
管理学	347	19.43	270	20.93	223	9.13	40	2.77	2	2.80
军事学	26	1.45	0	0.00	30	1.23	22	1.53	8	11.60

七、高等教育流质对社会分层流动的积极影响

在高等教育流域对社会分层流动的积极影响上，本书主要分析学业成绩影响高校毕业生职业岗位和现职收入的状况。

从学习质量看，国家管理干部和专业技术人员中学业成绩优秀的毕业生占比约为 50%，中上等和上等收入职工中学业成绩优秀的毕业生占比超过 60%；经理或私营业主中学业成绩良好的毕业学生占比高达 68.91%，中下等收入职工中学业成绩良好的毕业学生的比例约为 60.33%；学业成绩为合格和不合格的毕业生在各类职业中所占比重均不高，但多数处于较低职业岗位和较低收入群体（见表 3-12 和表

3-13)。由此可以看出，中华人民共和国成立以来我国高等教育的学业成绩分流使得学业成绩良好和优秀的毕业学生成为各个地区各种职业和收入群体的主要成员，使他们能够谋求较好的职业和较高的收入，对他们的社会分层流动有着重要的影响。

表 3-12　学业成绩对高校毕业生职业岗位的影响状况

现职 学业成绩	国家管理干部		经理/私营业主		专业技术人员		职员/工人		其他	
	人数	百分比（%）	人数	百分比（%）	人数	百分比（%）	人数	百分比（%）	人数	百分比（%）
优秀	867	48.51	203	15.74	1290	52.82	271	18.79	9	13.04
良好	774	43.32	889	68.91	840	34.38	624	43.27	32	46.38
合格	146	8.17	157	12.17	150	6.14	426	29.54	15	21.74
不合格	0	0.00	41	3.18	60	2.46	121	8.40	13	18.84

表 3-13　学业成绩对高校毕业生现职收入的影响状况

现职收入 学业成绩	下等		中下等		中等		中上等		上等	
	人数	百分比（%）	人数	百分比（%）	人数	百分比（%）	人数	百分比（%）	人数	百分比（%）
优秀	65	11.59	152	9.93	1327	45.45	930	60.98	304	61.41
良好	216	38.50	923	60.33	1363	46.67	515	33.77	165	33.33
合格	183	32.62	431	28.17	165	5.65	50	3.28	26	5.26
不合格	97	17.29	24	1.57	65	2.23	30	1.97	0	0.00

八、高等教育流速对社会分层流动的积极影响

在高等教育流速对社会分层流动的积极影响上，本书主要分析高校学生的大学学制对其成长发展的影响状况。

从学制年限看，7031 名问卷调查对象对大学学制的满意度均超过 50%，对专科学制、本科学制和研究生学制的满意度分别约为 50.42%、55.68%和 50.26%，其中对本科学制的满意度最高（见表 3-14)。由此可以看出，专科、本科和研究生的修业年限对社会分层流动有着积极的影响，其中本科流速效果最好，认可度最高。

表 3-14　高校毕业生大学学制状况

效度 大学学制	满意		不满意		无所谓	
	人数	百分比（%）	人数	百分比（%）	人数	百分比（%）
专科学制	3545	50.42	3363	47.83	123	1.75
本科学制	3915	55.68	3034	43.15	82	1.17
研究生学制	3534	50.26	3375	48.00	122	1.74

第三节　高等教育分流影响社会分层流动的问题分析

一、高等教育流源影响社会分层流动的问题

高等教育流源对社会分层流动产生了积极影响，但是也存在着一些问题和负面效应。从图 3-1 可以看出，60 岁以上的高校毕业者有 50%来源于下等收入家庭，25%来自中下等收入家庭，20%来源于中等收入家庭，来源于中等及以下收入家庭的累计高达 95%，仅有 5%来自中上等及以上收入家庭；51—60 岁的高校毕业者中来源于下等收入家庭的占 70%，来源于中下等收入家庭占 16.67%，来源于中等收入家庭的占 10%，来源于中等及以下收入家庭的累计高达 96.67%，来源于中上等及以上收入家庭者仅为 3.33%；41—50 岁的高校毕业者中来源于下等收入家庭的比重为 60%，来源于中下等收入家庭的为 20%，来源于中等收入家庭的为 16%，来源于中等及以下收入家庭的累计高达 96 %，来源于中上等及以上收入家庭者仅为 4%；31—40 岁的高校毕业者来自下等收入家庭中的占 30%，来自中下等收入家庭的占 20%，来自中等收入家庭的占 30%，来自中等及以下收入家庭的累计达 80%，来自中上等及以上收入家庭的占比为 20%；在 21—30 岁的高校毕业者群体中来自下等收入家庭的仅为 6.98%，来自中下等收入家庭的为 9.3%左右，来自中等收入家庭的占 27.91%，来自中等及以下收入家庭的累计占 44.19%，而

来自中上等及以上收入家庭者高达 55.81%（见图 3-1）。由此可见，来自中上等及以上收入家庭的社会成员获得的高等教育机会正在逐渐增加，而来自中等及以下收入家庭的社会成员获得的高等教育机会正在逐渐缩减，高等教育分流促进中下层社会成员向上社会流动的作用逐渐减弱。

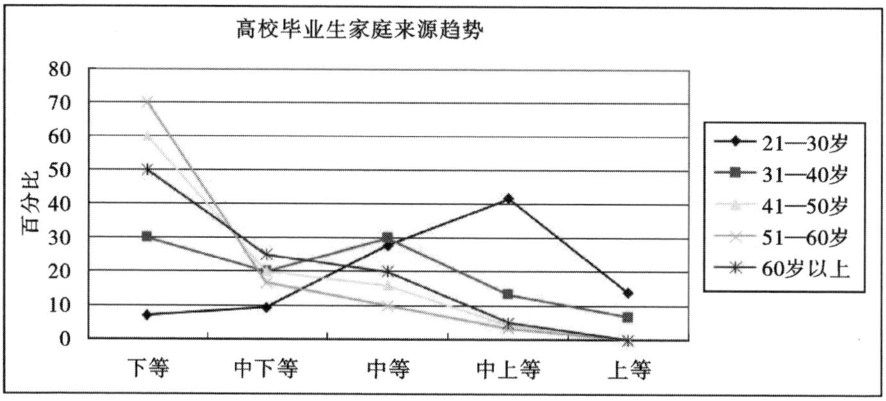

图 3-1　不同年龄阶段高校毕业生家庭来源趋势问卷调查图

二、高等教育流量影响社会分层流动的问题

衡量高等教育流量大小多少，不仅要看绝对数量即高等教育规模状况，而且要看相对数量即正在接受高等教育的学生占适龄人口的比例，以及已毕业的高等教育学历人数占全国总人口的比例。从历史和国际比较看，尽管我国高等教育毛入学率在改革开放后快速提升，但其比重与发达国家相比还有较大差距。2019 年，我国高等教育毛入学率为 51.6%①；2020 年，我国高等教育毛入学率达到 54.4%②；2021 年，我国高等教育毛入学率升至 57.8%③，但与美国高等教育毛入学率 89%相

① 中华人民共和国教育部. 2019 年全国教育事业发展统计公报［EB/OL］.（2020-05-20）［2022-06-30］. http://www.moe.gov.cn/jyb_sjzl/sjzl_fztjgb/202005/t20200520_456751.html.

② 中华人民共和国教育部. 2020 年全国教育事业发展统计公报［EB/OL］.（2021-08-27）［2022-06-30］. http://www.moe.gov.cn/jyb_sjzl/sjzl_fztjgb/202108/t20210827_555004.html.

③ 中华人民共和国教育部. 2021 年我国高等教育毛入学率达 57.8%［EB/OL］.（2022-03-02）［2022-06-30］. https://m.gmw.cn/2022-03/02/content_1302827228.htm.

比依然差距明显①。从高等教育文化人口看，尽管我国高等教育文化人口从改革开放以来尤其是20世纪90年代末以来快速增多，但其人口比例仍然较小，目前高等教育文化人口比例仅为17.14%②，与美国高等教育文化人口比例42%相比亦有明显差距③。由此可以看出，我国高等教育入学学生在同龄人口中的比重偏小，高等教育文化人口在全国人口中的比例不高，高等教育流量影响社会分层流动的作用还没有充分发挥，社会成员分层流动的高等教育文化含量仍然需要大幅提升。

三、高等教育流层影响社会分层流动的问题

高等教育流层为人们设置了高等教育向上攀升的阶梯，并与现代社会职业岗位彼此对应，得到了广大受教育者的肯定。然而，现实教育和社会中流层的贯通性与流转性并不尽如人意。调研组调查访谈了解到，76.00%以上的在职人员对高校层级流转和教育层级流转不满意，仅有20%左右的在职人员对我国当前的高校层级流转和教育层级流转状况表示满意，两项访谈表现出一致性。具体而言，245名访谈对象中81.63%（200人）的职工对高校层级流转不满意，他们认为当前我国重点院校越来越被社会资源优势阶层的子女占据，社会资源弱势的工农阶层的子女大多就读于一般本科（二本）及以下院校，高校在校学生在不同层次高校之间进行流转十分困难，毕业之后的进一步学习流转存在不少限制；约有75.51%（185人）的职工对我国当前高等教育层级流转不满意，他们认为我国高校在校学生想在不同层次的高等教育如专科教育和本科教育、高中后教育和研究生教育之间进行流转存在诸多不畅，专科或本科毕业之后的进一步学习流转有着较多阻碍。访谈表明，

---

① 中国大学 VS 美国大学：高等教育现状分析［EB/OL］.（2016-04-13）［2022-06-30］. http://www.sohu.com/a/69063613_160595.

② 中华人民共和国教育部. 中国高等教育在学总人数超过4430万人　接受高等教育的人口达到2.4亿［EB/OL］.（2022-05-17）［2022-07-10］. https://baijiahao.baidu.com/s?id=17330382319 28930080&wfr=spider&for=pc.

③ 全球受教育程度最高的10个国家［EB/OL］.（2013-04-05）［2021-10-19］. http://www.360doc.com/content/13/0405/09/7841665_276188192.shtml.

我国高等教育分流的流层正在逐步固化，转承不畅，使得社会成员的分层流动亦趋于固化。

四、高等教育流型影响社会分层流动的问题

高等教育流型为社会成员选择高等教育形式提供了多样性，受到了有志于高等教育的求学者们的欢迎。然而，高等教育形式的教育质量差异、彼此衔接问题和社会认同区别使得社会成员对高等教育形式类型存在诸多不满。从表 3-8 和表 3-9 可以看出，全日制普通高校的毕业学生在各个地区的各种职业、职位和收入等级群体中的比例在 80.00%左右，而自学考试、成人教育、广播电视大学和网络教育四种教育形式的毕业学生在各个地区的各种职业、职位和收入等级群体中的比例不超过 15.00%。从调查访谈中得知，245 名访谈对象中的 80.41%（即 197 名在职人员）对高等教育流型流转不满意，只有 15.10%（即 37 名在职人员）对当前高等教育流型流转表示满意。197 名（80.41%）对高等教育流型流转不满者认为，当前我国自学考试、广播电视大学、成人教育和网络教育的毕业生较多，但我国高等教育的各种教育形式如正规高等教育和非正规高等教育、全日制普通高校和非全日制高校等的毕业学生在求职时待遇存在较大差别，非正规高等教育和非全日制高校的毕业学生处于不利地位；正规和非正规、全日制和非全日制的高等教育形式之间衔接困难，相互之间流转不畅；政府和高校对非正规及非全日制高等教育的各种投入较少，非正规及非全日制高等教育的教育质量相对较低。访谈表明，当前我国高等教育分流的流型作用不均匀，注重全日制普通高等教育而忽视非全日制高等教育，各种教育形式之间存在诸多转承限制，阻碍了社会成员的良性分层流动。

五、高等教育流域影响社会分层流动的问题

高等教育流域增加了高等教育源地的丰富多彩，使得受教育者在接受高等教育的同时可以领略和享受祖国各地的特色风光。然而，我国高等教育流域对社会分层流动的影响并不理想。从表 3-10 可以看出，毕

业于农村和小城镇高校的学生向地级城市与省会城市（直辖市/首都）流动很难，流动人数很少；毕业于地级城市高校的学生向省会城市（直辖市/首都）流动较难，流动人数较少；毕业于省会城市（直辖市/首都）高校的学生向地级城市、小城镇与农村流动则比较容易，流动数量也较多。通过访谈得知，245 名访谈对象中 171 名在职人员毕业于省内高校，约占 69.80%；毕业于省外高校的只有 64 人，约占 26.12%；毕业于国外高校的有 10 人，约占 4.08%。在毕业于国内高校的 235 名访谈对象中，有 128 人毕业于中部地区高校，约占 54.47%；89 人毕业于东地区高校，约占 37.87%；仅有 18 人毕业于西部地区高校，约占 7.66%。由此可以看出，我国高校大多面向本地培养人才，毕业学生在大学属地就业较多，在大学属地之外就业人数较少；高校属地不同，高校毕业学生的流动机会也存在较大差异。通过上述分析可知，当前我国高等教育分流的地域层次等级较为明显，地域分割现象比较突出，阻碍了高等教育的自由成长和特色发展，妨碍了社会成员的合理分层与自由流动。

六、高等教育流向影响社会分层流动的问题

高等教育流向明确了受教育者的学科方向和职业取向，为受教育者指明了基于学科专业的事业道路。然而，访谈中了解到，较多社会成员认为当前我国高等教育流向影响社会分层流动存在诸多不合理之处。从表 3-11 可以看出，工学、理学、教育学、文学、管理学、法学、农学、经济学、哲学、医学、历史学和军事学等学科门类的毕业学生分布于各个地区的各种职业、职位和收入的等级群体中。管理岗位中理学、工学、农学、医学毕业生所占比重较大，技术岗位中文学、历史学、经济学和管理学毕业生也占有较大比重，学科专业错位和浪费现象比较严重。从访谈得知，245 名访谈对象中有 196 名在职人员对高等教育的流向不满意，占比 80.00%，仅有 39 名在职人员对高等教育的流向表示满意，约占 15.92%。对高等教育流向不满者认为，当前我国高等教育分流中的学科专业设置存在较大不合理之处，高校毕业学生学而无用、用非所学者较多，教育资源和人力资源存在较多浪费。通过上述分析可知，目前我国高等教育分流的学科和专业方向存在较多不合理的地方，

高校人才供给与社会需求存在脱节，人才错位现象比较普遍，阻碍了社会成员的合理分层流动。

七、高等教育流质影响社会分层流动的问题

高等教育流质反映了受教育者在高校读书期间取得的学业成绩和素质进步，是受教育者步入社会求职就业的应然实力。然而，许多大学毕业生认为高等教育流质影响社会分层流动中仍然存在许多问题。通过访谈得知，245 名访谈对象中有 55 名在职人员对高等教育的流质表示满意，约占 22.45%；对高等教育流质不满意的人数达到 181 人，约占 73.88%。对高等教育流质不满意者认为，当前我国高等教育分流中的人才培养质量仍然将学业成绩作为主要考核指标，沟通交流能力、技术能力、探究能力等较少纳入其中进行考核评价，高分低能现象大量存在。访谈结果表明，目前我国高等教育流质存在着重理论轻实践、重分轻能等弊病，妨碍了社会分层流动的效果。

八、高等教育流速影响社会分层流动的问题

高等教育流速规定了受教育者的高等教育修业年限，为受教育者明确了基于学科专业发展在校常规学习时间。然而，项目组访谈发现，高等教育流速影响社会分层流动状况也不容乐观。245 名访谈对象中有 58 名在职人员对高等教育流速表示满意，约占 23.67%；对高等教育流速不满意的人数达到 175 人，占比约为 71.43%。对高等教育流速不满者认为，我国当前的高等教育分流中的学习年限太长，从专科、本科、硕士到博士毕业，少则 9 年，多则 15 至 16 年，各个高等教育阶段的学习年限比较固定，伸缩性不强；弹性学制执行起来困难，不利于调动学生自主学习的积极性。访谈结果表明，目前我国高等教育流速存在着“慢”而“不活”的弊端，对社会分层流动影响不利。

第四节　调研结论及其原因分析

通过对高等教育分流影响社会分层流动的现状分析，我们可以明晰

我国高等教育分流影响社会分层流动的现实状况。反思现状及其问题，我们能够挖掘出高等教育分流影响社会分层流动过程中存在问题的深层原因。

一、调研结论：表象问题亟须机制与政策破解

通过问卷和访谈分析，本书认为我国高等教育分流对社会分层流动有着积极的影响：流源上，来自农村或小城镇、低等收入家庭、低阶层父母职业、较低父母学历的社会成员通过高等教育分流享有了更多的向上流动机会，获得了更多的向上流动职位；流量上，高等教育规模逐步扩大，高学历毕业学生人数逐年增多，在职人员正在被大批高校毕业生取代或充实；流层上，高等教育的不同层次教育和不同层次高等院校为社会各个领域培养了大批适用人才；流型上，全日制普通高等教育是社会成员谋求职业岗位并获得向上流动机会的主要途径；流域上，高等院校毕业生大多选择在大学属地择业和就业，并依据大学属地差别形成了有区别的社会流动基本秩序；流向上，管理学、理学、工学、农学、经济学等学科的高校毕业学生是社会经济建设的主力军，并在社会分层流动中根据需要形成了优劣差异；流质上，学业成绩优秀和良好的毕业者成为各个地区各种职业、职位和收入等级群体中的主要成员；流速上，专科、本科和研究生的修业年限对社会分层流动发挥了积极影响，形成了以本科学历者为主体的职工队伍。

但是，我国高等教育分流影响社会分层流动仍然存在诸多问题：流源上，来源于中等及以下等级收入家庭的社会成员接受高等教育的机会正在逐渐减少，高等教育分流促进中下层社会成员向上流动的作用趋于减弱；流量上，我国高等教育入学学生在同龄人口中的比重仍然较小，高等教育文化人口在全国人口中的比例依然很低；流层上，高等院校在校学生在不同层次高等教育和不同层次高等院校之间进行流转存在诸多困难，毕业之后的进一步学习流转也有较多阻碍；流型上，过分偏重全日制普通高等教育，忽视非全日制高等教育，各种教育形式之间存在流转不畅的弊病；流域上，地域分割现象较为严重，地域层级比较分明，自由流动受到阻滞；流向上，学科专业设置与社会需求脱节，专业浪费

和人才错位现象比较突出；流质上，高校学生存在重分轻能、重学轻用、重理轻文和高分低能等弊端，对社会分层流动产生了不良效果；流速上，修学年限过长、过死，弹性学制应用不广、伸缩不强，一定程度上阻碍了社会成员分层流动的进程。我国高等教育分流影响社会分层流动中存在的问题暴露出我国高等教育与社会需求对接不足，高等教育分流影响社会分层流动缺少稳定有效的机制联结，缺乏合理科学的政策促进。

二、基于互动利益相关者主体维度的原因分析

高等教育分流影响社会分层流动的过程中诸多问题的出现既有外部环境的影响，也有内部因素的作用，是内外部因素共同作用的结果[①]。高等教育分流不能有效促进社会分层流动的原因很多，本书以这一社会活动中的互动利益相关者为维度，主要从政府、高教、社会、学生和家庭五个方面进行分析。

（一）政府方面的影响

自国家产生以来，政府便成了国家政权的代表，是国内事务的主要决策者和影响者。我国中央集权制度的历史悠久，政府对国内事务的影响尤为突出。在我国高等教育分流影响社会分层流动的过程中，政府主要通过确立政治经济体制、变革高等教育管理体制、制定相关的高等教育政策进行宏观调控，既发挥了积极的正面作用，也带来了消极的负面效果[②]。其一，政府政治经济体制的影响。1949 年中华人民共和国成立后，我国政府实行高度集权的中央政治体制和高度集中的计划经济体制，当时各行各业的首要选择是为中华人民共和国成立初期的政治和经济服务，教育和高等教育也不例外。时任教育部长的马叙伦在 1950 年的第一次全国教育工作会议上指出，“我们的国家是以工农联盟为基础

---

① 陈新忠．高等教育分流对社会分层流动的影响研究［D］．武汉：华中师范大学，2010：109-115.

② 陈新忠，卢瑶．国家主义教育思想影响下高等教育的困境与出路［J］．教育评论，2016（8）：16-20.

的人民民主专政国家，我们的教育也应以工农为主体……我们的中学和大学应该有计划有步骤地为工农青年开门，培养工农出身的新型知识分子”[①]。因此，我国高等院校以政治身份为主、兼顾学术标准选拔人才接受高等教育，带来了出身于农民和工人等低收入等级家庭的高等教育文化人口的增长和相应在职人员的增多[②]。1978 年改革开放以来，我国逐步建立和完善社会主义市场经济体制，加快建设社会主义强国的步伐。为了适应我国国家政治经济体制的转变，高等学校在 1985 年开始收费培养学生，推行非义务教育成本分担和补偿制度，高等教育逐步建立起以“国家财政拨款为主、社会多渠道筹资的教育筹资体制”[③]。由于市场经济体制的影响，我国高等院校以学费和分数双重标准选拔人才接受高等教育，不少贫困家庭的孩子因此而及早放弃学业，家境不好的学生接受高等教育的机会相对减少。其二，政府高等教育管理体制的影响。在中华人民共和国成立初期开始实行的计划经济体制下，我国政府取消私立高校，采取国有化办学模式，对高等教育实行统一的领导，由中央有关部门和地方政府或行业分别办学，并直接管理高等学校。经费的划拨及使用、专业设置、课程结构、教材编写、招生计划、毕业生分配、学校编制、教职工待遇等事务均由政府主管部门决定，大学成了政府的附属单位[④]。中共中央在 1985 年发布的《关于教育体制改革的决定》中指出，“国家及其教育管理部门要加强对高等教育的宏观管理和指导”，“扩大高等学校的办学自主权，加强高等学校同生产、科研和社会其他各方面的联系，使高等学校具有主动适应经济和社会发展需要的积极性和能力”[⑤]。中共中央和国务院在 1993 年颁布的《中国教育改革和发展纲要》中进一步明确，我国高等教育体制改革的目标是“逐步建

---

① 杨学为. 高考文献：上 1949—1976 [M]. 北京：高等教育出版社，2003：2.

② 杜瑞军. 从高等教育入学机会的分配标准透视教育公平问题：对中华人民共和国 50 年普通高校招生政策的历史回顾 [J]. 高等教育研究，2007 (4)：29-35.

③ 陈新忠，程华东. 回眸与展望：高校领导的转型与超越 [J]. 高教探索，2009 (3)：33-36.

④ 杨德广. 中国高等教育办学理念的八大转变 [J]. 北京大学教育评论，2008 (4)：105-117.

⑤ 中华人民共和国教育部网站：中共中央关于教育体制改革的决定 [EB/OL]. (1985-05-27)[2022-07-10]. http://www.moe.gov.cn/edoas/website18/18/info3318.htm.

立政府宏观管理、学校面向社会自主办学的体制”①。从 1982 年开始，我国“鼓励集体经济组织、国家企业事业组织和其他社会力量依照法律规定举办各种教育事业”②，政府包揽办学的格局逐步改变，各类民办高等教育迅快速兴起。但是，我国高等教育管理方面保留了较多计划体制下的方式方法，高等教育的结构调整缓慢，在层次、类型、招生、学制、人事等方面管得过死，高等学校的办学自主权得不到有效保障，使得高等教育分流过程中存在着流域分割、流速过慢、流层和流型流转不畅、流向和流质与社会要求存在一定差距等问题。其三，政府教育政策的影响。中华人民共和国成立初期，在“服务于国家建设，向工农开门”的教育方针指导下，我国高等教育规模相比于解放前有了大幅增加。但是，从 1957 年开始的“反右运动”到“文化大革命”时期，政治被提高到第一位，业务被降为次要地位，为政治服务被确立为这一时期的教育方针，致使高等教育质量下降和高等教育规模增幅减缓③。“文化大革命”结束后，邓小平在 1977 年提出，“我们要实现现代化，关键是科学技术要能上去。发展科学技术，不抓教育不行。靠空讲不能实现现代化，必须有知识，有人才”；“要经过严格的考试，把最优秀的人集中到重点中学和大学”④。从此，为社会主义经济建设服务被确立为我国新时代的教育指导方针，40 多年来我国高等教育在这一方针及其相关政策指导下迅猛发展。但是，由于我国人口众多、区域发展不平衡、高等教育发展历史较短等因素的存在，我国高等教育规模依然偏小，高等教育文化人口比例仍然较低。其四，政府就业政策的影响。在我国计划经济体制时期，高校毕业学生由政府统一分配，学生考上大学就意味着端上了“铁饭碗”，有着较好的发展前景。在我国市场经

① 中华人民共和国教育部网站：中国教育改革和发展纲要 [EB/OL]. (1993-02-13)[2022-07-10]. http://www.moe.gov.cn/edoas/website18/34/info3334.htm.

② 中华人民共和国宪法 [N]. 人民日报，1982-12-05 (1).

③ 杜瑞军. 从高等教育入学机会的分配标准透视教育公平问题：对中华人民共和国 50 年普通高校招生政策的历史回顾 [J]. 高等教育研究，2007 (4)：29-35.

④ 邓小平. 尊重知识，尊重人才 [M] //邓小平. 邓小平文选：第二卷. 北京：人民出版社，1994：40.

济体制逐步建立和完善过程中，我国高校毕业学生逐步走向市场，自主择业和就业。然而我国市场经济条件下政府的高校毕业生就业政策还存在诸多不足之处，高等教育流向中人才供给与市场需求错位现象比较突出。通过访谈得知，我国政府还没有建立起较为健全的按照学科专业对口就业分配的大学生就业政策体系；并且不仅对口专业岗位数量较少，不同行业领域的工资和待遇又存在极大差距，许多高校毕业生并没有从事专业对口工作。从访谈中了解到，在现行就业分配政策下，除极少数科研和技术岗外，行政管理干部、企事业管理干部、职员等诸多需求岗位对所要招聘的高校毕业生在学科专业方面大都没有严格限制，这为高等院校人才“专业错位”现象提供了便利之门。

（二）高教方面的影响

高等教育是影响现代社会普通个体社会分层流动的重要凭借，是高等教育分流与社会分层流动相互关系中发挥作用的重要主体。高等教育分流犹如一把双刃剑，对社会分层流动既有积极的影响，又有一些不利影响。其一，流源与流量的影响。在流源和流量方面，高等教育基本遵照政府政策选择学生。中华人民共和国成立初期，高等教育特别强调面向工农招生，《教育部关于高等学校 1950 年度暑期招考新生的规定》指出，“有三年以上工龄的产业工人；参加工作三年以上的革命干部及革命军人……考试成绩虽稍差，得从宽录取”[①]。此后，高等教育又对工农干部、革命军人、产业工人采取免考外语、降低分数线、优先录取等方式，增加工农及其子女进入高等院校的机会[②]。高等教育在 20 世纪 50 年代初还举办了一批工农速成中学，作为高等院校的预备学校，将专门的高等教育机会给予当时的工农干部。1953 年的教育统计资料显示，第一批工农速成中学的 1680 名毕业生中就有 1622 人进入了高等院

① 杜瑞军. 从高等教育入学机会的分配标准透视教育公平问题：对中华人民共和国 50 年普通高校招生政策的历史回顾 [J]. 高等教育研究，2007 (4)：29-35.

② 陈新忠，黄欢. 我国以教育发展促进收入代际流动性的政策演进与前瞻 [J]. 国家教育行政学院学报，2021 (4)：67-74.

校学习[①]。通过一系列措施，高等院校中工农成分的大学生比例逐年攀升，由 1952 年的 27.39%上升至 1958 年的 55.28%[②]。随后，工农成分学生的比例进一步提升，1964 年录取新生中工农成分的学生比例高达 70.10%，而剥削阶级家庭出身的学生比例下降到 5.32%[③]。尽管高等教育增加了工农子弟接受高等教育的机会，但政治因素和 1970 年以后逐渐取消高考的举措导致高等教育质量开始下降。1972 年关于北京市 11 所院校工农兵大学学员文化程度的调查表明，工农兵大学学生中相当于小学程度的占 20%，相当于初中程度的占 60%，相当于初中以上程度的仅占 20%[④]。在 20 世纪 80 年代，我国高等教育开始逐步推行收费上学制度，学生来源结构逐渐改变，中等及以下等级收入家庭的社会成员在高等院校中的比重相对减少。长期以来，我国高等教育政策对高等教育分流的流源和流量有着深刻的影响。其二，流层与流型的影响。在流层上，我国高等教育设置等级分明、相互衔接的专科教育、本科教育和研究生教育层次结构，促使高等教育事业快速发展。但是，高等教育以本科教育为主体，专科教育羸弱，职业应用型人才培养力度不足；研究生教育起步较晚，处于新而不强的局面，教育质量有待提升。在高校层级和教育层级之间，我国高等教育自身没有形成合理、有序的分流秩序和规则，学生进一步学习存在诸多障碍。在流型上，全日制普通高等教育是我国高等教育的重点发展对象，全日制普通高校的毕业学生是我国各行各业建设的主力军。但是，自学考试、成人教育、广播电视大学和网络教育等教育形式虽有一定程度发展，却受到很多制约——在与全日制普通高等教育的衔接上，这些教育形式的学生面临诸多升学障碍；在谋求职业岗位和晋升上，这些教育形式的学生竞争力不足。其三，流域与流向的影响。在流域上，我国高等教育发展极不平衡，高等院校主要分布在基础较好的东部地区和中部地区、省会城市（直辖市/

① 中国教育年鉴编辑部．中国教育年鉴（1949—1981）［M］．上海：中国大百科出版社，1984：175.

② 杨学为．高考文献：上 1949—1976［M］．北京：高等教育出版社，2003：72.

③ 杨学为．高考文献：上 1949—1976［M］．北京：高等教育出版社，2003：525.

④ 高奇．中华人民共和国教育历程［M］．石家庄：河北教育出版社，1996：220.

首都）和地级城市，这些区域和地方的高等教育发展迅速，但是西部地区、东中部的经济欠发达地区和广大村镇的高等教育十分不足甚至缺失。以我国高校原国家重点学科为例，1988 年评出的国家重点学科集中在北京、上海、江苏、湖北等地，其中北京市最多，有 156 个学科点，占当年学科点总数的 38%，而河北、山西、河南、广西、云南、江西、新疆、宁夏、青海、贵州、西藏、海南十二省区都为零；2002 年评审出的国家重点学科，河北、山西、河南、广西、云南、江西、新疆都实现了零的突破，但地区分布严重不均衡，河北、甘肃、河南、河北、内蒙古、云南、江西、广西、新疆分别为 7 个、7 个、6 个、5 个、3 个、3 个、2 个、2 个、2 个，宁夏、青海、贵州、西藏、海南五省区则仍为零①。流域上的分布不均导致高等教育质量的地区差距拉大，久而久之容易形成各个地域水平分明的高等教育层次等级，从而对这些地域内高等院校毕业学生的社会分层流动产生不良影响。在流向上，我国高等教育设置了较为合理的学科专业结构，基本上满足了社会各项事业的发展需求，但是高校人才供给与产业需求之间仍存在错位现象，高等教育培养人才的周期性也导致适应性学科专业呈现出一定程度的滞后性。在经济社会快速变化时代，我国学科专业调整落伍于时代，加上缺乏科学的学科专业发展规划，高校毕业学生中"学而无用、用非所学"的现象较为突出。其四，流质与流速的影响。在流质上，我国高等教育人才培养重视科学知识讲授，忽视人文精神熏陶；重视专业理论训练，忽视实践动手能力提升。因而，高校毕业学生中大量存在重分轻能、重理轻文、重学轻用等问题。在流速上，我国高等教育博士、硕士、本科、专科四级的基础学习年限分别为三年、三年、四年和三年，培养了大批高素质专业人才。近年来，有部分高等院校对学生教育学制进行了改革，如将硕士改为两年，但改革范围较小，学制建设中仍然存在着缺乏真正弹性学制、修业时限过长过死等弊病，难以满足社会成员分层流动的多元化需求。

---

① 陈新忠，李忠云. 国家重点学科的分布特点与评审建议 [J]. 中国高教研究，2006（8）：35-37.

（三）社会方面的影响

社会是政府之外的团体，是共同生活的社会成员通过各种社会关系联结形成的集合。社会组织及各界人士对高等教育分流和社会分层流动有着重要的影响，发挥着极其重要的作用。社会组织和各界人士营造相关社会文化来调节高等教育分流影响社会分层流动的过程，在一定程度上推动了高等教育分流影响社会分层流动活动的发展，但也产生了一些负面效应。本书依据高等教育分流影响社会分层流动的文化形成过程及其结构，从社会分层文化（即关于如何分层的文化）、高等教育文化（即关于怎样影响的文化）、人才流动文化（即关于如何流动的文化）和人才鉴识文化（即关于怎样评判的文化）进行分析。其一，社会分层文化的影响。我国在历史的长河中积淀了丰富的社会分层文化，如古代的人分九流、官分九品等。中华人民共和国成立以来，我们既传承了历史积淀的社会分层文化，又赋予它新的时代内涵。改革开放前，从旧中国翻身解放出来的农民、工人在新社会中当家作主，受政治思想影响，人们依据阶级出身将社会成员分为三六九等，以地主富农为耻，以贫下中农为荣。改革开放后，在“一个中心，两个基本点”的基本路线指导下，全国上下投入致富大潮之中，人们逐渐依据经济状况将社会成员划分为尊贵卑微，以生活贫穷为耻，以家境富裕为荣。同时，我国的官本位思想根深蒂固，影响着各行各业的人。这些社会分层文化对我国高等教育分流的流源和流向有着深刻的影响，对社会成员的分层流动有着重要作用。在流源上，高等教育在改革开放前以选择低收入家庭的工农子女为主，改革开放后逐渐偏向选择成绩优良且学费充裕的学生；在流向上，高校学生改革开放前大多选择国家建设需要的学科和专业，改革开放后逐步转向能够带来地位显赫、生活富裕的热门专业。其二，高等教育文化的影响。现代高等教育在我国生根发芽之后很快成为推动社会分层流动的重要力量，于是社会上逐渐培育出高等教育积极影响社会分层流动的文化。民国初年的国会议员中接受新式教育的占 82.00%，其中专职议员接受新式教育的占 34.27%，政府官吏占 30.14%，教育占 21.37%，新闻占 1.81%，工商占 0.60%，律师占

0.40%，革命占11.29%[①]。这说明，高等教育已经促进社会成员在议员、官吏、教育、新闻、工商、律师等职业中占有较为优越的社会地位[②]。中华人民共和国成立后，我国高等教育遵循教育为政治服务的方针，成为服务政治的重要工具。改革开放以来，我国高等教育遵循教育为经济建设服务的方针，成为服务社会经济建设的重要力量。这些高等教育文化促进了高等教育的发展，对高等教育流源、流量、流向的变化有着重要影响，也产生了一些政治倾向性偏颇，阻碍了社会合理分层流动。在流源上，高等教育在改革开放前强调政治出身，限制出身富裕家庭的优秀学生，改革开放后则强调教育成本分担，缴费入学，相对忽视贫困家庭子女的教育；在流量上，高等教育改革开放前规模增幅缓慢，改革开放后则规模增幅过快；在流向上，高等教育改革开放前创新观念陈旧，学科设置滞后，改革开放后热门专业设置过多，跟风重复现象普遍。其三，人才流动文化的影响。在计划经济时代，人才流动的机会较少，流动规模较小，流动速度较慢，人们把接受高等教育作为向上流动、改变命运的重要途径。在市场经济时代，社会分层流动的速度加快，规模扩大，人才流动的机会显著增多，人们把接受高等教育作为增强社会流动能力、提高社会流动质量的重要手段。在这些文化的影响下，我国新时期的高等教育流源中低收入阶层子女比重开始减少，流向上的学科专业选择呈现出急功近利的取向。其四，人才鉴识文化的影响。人们对人才的内涵有着不同的看法，但却有潜在的文化认同。在高等教育分流与社会分层流动的过程中，人们认为正规高等教育比非正规高等教育优秀，本科院校学生比专科院校学生优秀，全日制普通高校学生比非全日制普通高校学生出色，重点高校学生比非重点高校学生优质，国企职工优于民企职工，管理干部优于技术人员，职业工人优于农民等。这些文化作用于接受高等教育者对高等教育分流的流型、流层、

① 张朋园．近代知识分子与近代中国的现代化［M］．南昌：百花洲文艺出版社，2002：322-324.

② 叶赋桂．中国近代高等教育与社会流动：1840—1922［M］//张斌贤，王晨．大学：社会分层与社会流动．北京：北京师范大学出版社，2007：30-31.

流向等的选择，影响着高等教育分流对社会分层流动促进作用的发挥。

（四）学生方面的影响

高等院校学生是高等教育分流影响社会分层流动的桥梁，也是高等教育分流促进社会分层流动活动中发挥直接作用的关键主体。高校学生的职业追求和规划对高等教育分流能否有效促进社会分层流动产生重要影响：既可以促进这一活动有序开展，又可以阻碍这一活动和谐运作。其一，择业观念的影响。大部分高校毕业学生在职业选择上选择从事与所学专业对口一致的工作，有利于推动高等教育分流促进社会分层流动的正向反应。但是，许多高校毕业生放弃所学专业，不惜“高学低就”[①]，选择到大城市、经济发达地区和热门行业谋求职位，这不但导致高等教育专业浪费，而且妨害了高等教育分流促进社会分层流动的效果。其二，知识能力的影响。高校学生大多数在学校学习过程中勤奋治学，大大提升了学识和能力。但是，也有部分大学生在学习期间缺少自律，沉迷网络，热衷享乐，最终荒废了学业，致使在择业求职过程中竞争力不足。这些高校学生在知识和能力方面的欠缺影响了高等教育分流效果，致使高等教育分流难以有效促进社会成员的正常分层流动。其三，建业行为的影响。高校毕业生步入社会后，大多数能够努力工作，积极进取，有助于发挥高等教育分流通过受教育社会个体促进社会分层流动的正向作用。然而，部分高校毕业生在参加工作后，不思进取，养成恶劣习惯，在社会分层流动的过程中难以向上流动，对高等教育分流影响社会分层流动造成极坏的负面效应。其四，立业成效的影响。高校毕业生大多数可以脚踏实地，工作若干年后能够在事业上有所收获，逐步推进自己及其家庭向社会上层流动。但是，也有部分高校学生毕业后浑浑噩噩，得过且过，不思进取，虚度年华，妨碍了高等教育分流对社会分层流动的应然促进[②]。

---

① “高学低就”即持有较高学历的高校毕业生去应聘一个只需要较低学历毕业生的职业岗位。

② 陈新忠．分层与流动：高等教育分流的社会影响研究［M］．武汉：华中师范大学出版社，2013：113-120．

（五）家庭方面的影响

家庭是决定社会成员及其子女是否接受高等教育的主要因素，对高等教育分流促进社会分层流动发挥着极其重要的间接作用。政府和社会对待高等教育的方式将正确或歪曲地集中体现在家庭对待成员及其子女接受高等教育的行动上，从而影响高等教育分流促进社会分层流动的效果。家庭对高等教育分流影响社会分层流动活动的作用主要表现在家庭成员身上，反映在家庭成员文化素质、经济能力、权力资源、态度行为等四方面的影响上。其一，家庭成员文化素质的影响。家庭成员文化素质对自身及其子女选择和获取高等教育日益重要，尤其在当今人们普遍重视“起点”教育或“起跑线”教育的时代其重要性更为突出。文化素质较高的家庭成员，一方面自己本人愿意主动接受高等教育的进一步深造；另一方面也可以耳濡目染地熏陶子女的学前教育、有所选择地辅导子女的中小学教育，或者较早认识到基础教育的重要性，帮助子女选择针对性更强的辅导教师予以辅导，促使子女获得更好的高等教育机会。相反，文化素质较低的家庭成员，一方面自己本人不愿接受高等教育的进一步深造；另一方面也难以熏陶和辅导子女的基础教育，甚至认识不到基础教育的重要性，不能帮助子女选择辅导教师予以辅导，使得子女主动放弃高等教育机会，或者无力获得较好的高等教育机会。在家庭成员文化素质的影响下，高等教育分流在流源上愈来愈多地选择父母学历程度较高的高学历家庭子女，致使父母学历程度较高的高学历家庭子女在重点院校中占据绝对优势；愈来愈少地选择父母学历程度较低的低学历家庭子女，致使父母学历程度较低的低学历家庭子女在高等教育机会竞争中处于劣势。其二，家庭成员经济能力的影响。家庭成员经济能力是自身及其子女选择和获取高等教育的重要条件，在当今高等院校普遍抬高学费标准和物价持续增长的时代，其重要地位更是名列前茅。经济能力较强的家庭成员，一方面自己本人拥有主动接受高等教育进一步深造的资本；另一方面也可以帮助子女选择更好的基础教育学校，挑选优秀辅导教师辅导子女功课，促使子女获得更好的高等教育机会，或者以金钱为手段替子女谋取更好的高等教育机会。据新华社报道，曾经有这样一些高校，企业家每年给高校捐助一定数目的资金便可成为“校董”，获得相应的“点招”指标，这个名额可以给自己的孩子、亲属用，也可以送给生意合作伙伴或有所求的官员。北方一所大学艺术系主任称，高招补录时将录取线下浮 3 分至 5 分，考生每下浮 1 分录取，收取 1 万元，但不是所有的学生都有这个机会，一般是有关系、有钱的才能被录取①。相反，经济能力较弱的家庭成员，一方面自己本人没有接受高等教育进一步深造的资本；另一方面也难以帮助子女选择较好的基础教育，更没有能力帮助子女选择辅导教师辅导功课，致使子女无力获得高等教育机会或无力获得较好的高等教育机会。在家庭成员经济能力的影响下，高等教育分流在流源上愈来愈多地选择家庭经济能力较强的高收入家庭子女，使得家庭经济能力较强的高收入家庭子女在重点院校中占据绝对优势；愈来愈少地选择家庭经济能力较弱的低收入家庭子女，使得家庭经济能力较弱的低收入家庭子女在高等教育机会竞争中处于劣势。其三，家庭成员权力资源的影响。家庭成员权力资源对自身及其子女选择和获取高等教育具有明显影响，在“以官为尊”“唯官是瞻”的现代社会，一定区域范围内权力资源作用较为突出。权力资源丰富的家庭成员一方面自己本人会想方设法主动获取高等教育机会或进一步深造机会，另一方面可以利用自己或周围人的权力为子女谋取较优的基础教育，从而促使子女获得更好的高等教育机会，甚至直接运用权力为子女取得较好的高等教育机会。例如，中国人民大学招生就业处原处长蔡荣生在学校特殊类型招生过程中为考生提供帮助，湖南省教育考试院监察处原副处长谭博文将 69 名未上线考生“弄进”大学②。相反，权力资源贫乏的家庭成员不仅不会为自己本人谋取非正常的高等教育机会或进一步深造机会，而且也不会为子女谋取非正常的优秀基础教育、帮助子女获取非正常的高等教育机会或较好的高等教育机会。在家庭成员权力

① 林静娴. 大学特招腐败揭秘：校董年捐百万换“点招”指标［EB/OL］.（2014-06-09）［2021-09-18］. http://news.youth.cn/jsxw/201406/t20140609_5330800.htm.

② 王琦. 自主招生、艺术类招生及补录成“特招”腐败重灾区　严重危害教育公平［N］. 新京报，2014-06-09（A18）.

资源的影响下，高等教育分流在流源上愈来愈多地选择父母权力资源较丰富的高层次权力家庭子女，致使父母权力资源较丰富的高层次权力家庭子女在重点院校中占据绝对优势；愈来愈少地选择父母权力资源较贫乏的低层次权力家庭子女，使得父母权力资源较贫乏的低层次权力家庭子女在高等教育机会竞争中处于劣势。其四，家庭成员态度行为的影响。家庭成员的态度和行为决定着自己及其子女的去向，影响着高等教育分流促进社会分层流动的效果。家庭成员的态度和行为既能使上述文化素质、经济能力和权力资源三方面的可能性影响变成事实，也会使上述文化素质、经济能力和权力资源三方面的可能性影响化为泡影。态度和行为上愿意自己及其子女接受高等教育的家庭成员会通过多种渠道坚持不懈地为自己谋取高等教育机会或进一步深造机会，也会通过多种渠道持之以恒地为子女创造条件获取更好的高等教育机会。相反，态度和行为上不愿意自己及其子女接受高等教育的家庭成员则会通过多种方式拒绝为自己谋取高等教育机会或进一步深造机会，也会通过多种方式拒绝为子女谋取高等教育机会。在家庭成员态度和行为的影响下，愿意自己及其子女接受高等教育的家庭成员们促使各个阶层尤其贫弱家庭的子女获得了高等教育机会特别是优质高等教育资源，使得高等教育分流影响社会分层流动这一活动更加丰富多彩；不愿意自己及其子女接受高等教育的家庭成员们则使得各种阶层都有一定数量的社会个体放弃高等教育机会，致使不能有效发挥高等教育分流对社会分层流动的促进作用。

第五节　本章小结

在现状的获取与澄清方法上，与以往学者仅仅选取校内高等教育在读学生分析高等教育分流影响社会分层流动的许多潜在的可能性影响不同，本书直接选取大量社会人士调研高等教育分流影响社会分层流动的既成性实然状态。笔者以中华人民共和国成立后特别是改革开放 40 余年来北京、上海、湖北、河南、广西和云南六省（区、市）范围内的高校毕业生为整体样本，通过问卷和访谈等手段调研了高等教育分流影响社会分层流动的现状，较为科学地获得了高等教育分流影响社会分层流动的现状全貌。

在现状与问题的认识上，与当前学者主要聚焦于某些高校在读大学生的身份和城乡二元社会中农村生源的状况分析高等教育分流影响社会分层流动现状不同，本书选取流源、流量、流层、流型、流域、流向、流质和流速为维度分析高等教育分流对社会分层流动的影响现实状况。本书分析发现，我国高等教育在促进社会成员分层流动方面做出了巨大贡献，但还存在着高等教育分流时流源选择偏颇，流量比重偏小，不同层次、形式、类型、地区间高等教育流转困难等诸多问题；我国社会成员积极参与高等教育分流，通过高等教育这一渠道实现分层流动，极大推动了高等教育发展，但是在当前收入差距拉大、社会分化加剧的背景下，收入高、学历高、区位好、权力大、社会资源丰富的家庭成员及其子女具有明显的高等教育机会优势，而收入低、学历低、区位差、权力小、社会资源贫乏的家庭成员及其子女在高等教育机会竞争中处于明显劣势。我国高等教育分流影响社会分层流动中存在的问题暴露出高等教育与社会需求对接不充分，高等教育分流影响社会分层流动缺少稳定而有效的联结机制，也缺乏合理而科学的推进政策。

在现状问题的原因剖析上，本书以这一社会活动中的互动利益相关者为维度，从政府、高教、社会、学生和家庭五个方面予以揭示，以期全面而深刻。本书研究认为，政府是我国高等教育分流影响社会分层流动过程中现存问题的主要影响者，它通过确立政治经济体制、变革高等教育管理体制、制定相关高等教育政策等把持着高等教育分流影响社会分层流动的大局，既发挥了积极作用，也产生了消极效应；高等教育是高等教育分流影响社会分层流动的重要行为主体，其分流行为既促进了大批社会成员向上进行社会流动，也在流源与流量、流层与流型、流向与流速等方面带来了一些不可忽视的弊端；社会组织及各界人士是高等教育分流影响社会分层流动的影响主体，其通过营造相关社会文化进行无形影响和有形调节，既在一定程度上推动了活动的发展，也产生了一些负面效应；高校学生是高等教育分流影响社会分层流动的桥梁，其职业追求既促进了高等教育分流对社会分层流动积极影响的发挥，又产生了一些不良倾向；家庭是决定社会成员及其子女是否接受高等教育的主要因素，家庭成员的文化素质、经济能力、权力资源、态度行为等差异及其运用，影响着高等教育分流促进社会分层流动的效果，不可避免地会产生一些负面作用。

本书对高等教育分流影响社会分层流动现状的调研与分析基本印证了研究假设，并有所丰富和拓展。目前高等教育分流影响社会分层流动存在的问题及其原因表明，我国亟须构建高等教育分流影响社会分层流动的新模式与新机制，并出台新政策，实施新举措，以促进高等教育分流合理影响社会分层流动。当然，高等教育分流对社会分层流动的影响极其复杂，需要我们结合时代、立足国情、借鉴经验、面向未来，不断地赋予其前瞻性认识。

第四章　发达国家高等教育分流促进社会分层流动的经验与启示

研究高等教育分流对社会分层流动的影响必然要追溯高等教育分流与社会分层流动互动发展的历史，探寻现代高等教育的起始源头和优秀典型。现代意义的高等教育起源于欧洲中世纪大学，以意大利的博洛尼亚大学和法国的巴黎大学为早期代表。在历史沉浮中，有的大学永葆青春，有的则烟消云散；有的大学先期建立，有的则后来居上。本书选取美国、英国和德国研究与归纳国外高等教育分流促进社会分层流动的经验，主要基于以下考虑：其一，美国、英国和德国的高等教育既有较长的历史，又有卓越的品质，众多大学居于世界一流大学排行榜前列。根据《泰晤士报》（*TIMES*）世界大学排名，美国大学独领风骚，在 TOP10 中常年占有 7 席左右，在 TOP200 中占有 77 席左右；英国大学紧随其后，在 TOP10 中占有 3 席左右，TOP200 中占有 31 席左右；德国则在 TOP200 中占有 10 席左右，位居第 4 名①。其二，美国、英国和德国的经济社会发达，至今国家影响力仍不同凡响，这与高等教育为国家发展、社会进步作出的突出贡献密不可分，很大程度上得益于高等教育分流有效促进了社会分层流动。其三，美国、英国和德国的国外留学生居多，不仅吸引了海外众多学子前往学习，而且成为许多接受高等教育社会个体乐意选定的创业之地和生活之所，可见高等教育分流对社会分层

---

①　泰晤士（TIMES）世界大学排名［EB/OL］．（2020-10-25）［2022-06-30］．https：//ranking.promisingedu.com/world-times.

流动的促进作用已被世界各国政府和接受高等教育者认可。美、英、德国三国高等教育分流促进社会分层流动既有互通之处，又各具特色，便于我们有所取舍地借鉴参考，对促进我国高等教育分流合理影响社会分层流动大有裨益。

第一节 美国高等教育分流促进社会分层流动的经验

与欧洲著名大学相比，美国的大学比较年轻，但充满活力，朝气蓬勃。从英国逃亡到北美的清教徒 1636 年在美洲大陆上建立了坎布里奇学院（Cambridge College），并于 1639 年更名为哈佛学院（Harvard College，哈佛大学的前身），美国现代意义的大学由此启程。清教徒建立大学（学院）的动机是为了防止教会落入不学无术的后代牧师手里，而让子女在新的家园接受体面、高雅的教育，使其成长为有知识、有修养的社会成员，以承袭他们的衣钵，维护他们的尊严和地位[①]。从建立的动机来看，美国大学是部分社会成员对高等教育分流促进社会分层流动寄予厚望的结果[②]。经过 380 多年的发展，美国高等教育已经成为世界上最为优秀的高等教育，为社会各行各业培养了大批精英，对社会成员的分层流动产生了积极影响。美国高等教育分流有效促进社会分层流动是政府、社会、家庭和学生共同努力取得的成效，而非高等教育的独自功绩[③]。

一、高等教育引领的机制及政策

在高等教育分流促进社会分层流动的过程中，美国高等教育始终走

① 黄福涛. 外国高等教育史［M］. 上海：上海教育出版社，2003：177-178.

② 陈新忠. 高等教育分流影响社会分层流动的问题与出路：基于美国的经验［J］. 教育发展研究，2013（13/14）：114-118.

③ 陈新忠. 分层与流动：高等教育分流的社会影响研究［M］. 武汉：华中师范大学出版社，2018：121-122.

在前列，有意识地运用先进的办学思想引领这一社会活动。在交互作用中，高等教育勇于践行先进的办学思想和理念，主动为社会树立榜样；科学实施分流，便利大学生跻身社会上层[①]。

（一）注重思想引领

美国高等教育诞生后，哈佛大学便致力于成为辅修古典文学的神学院，主要研究和培育信仰，培养传播信仰的牧师，以便新大陆上忙碌的人们的灵魂都能够找到归附、有所依托。从这一意义出发，凯利·沃德（Kelly Ward）认为，殖民地时代美国大学的教师大多由教士兼任，这些教士更像投身于公共服务的志愿者[②]。随着时间推移，美国大学逐渐跳出宗教的窠臼，将人才培养着眼于国家和世界的需要。在始于 19 世纪中期的美国进步主义教育运动中，威斯康星大学校长查尔斯·范海斯（Charles Van Hise）提出，州的边界就是大学的边界，社会服务与教学和研究同等重要，这便是倡导大学社会服务功能的威斯康星理念（Wisconsin Idea）。与此同时，美国许多高等教育学者和管理者也纷纷应和强调——先进的大学不仅要重视教学与科研，还应是一个服务机构[③]。1896 年，威尔逊教授在普林斯顿大学 150 周年校庆时做了题为《普林斯顿——为国家服务》的讲演，他指出："一所大学能在国家的历史上占据一个位置，不是因为其学识，而是因为其服务精神。在我看来，大学如果要正确地服务于国家，那么其所有的课堂都应该有处理各种社会事务的氛围，学校必须成为国家的学校。"[④]"为国家服务"的理念将高校与国家、政府紧密地联系在一起，深刻地影响着美国高等教育和高等院校的发展。美国高校把"服务国家"作为自身的使命与担当，

---

① 陈新忠. 高等教育分流影响社会分层流动的问题与出路：基于美国的经验［J］. 教育发展研究，2013（13/14）：114-118.

② WARD K. Faculty Service Roles and the Scholarship of Engagement［J］. ASHE-ERIC Higher Education Report，2003（5）：71-113.

③ 李忠云，陈新忠. 大学经营理念探析［J］. 华中农业大学学报（社会科学版），2006（6）：103-107.

④ WILSON W. Princeton in the Nation's Service［EB/OL］.（2012-02-10）［2022-07-10］. http://www.princeton.edu/~mudd/exhibits/wilsonline/indn8nsvc.html.

将其贯穿于学生培养的过程中，为国家发展提供充足的知识、技术和人才支撑。随着美国和美国高等教育在世界范围内影响的逐步扩大，部分美国高校提出了“为世界服务”的口号，希望造就更多能“为世界服务”的科研人才。

（二）勇于社会践行

为发挥引领社会发展的作用，美国高等教育在不同历史时期都努力践行办学理念，使自己走在时代前列。为践行信仰引领的思想，美国早期大学均以培养教士为主，大学毕业生一半以上都成为教派人士①。哈佛学院最早的章程规定，学校的主要目的是培养能够牢记永生上帝和耶稣救世主的学生②；威廉—玛丽学院（College of William and Mary）宣称，学校建立的目的是为教会培养受过虔诚教育而举止端庄的有学问青年，以便在社会成员中传播基督教信仰③。19 世纪中叶之后，为引领工业社会发展，美国大学开设了一系列向社会延伸的课程，创办农业机械、企业管理、心理教育、公共卫生学、工程学等非传统应用专业，筹建农工学院、经济学院、政治学院、历史学院等新型学院，大量培养应用型人才，并鼓励广大教师为地方政府和企事业单位提供咨询服务。在服务社会的办学思想之下，美国高等教育于 19 世纪末 20 世纪初大力兴办旨在满足社区需要的初级（社区）学院（Junior College），逐渐形成了包括研究型大学、农工大学（州立大学）和初级学院三种类型的教育系统。二战期间，美国研究型大学积极参与国防、军事和医疗科研，从大学实验室中产生了原子弹、雷达和盘尼西林等重大成果，助推美国赢得了战争的胜利。二战以来，美国大学关注社会发展、解决社会难题，在与社会互动中实现自身的突破，成为社会不可缺少的组成部分和个人发展过程的重要平台。按照“为世界服务”的目标定位不懈努力，美国

---

① 贺国庆，王保星，朱文富，等. 外国高等教育史［M］. 北京：人民教育出版社，2006：134-138.

② 滕大春. 美国教育史［M］. 北京：人民教育出版社，1994：71.

③ BRUBACHER J S，RUDY W. Higher Education in Transition：A History of American Colleges and Universities［M］. New Jersey：Transaction Publishers，1997：8-9.

高等教育取得了显著成就。英国夸夸雷利·西蒙兹公司（Quacquarelli Symonds，简称 QS）发布的世界大学学科排名显示，在 42 个学科门类中，美国高校在学科排名中居第一名的有 8 所学校，居第二名的有 16 所学校，居第三名的有 21 所学校，其中哈佛大学和麻省理工学院各有 12 个学科位居世界第一[①]。截至 2017 年，在世界诺贝尔奖排名中，美国以 356 人次稳居榜首，远远高于排在第二的英国 121 人次和排在第三的德国 104 人次[②]。其中，普林斯顿大学 1919—2011 年间先后有 30 多位师生荣获诺贝尔奖，约翰·纳什的《纳什均衡博弈理论》、爱德华·科温的《美国宪法及现代意义》和约翰·冯·诺伊曼的《经济行为与博弈论》等都引发了学术界的革命[③]。目前，美国各大高校每年都会产生许多影响世界各个领域的重要科研成果，对世界科学事业的繁荣和人类社会的进步有着重要贡献[④]。

（三）质量兼顾分流

美国高等教育在分流过程中既致力于扩大高等教育入学机会，又注重提升教育质量，使教育数量与质量得到同时兼顾[⑤]。其一，高等教育层次分流。在学历学位层次上，美国高等教育实行副学士、学士、研究生三级分流。副学士教育是本科教育的预科阶段，也是三级高等教育中的最低一级。接受副学士教育的学生在社区学院（或初级学院）完成二年左右的学习任务，或在四年制大学完成前两年的学习计划，就可以获得该学位。学士教育是大学本科教育阶段，也是三级高等教育的第二级。接受学士教育的学生按规定完成四年到六年的中学后教育，就可以

---

① 2016 年 QS 世界大学学科排名［EB/OL］.（2016-03-24）［2022-07-13］. http://www.eic.org.cn/News/Detail/xkFzba5fAkumdXbVgm9_ZQ.

② 世界上获得诺贝尔奖最多的十个国家［EB/OL］.（2017-10-08）［2022-07-13］. https://baijiahao.baidu.com/s?id=1580691482390089655&wfr=spider&for=pc.

③ 别敦荣，陈梦. 林斯顿大学的发展历程、教育理念及其启示［J］. 现代教育管理，2012（6）：106-107.

④ 程建芳. 创新与挑战：世界名校鉴［M］. 北京：北京大学出版社，2001：201.

⑤ 陈新忠. 高等教育分流对社会分层流动的影响研究［D］. 武汉：华中师范大学，2010：119-121.

获得该学位。研究生教育包括硕士生和博士生教育，是三级高等教育的最高一级。接受研究生教育的学生按规定完成二年左右的相应课程学习，即可获得硕士学位；按规定完成五年左右的相应课程学习和科学研究，即可获得博士学位。美国三级高等教育承转自由，鼓励优秀。社区学院（或初级学院）实行转学教育，有兴趣、有能力的学生可以直接申请到校外大学继续接受学士学位教育；本科院校的学生完成学士教育后，有兴趣、有能力者可以申请硕士教育，硕士教育后可以申请博士教育，或完成学士教育后直接申请博士教育。美国三级高等教育分流的比例是 0.43∶1∶0.43[①]，第二级学士教育是高等教育的主体，其毕业人数占总数的 50%以上。在三级高等教育层次中，美国的社区学院（或初级学院）尤为富有特色，发挥了推动美国高等教育发展的巨大基础性作用。社区学院规定，凡年满 18 周岁且在美国居住的美国公民均可免试申请入学。这样的招生政策使得社区学院的数量占美国高校的 41%，社区学院在校生数占当今美国大学生总数的 42%[②]。从 2011 年至 2020 年加州大学入学人数构成来看，加州大学每年入学的本科生生源中大约三分之一是社区学院转学学生[③]。社区学院接受高等教育的人数增多，流向本科院校接受学士学位教育渠道畅通，有效提升了美国高等教育普及化水平。在高等院校层次上，美国高等教育实行四级分流。依据培养目标和水平差异，美国高等教育分为授予博士学位的大学、授予硕士学位的大学、四年制的本科学院和社区学院（或初级学院）四级高等院校[④]。其二，高等教育类型分流。从高等教育类型看，美国高等教育的非全日制教育类型呈多样化态势，函授教育、广播教育、电视教育和网络教育为培养更多专业人才、及时更新专业知识作出了巨大贡献，成为

---

① 徐小洲. 高等教育论［M］. 北京：人民教育出版社，2003：251.

② 万瑶，忻福良. 美国社区学院中的转学教育对我国专升本之启示［J］. 职业教育研究，2013（2）：173.

③ FREELING N. New transfer pathways help community college students prepare for UC [EB/OB]. (2021-11-08)[2022-07-15]. https://www.universityofcalifornia.edu/news/new-transfer-pathways-help-community-college-students-prepare-uc.

④ 于富增. 国际高等教育发展与改革比较［M］. 北京：北京师范大学出版社，2001：24.

高等教育分流的重要形式。从高等学校类型看，美国高等教育属公立主导型，公立高等院校在整个高等教育系统中占绝对优势，其在校生占全国高校在校学生总数的70%以上；私立高等院校数量虽然占全国高校总数的50%以上，但在校生仅占全国高校在校学生总数的20%左右[①]。其三，高等教育方向分流。从高等教育的科类方向看，1976年出版的《高等教育计划分类》一书将美国高等教育授予的各级学位分为24门科类，可概括成文科、理科、艺术、社会科学、工科、农科、医科、管理科学、教育等9个大科类[②]。在本科教育中社会科学、理科、教育和工科的比重依次排名前四位，而农科和医科的比重处于倒数第一、二位。在研究生教育中，社会科学类比重减少，工科类比重增大。从高等院校的科类方向看，美国高等教育以综合性高等院校为主，单科性专业院校为辅。据统计，2000年美国综合性高等院校有3089所，在高校总数中占比80%，单科性专业院校有767所，仅占高校总数的20%。其四，高等教育地域分流。美国高等教育地域分流明显，体现联邦制国家特色。美国联邦政府不直接负责高等教育事务，而各州政府对本州高等教育具有广泛权力。各州高等教育委员会负责制定本州高等教育总体规划，指导各级各类高等教育的协调发展。以加利福尼亚州为例，加州各级高等教育系统相互配合，共同实现地域分流。在《总体规划》的框架范围内，加州大学系统的大学选拔成绩排名前12.5%的中学毕业生，加州其他州立大学选拔成绩排名前33%的中学毕业生，加州初级学院（或社区学院）则实行开放招生。加州政府还为本州居民提供奖学金项目，资助那些有愿望、有能力的学生进入本州的私立院校。美国高校招生原则上面向全国，但许多州规定对外来进入本州公立高校学习的学生收取高于本州学生的学费，因而公立高等院校的在校学生大多是本州居民的子女，高质量私立大学的学生来源地域则相对广泛[③]。

---

① 吴文侃，杨汉清. 比较教育学［M］. 北京：人民教育出版社，2002：345.

② 杨汉清，韩骅. 比较高等教育概论［M］. 北京：人民教育出版社，1997：136.

③ 左崇良. 美国高等教育分流的经验及对中国的启示［J］. 复旦教育论坛，2006（5）：74-76.

二、联邦政府推动的机制及政策

高等教育分流促进社会分层流动的过程中离不开政府的指导和帮助，美国联邦政府在其中发挥了十分重要的作用。美国联邦政府通过引导办学方向、促升教育质量和推动民众就读而有效发挥高等教育分流对社会分层流动的促进作用，从而促使社会职业和社会阶层实现优化。

（一）引导办学方向

大学与社会联系的日益增强促使政府借助大学力量发展经济社会，不让大学成为独善其身的“象牙塔”。独立战争结束后，美国颁布的宪法及第九条修正案规定了高等教育分权化、世俗化和自由化的发展方向。适应农业工业化的社会需求，美国国会于 1861 年通过了《莫里尔法案》（Morrill Act），1862 年由林肯总统签署生效。这部法案对美国高等教育的发展有着划时代的意义，加快了高等教育为国家社会经济发展服务的步伐。该法案规定：联邦政府在每州至少资助一所从事农业和技术教育的学院；按照 1860 年的配额，每州凡有国会议员一人可以获得 3 万英亩的公用土地或相等的土地期票；出售公地获得资金的 10% 用于购买校址用地，其余的设立为捐赠基金，为劳工家庭子女提供教育援助经费；这笔资金如果在 5 年内未能用完，全部退还给联邦政府[①]。美国于 1890 年颁布的《第二莫里尔法案》规定，联邦政府每年要向每所赠地院校提供 1.5 万美元的办学经费，以后 10 年每一年都在前一年的基础上增加 1000 美元，直到达到 2.5 万美元[②]。在政府的大力资助下，美国各州掀起“赠地学院运动”，高等教育获得迅速发展。有的州加强建设已有州立高校的农工学院，有的州则新建立了农业和机械学院（Agricultural and Technical College）。这些被称为“赠地学院”（Land-granted College）的高校开设了农学、动物学、农业机械、工程、农产品加工、农村建筑学和农村经济学等专业课程，建立了工程管理科学系

① 黄福涛. 外国高等教育史［M］. 上海：上海教育出版社，2003：185-186.

② 冉育彭.《莫里尔法案》对美国高等教育的影响［J］. 四川民族学院学报，2011（2）：84-86.

和农业管理科学系，实行工程管理教育与专业技术教育并重的双学位制，培养既懂得科学技术和生产实践，又懂经营管理的复合型人才。经过一百六十多年的发展和变革，美国赠地院校已经形成了参与农村事业建设和工程技术创新的有效运行机制①。《莫里尔法案》催生了“威斯康星思想”和“康奈尔计划”，使美国高校彻底摆脱了象牙塔的束缚，直接面向美国社会生活办学。美国联邦政府通过法律政策手段干预高等教育的发展，将高等院校与社会、政府和众多社会个体紧密联系在一起，分流培养各行各业需要的专门人才，促进社会成员的分层流动。

（二）促升教育质量

在美国高等教育快速发展的过程中，联邦政府也注重教育质量的提升。苏联第一颗人造地球卫星在 1957 年 10 月 4 日成功发射，致使美国政界、军界、教育界、科技界乃至普通民众感到一片恐慌。全美各界对教育问题进行了大讨论，认为美国教育弊病较多，迫切需要加强教育和科学研究。1957—1958 年间，美国国会相继通过了 80 多项涉及教育的法案以加快教育改革，其中包括 1958 年 9 月 2 日通过的《国防教育法》（Defense Education Act）。这部在美国高等教育史上具有重要意义的法案规定联邦政府给每所州立学校拨款 2.8 亿美元，以加强自然科学、数学、现代外语和其他重要科目的教学。20 世纪 60 年代，美国国会又通过了《高等教育设施法》（1963 年）、《高等教育法》（1965 年）、《高等教育法（修正案）》（1968 年）等一系列专门教育法案和一些教育相关法案，大力促进高等教育质量提升。20 世纪 80 至 90 年代，面对社会公众对高等教育质量的质疑②，美国政府

---

① 常永才，张红梅，哈经雄. 高校参与科教兴农的机制［J］. 兰州大学学报（社会科学版），2004（3）：123-126.

② 20 世纪 80 至 90 年代，美国贸易赤字攀升，出口产品中高科技产品比重增速缓慢，而进口产品中高科技产品比重增速迅猛。美国大学入学委员会调查显示，1963—1980 年大学新生入学的语文、数学成绩下降了 40～50 分，学术性向测验成绩优秀的学生人数和比例明显下降；许多公立高校不得不开设数学、科学、阅读、写作等补习课程，80 年代初数学补习时间占到该门课程的四分之一。卡耐基基金会的调查也显示，美国本科教育与西欧发达国家存在较大差距，甚至不如中国、印度等发展中国家。作为知识创新源头的美国大学受到社会广泛质疑，公众普遍认为美国大学国际竞争力正在下降。

专门成立了国家高质量教育委员会，调查美国教育质量，出台系列关于高等教育质量的文件，要求加强大学与中学的衔接和合作，优先改革初等和中等教育，保障基础教育质量。联邦政府通过法律政策手段保障高等教育质量，不仅维护了高等教育的尊严，服务了国家经济社会的发展，而且为高校毕业生在社会分层流动中谋求较高社会地位创造了条件。

（三）推动民众就读

面对社会职业对知识和技能要求的不断提高，美国联邦政府不但在相关法律政策中规定高等教育经历和学历是职业选择的重要资格条件，而且还在特定时期出台专项法令引导特定人群接受高等资质教育。为补偿第二次世界大战期间参军服役人员做出的贡献，减少战后可能出现的高失业率，美国在 1944 年 5 月颁布了《军人权利法案》（G. I. Bill of Right）①。该法案规定，政府支付每学年 500 美元的学杂费和每月 50 元的生活津贴，为战时在军队服役 90 天及其以上的所有军事人员提供 1—4 年的高等教育②。在法案的推动下，美国的大量退伍军人进入高校接受高等教育。据统计，进入高等院校的退伍军人 1943—1945 年约有 70 万之多，1945—1956 年达到了 223 万。其中，1947 年高校注册的退伍军人达 115 万，占当年美国高校在校生总数（233 万）的 49%；1946—1948 年，高校男生连续三年大多是退伍军人③。在《军人权利法案》的激励下，高等教育成为退伍军人由军人生活向平民生活过渡的重要桥梁；特别对于那些来自弱势家庭的青年人来说，高等教育成为他们谋取较好社会职业、进行向上社会流动的资质凭借。正如美国高等教育学者戴维•亨利（David Henry）所言，退伍军人中的平民青年很快意识到要把高等教育作为新的优先选择目标，进入高等院校意味着将大大

① 《军人权利法案》又称《1944 年军事人员再适应法案》（the Servicemen' Readjustment Act of 1944）。

② OLSON K H. The G. I. Bill: the Veterans and the Colleges [M]. Kentucky: The University Press of Kentucky, 1974: 17-18.

③ 黄福涛. 外国高等教育史 [M]. 上海：上海教育出版社，2003：327.

提高未来职业选择的灵活性；对于联邦政府来说，高等教育已明显成为实现国家目标的工具①。《军人权利法案》不仅让大量因战争而失去受教育机会的青年人获得接受高等教育的机会，而且极大促进了美国高等教育的资质教育观念和资质教育发展，有效发挥了高等教育对社会分层流动的促进作用。

三、社会各界推进的机制及政策

美国社会各界力量是美国高等教育分流促进社会分层流动的重要影响主体，是发挥高等教育分流促进社会分层流动作用的主要推进者。美国社会各界通过自觉捐资办学、依法贷款助学、评估办学质量、帮助学生就业等将高等教育与社会流动有机链接起来，使高等教育分流有效促进了社会分层流动。

（一）自觉捐资办学

美国素有社会捐助高等院校建设的传统，并在长期发展过程中形成了良好的规范。从约翰·哈佛捐赠一半家产和400册藏书建设哈佛学院，到李兰德·斯坦福捐赠数百万资金和8180英亩农场用地兴建斯坦福大学，美国社会捐助高等教育事业已经成为一种民族文化。无论是公立高等院校，还是私立高等院校，来自社会个体和企业、基金会等社会团体的捐助及其收入都是其重要的经费来源。据美国教育资助委员会（Council for Aid to Education）统计，1993—1994年度的社会捐赠分别占公立高等院校和私立高等院校经费来源的4.6%和13.5%，2000—2001年度的捐赠收入占到公立高等院校收入来源的5.8%，仅次于联邦政府的财政拨款而超过了地方政府的拨款总额，成为公立高等院校的第5大收入来源。从20世纪90年代中期到21世纪初，美国高等院校捐赠收入呈现出整体递增的态势。2002—2003年度高等院校社会捐赠总额达239亿美元，其中基金会捐赠占26%，成为第一捐赠大户，校友捐

① HENRY D D. Challenges Past，Challenges Present：An Analysis of American Higher Education Since 1930 [M]. San Francisco：Jossey-Bass Publishers，1975：66-68.

赠达 66 亿美元，成为重要的捐赠主体。2006—2007 年度美国高等院校获得的捐赠增至 297.5 亿美元，比 2005—2006 年增加了 6.3%，连续 4 年保持了增长势头。在近 30 多年时间内，捐赠及其基金收入所占全美高等院校收入总额的比例始终保持在 8%左右[①]。在具体高等院校中，哈佛大学拥有的各种捐助基金会多达 7700 个，是全美高校中获得捐款最多的大学[②]；耶鲁大学近年来社会捐助总额增幅较大，捐赠收入占学校总经费的比例高达 28%[③]。高等院校在获得社会捐助的过程中，设立专门的运行机构，建立健全捐助制度，大都将捐助经费有效地用在了学校的事业建设上。社会捐助促进了高等院校的发展，为高等教育分流影响社会分层流动奠定了坚实的物质基础，营造了良好的社会氛围。

（二）依法贷款助学

与高等教育规模发展相并行，美国建立起了较为完善的学生资助体系。美国助学贷款项目最早出现在 1950 年，属于私营助学贷款项目。它们由汽车制造商等公司设立，目的在于鼓励雇员在专业领域接受更多的教育。从 20 世纪 50 年代起，美国相继制定多项有关高校助学贷款的法律政策，保证经济困难的学生顺利完成大学学业。1958 年，《国防教育法》设立了国防贷款计划；1965 年，《高等教育法》设立了教育机会助学金、国家担保贷学金等；1980 年和 1986 年，《高等教育法》修正案设立了学生家长贷款计划和学生补充贷款计划；1986 年之后，美国教育部相继提出了新的学生贷款管理细则；21 世纪以来，美国国会又通过了《确保继续推进学生贷款法案》等[④]。依据法律法规，美国社会开展了多种多样的助学贷款活动。具体而言，美国助学贷款包括联邦家

① 周保利，刘国学. 美国大学教育捐赠制度的特点 [J]. 教育与经济，2009 (1)：68-71.

② 胡娟，张伟. 哈佛大学资金来源、筹资模式及其启示 [J]. 高等教育研究，2008 (5)：104-109.

③ 汪开寿，唐祥来. 美国高等教育捐赠与我国的政策建议 [J]. 比较教育研究，2006 (6)：31-35.

④ 郝拉诺. 美国学生助学贷款体系：经验与启示 [J]. 康静，蒋家琼，译. 大学教育科学，2011 (4)：85-92.

庭助学贷款项目、联邦直接助学贷款项目（该贷款由学校直接对学生发放贷款）和私人学生贷款项目（该贷款由私营企业向其雇员发放）等类型。所有助学贷款由社会银行企业发放，相关金融企业参与贷款服务和贷款回收，政府和私人为贷款担保。在各种助学贷款中，政府是主要的担保者。如果学生违约，没有归还贷款，死亡或因病无法还贷，州政府和联邦政府将赔付 95%的拖欠贷款。据统计，1966—1999 年，共计有 5000 多万学生通过社会金融机构办理助学贷款 1.15 亿笔，获得 3350 亿美元资助，其中 58%的学生依靠助学贷款完成了学业。学生的助学贷款主要用于支付 30%的学费、住宿费、膳食费、书本费、杂费及毕业升学的车旅费，共有 4100 多所高校、2700 多所商贸技术学校和 3900 多家银行和贷款机构参加了这项工程。在社会金融企业的参与和推动下，美国助学贷款逐渐形成了庞大的市场。正如教育财政学家布鲁斯·约翰斯通（D. Bruce John stone）所言，“如果可以将助学贷款票据销售给私有资本持有者，那么他们就能在私有资本市场上成为一种具有潜在投资价值的资产”[①]。社会贷款助学帮助更多社会成员圆了大学之梦，使他们拥有了进一步向上社会流动的特殊资本。

（三）评估办学质量

美国是最早关注高等院校教育质量的国家之一，其高等教育认证机构最初来自民间社会成员的自为组织。在 19 世纪晚期，美国民间成立了六个非政府、非营利和地区性的认证协会，它们在高校认证上得出的结论对高校发展和联邦拨款发挥着重要影响[②]。美国在 1949 年成立了国家认证委员会（National Committee of Accreditation）作为负责全面协调高等教育认证的全国性机构，在 1996 年又成立了高等教育认证委员会（Council for Higher Education Accreditation，简称 CHEA）。但是，这些全国性认证机构的性质依旧是官方认可的民间机构。全美高等

① 玛莉. 美国助学贷款经验及其对中国的启示［J］. 北京大学教育评论，2004（1）：17-19.

② RHOADES G，SPORN B. Quality Assurance in Europe and The U.S.：Professional and Political Economic Framing of Higher Education Police［J］. Higher education，2002（43）：355-390.

教育认证委员会以评估中介机构资格为主要任务，属于民间性元评估机构，理事会由高校校长、学校代表和公众代表等 15 人组成，拥有 3200 所大学和学院的会员。全美高等教育认证委员会的宗旨是通过对正式高等教育评估中介机构的资格认可来改善高等教育质量，从而最终服务于学生、家长、捐助者、高校、政府和雇主。联邦政府根据法律规定对不同类型认证机构进行评估和认可，以确保认证机构及其活动的质量，而直接参与到高等教育机构认证活动。民间认证机构开展质量评估的主要形式是合格评估，包括学校层面的合格评估和专业层面的合格评估两种。学校层面的评估侧重于学校管理方面，重点是对学校制度（包括目标、资源和管理等）、教育质量（包括目标定位、学习资源、学生成绩、学生就业等）和科研质量（包括教师和学生科研成果、参加的学术活动和获得的科研奖项等）进行评估。专业层面的评估则侧重于学科的学术价值方面，重点对课程、教学、研究人员的具体情况，教职工的发展状况和学生的学业情况等进行评估①。除了资格认证外，大学排行是美国高等教育质量民间评估的又一重要形式。高等教育作为一种稀有资源和昂贵投资，社会个体及其家庭寻求有效鉴别信息的消费需求导致了民间大学排行系统的产生和发展。据统计，西方国家有 100 多种大学指南和排行系统，有关大学排行的书籍、期刊和杂志每年能卖出 670 多万册。其中《美国新闻和世界报道》的大学排行杂志每年能卖出大约 220 万册，有 1100 多万人阅读它。在美国，每年有 40 多万的准大学生及其父母在选择大学时参考大学排行，他们倾向于接受大学排行提出的标准，并依据这些标准作出选择。美国民间的高等教育质量评估促进了高等教育质量的提升，增强了高等教育分流促进社会分层流动的作用。

（四）帮助学生就业

高校学生的职业选择直接体现了高等教育分流对社会分层流动的影响，美国社会各界在其中发挥了积极作用。一方面，社会中介机构在高

① 周廷勇. 美国高等教育评估的演变及其新发展 [J]. 复旦教育论坛，2009 (3)：21-26.

校学生就业中扮演着重要角色。美国有许多非营利性就业中介组织，它们在高校学生和用人单位、高等院校与用人单位之间从事与就业相关的业务。其中于1956年成立的全美高等院校和雇佣客主协会（National Association of Colleges and Employer，简称NACE）最为著名，是美国人力资源信息的主要提供者。目前，NACE吸纳了1800多家高等院校和1900多家用人单位作为会员，每年向大约100多万名大学毕业生提供就业服务。NACE的宗旨是为高校毕业生和用人单位穿针引线，帮助高校毕业生找到满意的工作，帮助用人单位制定有效的招聘计划并为其提供优秀的人选。在NACE的帮助下，每年都有数千家用人单位招聘到了合适的人才，数十万高校学生选择到了对自己发展有益的工作。另一方面，用人单位在高校学生就业中积极承担社会责任。美国用人单位大多注重增强用人机制的务实高效性，促进了社会人才资源的快速优化配置，大大提高了高校毕业生的择业效率。美国用人单位比较重视高校学生的实践经验，愿意为高校学生提供带薪实习机会，为高校学生的专业实习和假期实践创造条件，积极向高校和学生提供具体支持。例如，高校和企业通过CO-OP（Cooperative Education，简称“CO-OP”，是一项带薪实习项目）方式进行合作互动，包括大学本科阶段的合作和研究生阶段的合作。以本科阶段为例，学生通过大学前两年的基础教育后，如果愿意加入CO-OP合作方案中来，就可以申请延长学习时间。企业和大学制定有共同协议，学生经过面试后便可加入这个项目中来。该项目的实习成绩可折算为学分，成为高校学生毕业总学分的一部分。在半年至一年的实习和实践过程中，用人单位已经考察了这些高校学生，学生也将用人单位的工作流程熟练掌握。当学生毕业后，用人单位就可以直接录取学生上岗工作①。

四、众多家庭支持的机制及政策

美国家庭是美国高等教育的有力助手，是美国社会合理分层流动的

① 代花，陈世庆. 美国大学生就业指导体系探析［J］. 高等农业教育，2007（10）：83-86.

推进主体。美国众多家庭通过支持子女就学、支持子女担责、支持子女自立等助推高等教育分流促进社会分层流动，促进了美国社会公正优化。

（一）支持子女就学

美国是一个从建国伊始就开始工业化的国家，职业岗位对知识和技术的要求使得众多家庭自觉支持子女就学。从 1834 年美国宾夕法尼亚州废除公立学校学费制度开始，20 世纪初美国各州便先后实行了普及义务教育的免费制度。如今，美国实行 13 年义务教育，一般包括小学教育（幼稚园—6 年级）、初中教育（7—8 年级）和高中教育（9—12 年级）三个阶段。在美国，义务教育全部免费，学生不但不交学费、杂费，而且不用买课本，有的学校还为学生发放练习本、作业本等。1993 年，时任美国教育部长的赖利劝告家长们，要“放慢生活步调，帮助自己的子女”，建议家长们关电视机，跟子女共同阅读和谈心。据美国教育部调查，那些家长坚持参与学校活动和学习指导的学生能很好地保持学习质量并能为他们未来的发展制定切合实际的计划，而家长不参与的学生则更容易辍学；在美国，90％的家长反映每年至少有两次机会被邀请到子女的学校参加学校事务活动。在科学技术日新月异的背景下，在义务教育的环境中，美国家庭尽最大可能地支持子女接受义务教育，并努力帮助他们进一步接受高等教育。在众多家庭的支持下，1971 年美国高等教育毛入学率就达到 50％，2005 年这一比例超过了 80％[①]，为美国实现从工业化国家转变为知识型国家奠定了必要的人力资源基础。

（二）支持子女担责

与中国家庭的家长们不同，美国家庭的家长们更多地让子女自己承担责任。以大学生助学贷款为例，我国家庭的家长们大多要么为子女主动上交学费，要么贷款之后举家还债，而美国家庭越来越多的家长们一般都会让子女自己贷款、自己还债，或者让他们通过勤工助学来完成学

① 全球受教育程度最高的 10 个国家［EB/OL］.（2013-04-05）［2021-10-19］. http://www.360doc.com/content/13/0405/09/7841665_276188192.shtml.

业。据统计，2014 年美国的学士学位获得者中有 70%以上的人是带着债务离开学校的。在过去 20 年里，美国大学生中申请贷款的学生比例增长了 24%，因读书而欠下的债务逐年上升。美国数据分析师坎特罗维茨（Mark Kantrowitz）研究认为，2014 年美国申请读书贷款的大学生平均需要还债 3.3 万美元，而 1993 年这一数字低于 1 万美元；“但几乎所有行业的大学毕业生薪水都超过他们没有学位的同事”，“受过更多的教育，薪酬优势就越大”。2012 年有调查数据显示，美国 30 岁以下的学生平均贷款余额为 21400 美元，而拥有学士学位的工人年薪中位数可达 46900 美元，说明多数美国年轻人有能力负担自己的债务①。

（三）支持子女自立

美国学生在思想和行动上都比较独立，大事小事大都由自己安排决定。这和整个社会崇尚自我有关，但主要源自他们从小接受的家庭教育。在中国，父母对子女从小到大会无限照顾，想方设法地帮孩子把一切都料理好。在美国，父母教育孩子时不会把事情大包大揽，反而让孩子必须承担摆收餐具、洗自己衣服、剪草坪等一些家务劳动。在西雅图富裕律师家庭长大的比尔·盖茨，从父母那里学到了许多本事。父亲威廉认为，“重要的是要让孩子知道自己能够赚钱，并且不管做什么事情都要有信心和干劲”！盖茨的成绩单里每得到一个 A，他就可以从家里拿到 25 美分。通过孩子做事给予报酬，被激发起热情的孩子会认为工作是通往幸福的台阶，从而取得好的效果。“这样做是要让孩子们了解现实的社会和外部的世界，也可以让孩子了解大家一起劳动、一起追求一个目标的快乐。”上私立高中时，盖茨就和他的朋友开发了计算市内交通量的软件，并在竞争中取胜，签订了 2 万美元的科研合同。后来，学校负责人雇用他们编制教学计划，盖茨等人还编写了企业工资系统程序。威廉认为，“盖茨是通过劳动获取报酬的”②。

① 中新社. 2014 年美国大学毕业生成“史上负债最多一届”[EB/OL]. (2014-05-20)[2021-08-17]. http://news.xinhuanet.com/world/2014-05/20/c_1110762273.htm.

② 梅花. 美国富翁教育子女办法多 [J]. 中国工会财会，2004 (7)：51-52.

五、高校学生自主的机制及政策

美国高校学生通过自主申请入学、自主进行学习、自主就业创业等彰显了高等教育的作用，有利于美国高等教育分流对社会分层流动的促进作用的发挥。

（一）自主申请入学

美国中学生选择大学时一般都有明确的目的，都有比较具体的短期计划和长远规划。美国大学在接收入读新生时大都要求学生于申请书中或面试时明确表明自己读书的真实意向，否则不予录取。深谙美国大学录取之道的“星腾科”教辅机构创始人马振翼认为，跟大陆学生谈话，我最头痛的是，他们没有自己的想法。这些孩子回答问题时，大多三言两语，翻来覆去就那么几句，“差不多”“马马虎虎”“还行吧”等。问他们为啥想去美国读书，回答基本上就是：那边教育先进，科技发达，学成后报效祖国；想以后去华尔街当证券分析师；要不就是父母让去的，看别人都去等等，千篇一律，大同小异。“我看不到他们的灵魂，听不到他们内心的声音。”[①] 在马振翼看来，只有有想法、敢想敢做的学生，才是美国名校所喜爱接纳的。曾在哈佛大学担任过 21 年招生官的罗伯特·克拉格特也认为，获得哈佛的 Offer，没有公式可循，但申请学生需要有主见并坚持自己的主见[②]。美国教育部的调查显示，全国希望上大学的高二学生 1980 年为 41%，1990 年为 50%，2010 年为 90%多。正像美国教育部前部长赖利所言，他们（高中生）已经明白，高中退学没有前途可言；人非生而聪明，只有发挥学习潜力才能使人更加尊重自己。近 20 年来，50%以上的美国高中生选修大学预科课程，他们在入读大学之前便已经着手大学课程学习了[③]。

---

① 董月玲，李斐然. 破解美国“高考”[N]. 中国青年报，2012-02-01 (12).

② 周一妍. 前哈佛大学招生官谈哈佛招生真相：极致民主 [EB/OL]. (2014-08-05)[2021-08-18]. http://edu. qq. com/a/20140805/012179. htm.

③ 陈新忠. 高等教育与社会公平研究：基于分流施教与和谐互动视角 [M]. 北京：人民出版社，2014：182.

（二）自主进行学习

美国大学倡导让学生自主求知，在教与学关系中将“学”置于首位。在美国大学校园里，随处可见学生在静静地看书或者利用笔记本电脑查阅资料，少数三五成群的学生围坐在草坪上讨论与学习有关的问题，基本上看不到中国高校校园中普遍存在的情侣成双成对的现象；学校图书馆里，常常是座无虚席且持续到深夜，没有任何人利用图书馆电脑打游戏、聊天；在课堂里，学生们踊跃发言、积极参加课堂讨论；考试时，学生独立完成试题，基本不存在作弊现象，大多数考试甚至根本没有监考老师。在美国大学，大学生大都表现出强烈的“我要学”状态①。美国大学生之所以如此，除了教育传统和自我追求外，与高校的学分制密切相关。美国的学分制严格而昂贵，学生按所选学分缴纳学费，学分修满才能毕业②。每学分 500 美元～1500 美元不等，每个学生必须选好固定的学分，如果最后没有达到学分而重修，将要付出更大的代价。在完全学分制之下，美国学生的学习压力很大。但是，由于从小到大一直参加各种社会实践活动，美国学生对知识的重要性认识比较深刻，求知的愿望比较强烈。基于教育和学习的利益一致性，美国大学形成了一种教师严格要求学生学习、学生积极主动自觉学习的良性反应机制。

（三）自主就业创业

在追求独立与自主的社会氛围下，美国高校学生积极主动地择业和创业。从步入大学校门之日起，美国大学生大多便开始面向未来，制订自己的职业规划。大学学习期间，他们大都注重培养自己的实践能力，有的还于校园之中主动创业。耶鲁大学的亨利·鲁斯（Henry）和布里顿·海登（Briton Hadden）在大四的时候第一次构想出新闻周刊这个概念，23 岁时创建了享誉全球的《时代周刊》；1992 年，威廉姆斯学院

① 田双全. 美国大学生自主学习的养成及其对我国大学教育的启示［J］. 中国西部科技，2011（30）：57-59.

② 李媛. 美国大学生自主学习能力培养启示［J］. 教育与职业，2013（16）：104-105.

的学生 Bo Peabody 和 Brett Hershey 联合自己的经济学教授 Dick Sabot，通过一个叫做 tripod 网站的公司出售网站服务器空间，在 20 世纪 90 年代繁荣期前他们的公司成为最大的网络公司之一，1998 年该网站被搜索引擎公司 Lycos 以 5800 万美金的价格收购；德州大学奥斯丁分校的学生 Michael Dell 没有在大学结束后浪费时间找工作，而是将公司设立在大学宿舍门外出售 IBM 电脑，仅仅一年的时间内就创建了自己的公司"Turbo PC"，1992 年成为世界五百强中最年轻的首富；1996 年，斯坦福大学计算机系的毕业生 Larry Page 和 Sergy Brin 完成了自己的研究项目 BackRub 搜索引擎，在为斯坦福大学服务了将近一年后，这个搜索引擎被命名为 Google，现今其已成为全世界最成功的互联网公司之一。在主动择业的过程中，美国多数学生不迷恋大城市，倾向于就近就业；不急于求成，不企求一步到位。他们即便找到一份工作，跳槽率也很高。对于他们而言，第一份工作更主要的是积累社会经验而不是薪水和福利。美国某大学生就业服务网站进行的一次调查显示，80% 的受访大学毕业生认为"首先是要有活可干"，"找工作应该是有活就干"。即使暂时找不到自己感兴趣的工作，大多大学毕业生也会做一些兼职，直到找到全职工作为止。美国高校学生立足实际、面向长远地积极主动就业，把每份工作看作自己社会流动的积累，促进了社会阶层和谐与优化[①]。

第二节　英国高等教育分流促进社会分层流动的经验

英国高等教育与社会的关系产生于英国高等教育诞生之后，是自身努力和社会需求的结果。英国现代大学起源于 1167 年筹建的牛津大学（University of Oxford），是法国巴黎大学的英国师生迁徙求生的产物，

① 陈新忠. 分层与流动：高等教育分流的社会影响研究 [M]. 武汉：华中师范大学出版社，2018：130-131.

以培养绅士和国家教会需要的教士为主要目标①。长期以来，英国高等教育的积极作为、政府的有效调节和社会各界、众多家庭和高校学生的积极参与，使得英国高等教育分流有效促进了本国社会分层流动。

一、高等教育自强的机制与政策

诞生 800 余年来，英国高等教育在缓慢变革中不断改进，一直稳居世界现代高等教育前列。英国高等教育通过打造世界一流质量和分流培养专门人才，对社会分层流动发挥了重大而积极的影响。

（一）永葆一流质量

英国大学传统上是一种典型的自治组织，始终认为大学的质量主要由大学自己负责。最早创办的牛津大学和剑桥大学（University of Cambridge）具有完全独立于外部控制的理想，大学宪章规定了大学自由选择师资、学生、课程并授予学位等自治权。在自治理念和体制下，英国大学教师是教育质量保障中自觉的主要责任主体，负责选择教材、决定讲授内容及其方法、教授课程、选举系主任及院长和校长、认可学生的学业、并且有权竞选院长或校长。为向社会输送精英人才，应对业内竞争，英国大学在发展过程中逐步建立起内部质量保证机制，在专业的规划、审批、监控和审查等环节上严格把关，对所授学位的标准与质量负责。多数大学既实行常规监控，又实施不定期专业审查。即使在外部力量介入大学评价之后，大学教育质量问题仍然主要由大学自己负责，这使得英国大学数百年来一直屹立于世界一流大学之林。20 世纪 70 年代以来，面对经济危机的巨大冲击和政府对高等教育支出的削减，英国大学吸取美国经验，积极探索大学与产业合作之路。1970 年，剑桥大学在三一学院（Trinity College）基础上建成英国第一个科学园——剑桥科学园，它是欧洲最早、规模最大的商业研究和开发中心。此后 50 多年，英国科学园不断发展壮大，目前拥有 100 余家高新技术

---

① 黄福涛. 外国高等教育史［M］. 上海：上海教育出版社，2003：61-62.

企业，1000 余家创新型衍生公司[①]，成为英国经济社会发展的重要引擎。

（二）合理内部分流

为发挥从内至外分流影响社会分层流动的作用，英国高等教育注重高校层级之间和高校内部的合理分流。其一，注重高校层级之间的有序流转。20 世纪 90 年代之前，英国是一个等级分明的二元制高等教育国家。以牛津大学和剑桥大学为代表的传统大学主要传授自由教育课程，培养社会精英阶层，享有很高的学术地位和社会声望；以城市大学、技术和师范学院为代表的非传统大学主要传授职业发展与实用技术的内容，培养社会专业人才，学术地位和社会声望与传统大学存在着极大差距。虽然如此，从 19 世纪后半期开始，传统大学适当增加了经验科学、职业和专门教育的内容，城市大学也增设一些古典人文学科，开始了漫长的融通历程。20 世纪 20 年代，城市学院可以逐渐升格为城市大学，拥有颁发理学士（Bachelor of Science）的权力。1963 年，《罗宾斯报告》提出"排除任何在具有同样职能的高校之间造成差异的名称和限制"，强调同类高校之间不应存在差异，"学生有从一个学校转学到另一个学校的机会"[②]。1987 年，英国高等教育对"双重制"（Binary System）提出不同意见，主张建立统一的高等教育系统[③]。1991 年，教育和科学部在《高等教育：一个新的框架》文件中宣布废除高等教育双重制，实行学院升格大学制，实现了高校层级间的有序流转。其二，注重高校内部的有序流转。20 世纪 60 年代由国家出资创办的沃里克大学、约克大学、圣戴维斯学院等"新大学"针对英国大学教育过早过分专门化的问题，在教学体制、专业设置和课程设置方面进行了重大改革。这些新大学强调高等教育要适合人的个性发展需要，没有设立严格按专业划分的

---

① 李旋．英国大学参与科学园发展的研究［D］．天津：天津师范大学，2013：25-29.

② 瞿葆奎．教育学文集：英国教育改革［M］．北京：人民教育出版社，1993：281-283.

③ STEWART W A C. Higher Education in Postwar Britain［M］. London：Macmillan Press Ltd，1989：710-711.

系科和学部，努力推行跨学科的学院制，为学生的专业流转提供了条件。英国高校的学生专业流转主要有两种方式，分别在两个时间段进行。一是跨学科专业流转，一般在第一年末进行；二是学科专业内部的专业方向流转，一般在第二年末进行。英国高校学制一般为三年（医学等专业除外），一年级通常学习必修基础课程，二年级学习专业基础课程，三年级学习专业方向课程，其中二、三年级课程学生可自主选择或者与导师商量决定。必修课程类似我国的公共基础课程，所有学科专业的学生都必须修习。根据必修课程学习情况，第一年末学生可以跨学科流转专业。专业基础课程是某一学科学生都要修习的课程，根据学习情况学生第二年末可以流转专业方向。近年来，为扩大专业流转机会，各高校相互承认学分，简化转流手续，有效保证了学生的流转权利①。

（三）指导外部分流

为使培养的学生在社会上合理地处于优越位置，英国高等教育注重通过就业服务指导学生外部分流。与美国不同，英国大学生就业指导任务一般由高等院校承担。英国高等院校一般都设有毕业生就业指导服务部，类似于中国高校的就业指导中心，但比中国高校的就业指导中心更加完善。毕业生就业指导服务部既是学生们就业信息的主要数据库，又肩负着为他们排忧解难、对症下药的心理辅导任务。毕业生就业指导服务部的资料储藏非常丰富，不仅有用人单位的需求情况，而且拥有各种奖学金、教育基金资助的深造信息。服务部常年与各行各业的用人单位保持密切联系，了解就业市场人才需求情况，工作人员经常会根据媒体的一则报道或广告登门拜访企业。在英国高校担任就业辅导的老师大多都拥有心理学等专业的博士学位，对于毕业生的辅导除了职业选择外，还帮助学生分析个人优势和劣势，为学生策划求职方向，教导他们如何根据用人单位的要求撰写专门求职信，提醒他们面试中的注意事项。由于服务周到，前来就业指导服务部预约就业辅导老师谈话的毕业生终日

① 陶能祥. 高等教育内分流模式研究［D］. 武汉：华中师范大学，2006：62-64.

不断。毕业生就业指导服务部不但帮助应届毕业生找工作，为那些难以进入劳动力市场的毕业生提供特别服务，而且还为毕业两年之后的往届毕业生提供这些服务。为适应新形势的变化，英国毕业生就业指导服务部提出将职业指导融入大学课程设计之中的变革战略，并广泛使用信息与通信技术①。作为大学就业服务的杰出代表，牛津大学毕业生就业指导服务部有 35 人，其中就业指导师 12 名、信息管理咨询员 5 名，服务部一年经费达 100 万英镑②。牛津大学就业服务的宗旨是：为本校学生提供平等、充分的信息和指导服务，帮助学生进行就业决策。牛津大学提供的服务和指导包括：专门设立信息室，提供广泛的就业信息资源；编辑空缺职位信息，每周向毕业生发送电子简报；编印空缺职位快讯《桥》，每周寄送给每一位最终使用者；保证学生获得过正式的就业指导，接受过专业的信息咨询；设计一系列活动与交流会，为学生选择职业岗位提供机会；与雇主合作，共同为学生举办就业演示会。不仅如此，牛津大学还通过为用人单位提供服务，让用人单位免费为毕业生做职位空缺广告；邀请用人单位参加就业指导服务部组织的活动和招聘会，为本校学生举办应聘培训活动。牛津大学就业指导服务部不仅为学校毕业生提供服务，而且也为学校所有在校生提供服务，毕业 4 年之内的本校生都能享受到学校的就业服务③。在做好就业指导直接性服务的同时，英国高等院校还定期召开校友联谊会，以便让在校学生与那些有成就的校友建立关系，为毕业时的就业和从职后的提拔打下基础。此外，根据教育部“要致力于将用人单位所需要的创造能力、沟通能力等与人共事方面的技能融入高等教育课程之中”的要求，英国高等院校普遍建立大学与企业交流中心，创建面向就业的基础学位，使之成为高校毕业生通往职业岗位的高等教育资格。

① 刘志坚. 英国大学生就业工作及其对我国的启示 [J]. 江苏高教，2006 (4)：111-113.
② 孙英浩. 欧美国家大学生就业指导及对我们的启示 [J]. 中国高教研究，2004 (11)：71-72.
③ 冷青峰. 美、英、日的大学生就业及其启示 [J]. 学习月刊，2005 (4)：43-44.

二、联邦政府调节的机制与政策

英国现代大学是在联邦政府许可下创建起来的，并在联邦政府的调节下发挥出对社会愈来愈大的作用。英国联邦政府通过运用法律政策调节高等教育的发展目标、发展规模和质量标准，有力促进了高等教育分流与社会分层流动的协调互动。

（一）调整高教目标

联邦政府通过运用法律政策调节高等教育发展目标，促进了高等教育分流与社会分层流动相互作用的范围扩大。英国大学最初以培养神职人员为主，16 世纪后逐渐演变为绅士教育的摇篮。就学生比例而言，牛津大学和剑桥大学平民出身和绅士出身的学生比率 16 世纪下半叶是 5∶3，17 世纪初为 5∶6，1810 年平民出身的学生仅占 1%①。就教学内容而言，两所大学 16 至 19 世纪仍多为训练心智或思维的语文、哲学、历史、神学等人文社科方面的自由教育，理、工科等有关自然科学方面的课程所占比例不足 40%。1912 年，牛津大学筹建工程学实验室（Engineering Laboratory）时遭到许多大学教授反对，他们认为“在牛津大学，工程学必须永远而且应该成为低一级的课程。国家未来的大部分工程师不可能也不希望在此培养”②。为转变高等教育发展目标，使高等教育成为社会发展和国家建设的推动力量，从 19 世纪中期起英国联邦政府颁布了一系列法令政策进行方向调节。1850 年，英国政府首次组织两个皇家委员会对牛津大学和剑桥大学进行调查，并于 1854 年和 1856 年由国会相继通过牛津大学法（Oxford University Act）和剑桥大学法（Cambridge University Act）。根据这两个法案，英国政府废除了 1636 年伦敦大主教为牛津大学制订的学则，取消了英国女王为剑桥

---

① RUEGG W，et al. A History of the University in Europe：Volume Ⅱ [M]. Cambridge：Cambridge University Press，2004：312-316.

② JARAUSCH K H，et al. The Transformation of Higher Learning（1860—1930）：Expansion，Diversion，Social Opening and Professionalization in England，Germany，Russia and the United States [M]. Chicago：The University of Chicago Press，1983：301-302.

大学颁布的学则，扩大了大学评议会的构成人员，加强了大学评议会的权力，面向社会开放大学。1871，英国国会又通过大学宗教审查法(Universities' religion Tests Act)，规定除神学部外，大学学位申请和师生员工不必接受有关宗教信仰方面的审查，取消大学对教职员工宗教方面的限制。从1863年起，联邦政府几乎每年都颁布由国会通过的法案，取消传统大学中不利于发展科学技术和妨害国家民族利益的宗教方面的规定。在政府法令政策的调节下，英国传统大学逐渐取消了宗教神权的限制，逐步打破故步自封的局面，开始面向社会世俗阶层，接受科技革命和科学技术发展的影响。1900年以后，牛津大学和剑桥大学渐渐具备了现代大学的特征，一步步发展为英国教育和科技研究的中心。正如有学者评价的那样，“1900年之前，虽然有许多潜在的变化，（传统）大学仍然属于有闲的绅士。到了20世纪20年代，大学不再是培养年轻绅士的机构，而成为近现代工业和社会的中心发电站”[①]。政府法令政策的调节促进了英国大学发展目标的社会转向，使得大学成为社会各行各业优秀人才的培养基地，推动了社会成员的阶层优化和良性流动。

（二）调节高教规模

联邦政府通过法律政策调节高等教育发展规模，促进了高等教育分流与社会分层流动相互作用的对象增加。秉承精英教育的传统，英国高等教育在20世纪中期之前规模一直很小。17至19世纪，牛津大学和剑桥大学每所学校的年均入学学生在300人左右，最少的年度每所学校入学学生不到200人，并且有时有三分之一的学生因不能完成学业而流失[②]。即使在17世纪的入学高峰期，每年进入高等教育领域的学生也

---

① JARAUSCH K H, et al. The Transformation of Higher Learning (1860—1930): Expansion, Diversion, Social Opening and Professionalization in England, Germany, Russia and the United States [M]. Chicago: The University of Chicago Press, 1983: 218-219.

② RUEGG W, et al. A History of the University in Europe (Volume Ⅱ) [M]. Cambridge: Cambridge University Press, 2004: 302-303.

只有 1240 人，仅占当时男性同龄组人口总数的 2.5%[①]。到 1938—1939 学年度，英国的适龄青年也只有 2.7%获得了高等教育机会。英国大学的全日制在校生规模普遍偏小，1938—1939 学年度多数大学在 1000 人以下，没有一所大学超过 6000 人[②]。为促进高等教育规模的扩大，使国家发展拥有充足的人力资源，从二战结束起，英国政府公布一系列调查报告，在政策上进行方向引导。1946 年公布的《巴洛报告》（*Barlow Report*）指出，到 1955 年时英国实际需要 90000 名科学家，而当时只有 35000 人，按照以往的培养规模届时只能达到 64000 人，缺口较大。报告建议“培养规模应当翻倍，近期每年应培养出 5000 名左右合格的科学家”[③]；还提出在增加培养科学家数量的同时应扩大人文学科大学生的数量，使各个学科领域和谐发展。1956 年英国政府公布的《技术教育白皮书》（*White Paper on Technical Education*）强调英国必须加快技术教育以防止“被别人抛下的危险”[④]，要求“尽快把技术学院高级课程招生能力从 9500 人提高到 15000 人”[⑤]。1963 年公布的《罗宾斯报告》（*Robbins Report*）在对 1924—1925 学年度至 1963—1964 学年度英国高等教育规模统计分析的基础上提出了 1964—1965 学年度至 1980—1981 学年度英国高等教育规模发展的建议，并对 1981—1982 学年度至 1985—1986 学年度的发展规模作了预测[⑥]。1987 年公布的白皮书《高等教育：迎接挑战》（*Higher Education：Meeting the Challenge*）分析了未来高等教育学生的需求趋势，重申“坚持修改后的罗宾斯原

---

① JEWELL H M. Education in Early Modern England，Great Britain [M]. London：Macmillan Press Ltd，1998：28-29.

② STEWART W A C. Higher Education in Postwar Britain [M]. London：Macmillan Press Ltd，1989：275-278.

③ SIMON B. Education and the Social Order：1940—1990 [M]. London：Lawrence & Wishart Limited，1991：36.

④ 瞿葆奎. 教育学文集：英国教育改革 [M]. 北京：人民教育出版社，1993：240.

⑤ SHATTOCK M，et al. The Creation of a University System [M]. Oxford：Blackwell Publishers，1996：73.

⑥ SIMON B. Education and the Social Order：1940—1990 [M]. London：Lawrence & Wishart Limited，1991：236-237.

则，凡有足够智力、动机和已经成长得能受益于高等教育的人，且自愿升学者，都应接受高等教育”[①]。1991 年公布的白皮书《高等教育：一个新的框架》（*Higher Education ：A New Framework*）和 1992 年公布的《继续和高等教育法》（Further Education and Higher Education Act）明确指出，“我们的目标是达到每三个人中，便有一人受到高等教育”[②]。在政府高等教育政策法规的方向调节下，英国高等教育规模迅速扩大。英国大学克服师资不足和宿舍不够等困难，仅用 4 年便实现了《巴洛报告》提出的基础科学和工程科学毕业生增长一倍的目标[③]；1981—1982 学年度英国大学校均规模达到 6390 人，有 14 所大学规模超过 6000 人，有 4 所大学规模超过 10000 人[④]；1965—1966 学年度英国大学在校学生有 42.9 万，是 1938 年（5 万）[⑤] 的 8.6 倍，1975—1976 学年度增至 73.4 万，1985—1986 学年度达到 93.7 万[⑥]，1997—1998 学年度高达 180 万[⑦]；1962—1963 学年度英国青年（18 至 21 岁）的大学入学率升至 7.2%[⑧]，1970 年到 1986 年间高等教育入学率一直徘徊在 15%左右，之后一路扬升，1990 年达到 20%，1994 年为 30%，20 世纪末时高达 33%[⑨]。联邦政府以法律政策调节高等教育发展规模，使

---

① STEWART W A C. Higher Education in Postwar Britain [M]. London：Macmillan Press Ltd，1989：689-692.

② 国家教育发展与政策研究中心. 发达国家教育改革的动向和趋势：第五集 [M]. 北京：人民教育出版社，1994：432.

③ SHATTOCK M，et al. The Creation of a University System [M]. Oxford：Blackwell Publishers，1996：72.

④ STEWART W A C. Higher Education in Postwar Britain [M]. London：Macmillan Press Ltd，1989：275.

⑤ 王承绪. 世界教育大系：英国教育 [M]. 长春：吉林教育出版社，2000：467.

⑥ KOGAN M，HANNEY S. Reforming Higher Education [M]. London：Jessica Kingsley Publishers，2000：50.

⑦ Higher Education Statistics Agency. Higher Education Statistics for the United Kingdom 1997-1998 [M]. Cheltenham：Higher Education Statistics Agency Limited，1999：5.

⑧ STEWART W A C. Higher Education in Postwar Britain [M]. London：Macmillan Press Ltd，1989：278.

⑨ KOGAN M，HANNEY S. Reforming Higher Education [M]. London：Jessica Kingsley Publishers，2000：51-65.

得英国接受高等教育的社会个体数量激增，不仅满足了国家经济社会发展的人才需要，而且扩大了高等教育分流与社会分层流动相互作用的参与对象。

（三）监控高教质量

联邦政府通过运用法律政策调节高等教育发展评价，促进了参与社会分层流动的高等教育毕业生的质量提高。随着对高等教育的重视和投入，联邦政府成立相关机构，公布一系列文件和法律调节高等教育评价，监控高等教育质量。英国政府1917年成立的科学和产业研究厅（Department of Scientific and Industrial Research，简称DSIR）与1919年成立的大学拨款委员会（University Grants Committee，简称UGC）通过评估大学的科研和办学状况给予大学相应的财政资助，在一定程度上起到了评价大学发展、监控高教质量的作用。正如伦敦大学教育学院教育史学家戈登（Peter Gordon）所言，“1919年大学拨款委员会的创立是政治家们对国家需要大学教育和高级技术人才的姗姗来迟的承认”①。1945公布的《珀西报告》（*Percy Report*）认为英国技术教育的质量存在问题，建议有选择地在一批技术学院开设可与大学技术学位课程相比的高级技术课程并使这些学院拥有学位管理权限②。1963年公布的《罗宾斯报告》认为，高等教育的数量发展和质量保证不是一对不可调和的矛盾，应以追求数量为起点，以追求质量为目的③。1984年公布的《雷诺兹报告》（*Reynolds Report*）提出采用新的学术标准，在大学推行质量保证（Quality Assurance）制度。1987年公布的白皮书《高等教育：迎接挑战》提出高等教育质量主要依靠自身维护，可以从课程的设计和内容、教学质量、学生成绩、科研质量等方面进行高等院校质量

① GORDON P，ALDRICH R，DEAN D. Education and Policy in England in the Twenty Century [M]. London：The Woburn Press，1991：235.

② SIMON B. Education and the Social Order：1940-1990 [M]. London：Lawrence & Wishart Limited，1991：36.

③ 瞿葆奎. 教育学文集：英国教育改革 [M]. 北京：人民教育出版社，1993：281-283.

评定①。1988 年公布的《教育改革法》(Education Reform Act) 规定建立大学基金委员会 (Universities Funding Council，简称 UFC) 取代 UGC，同时建立多科技术学院与其他学院基金委员会 (Polytechnics and Colleges Funding Council，简称 PCFC)，宣布实施依据质量资助经费的政策。1991 年公布的白皮书《高等教育：一个新的框架》宣布对多科技术学院进行质量评估，将评估合格者升格为大学。1992 年公布的《继续和高等教育法》规定建立英格兰高等教育基金委员会 (Higher Education Funding Council for England，简称 HEFCE)、苏格兰高等教育基金委员会 (Scottish Higher Education Funding Council，简称 SHEFC) 和威尔士高等教育基金委员会 (Higher Education Funding Council for Wales，简称 HEFCW) 取代 UFC 和 PCFC，设立高等教育质量委员会 (Higher Education Quality Council，简称 HEQC) 负责教育质量监控。1997 年建立高等教育质量保证局 (Quality Assurance Agency for Higher Education，简称 QAA) 取代 HEQC，对高等院校的教育质量进行院校评估和学科评估。联邦政府以法律政策调节高等教育发展评价，有效促进了英国高等教育质量的提高，对于树立高等教育的社会形象和提升接受高等教育者的社会地位发挥了积极作用。

三、社会各界协助的机制及政策

在英国高等教育分流促进社会分层流动过程中，社会各界起到了重要的辅助作用。社会各界通过协助高校建设、评价高校水平和促进学生就业，有效发挥了高等教育分流对社会分层流动的积极影响作用。

(一) 协助高校建设

从发展历史看，英国最初建立的牛津大学和剑桥大学都得到了当时教会的大力相助，是在教会及其热心人士的扶持下逐渐发展起来的。19 世纪后半叶，为弥补传统大学的缺憾，满足工商业对人才的需要，英国

① STEWART W A C. Higher Education in Postwar Britain [M]. London: Macmillan Press Ltd, 1989: 697-698.

社会创办了曼彻斯特欧文斯学院（1851 年）、利物浦大学学院（1881 年）等多所城市学院。这些城市学院大都由市民团体或地方工商业精英发起和促成，通过市民集资和当地企业家资助等方式获得了建校资金①。曼彻斯特的欧文斯学院是利用曼彻斯特商人约翰·欧文斯的遗产设立，谢菲尔德大学由钢铁大王马克·费思创立，伯明翰的梅森理学院由当地企业家约西亚·梅森创建，利兹的约克郡学院则主要由市民集资得以建立②。20 世纪 70 年代以来，在政府财政拨款十分有限的状况下，英国社会各界通过捐赠财物支持高等院校建设。英国高等教育统计处公布的资料显示，英国高等院校在 1999—2000 年度的社会捐赠及投资收入高达 2.9 亿英镑，在全国高校财政总收入中占比达 2.4%③。英国社会研究中心调查显示，英国大学在 2007—2008 年收到慈善基金总数达 5.32 亿英镑，其中牛津和剑桥获得的捐赠超过了所有捐赠的 50%④。

（二）评价高校水平

在高等院校数量增多、高等教育规模扩大的情况下，英国社会各界通过评价高等教育水平以支持高等院校建设。社会评价与监督是高校、政府之外评估高等教育的第三种力量，以新闻机构和民间组织为评价主体，《泰晤士报·高等教育副刊》（*Times Higher Education Supplement*）是其中的典型代表。从 1986 年起，《泰晤士报·高等教育副刊》每年为英国大学作一次排名，在国内颇具权威性，在政府、学界、公民乃至海外求学者中产生了很大影响。《泰晤士报·高等教育副刊》最初公布的大学排行榜分科排名，之后推出了综合性的英国大学排行榜——优秀大学指南（Good University Guide）。泰晤士报排名指标每年都会作相应

① 陈新忠，卢瑶. 分流施教：英国多科技术学院应用型人才培养的经验与启示 [J]. 教育与职业，2016 (12)：10-15.

② 张臻汉，赵世奎，张彦通. 英国大学与城市的互动关系研究 [J]. 江苏高教，2014 (3)：146-149.

③ 江庆. 英国高等教育财政模式及其改革趋势 [J]. 外国教育研究，2004 (4)：32-35.

④ 易红郡，缪学超. 英国高等教育市场化趋向：经费筹措视角 [J]. 清华大学教育研究，2012 (3)：89-97.

调整，2008年调整发展为学生满意度、科研质量、生师比、生均服务和设施的投入、入学成绩、毕业率、获得第一学位或更高的第二学位的学生比例、毕业生去向等8项[①]。这个大学排名后来每年由大学拨款委员会（现称大学基金会）公布，名义上指导学生择校，实际是对高等院校的社会监督与评价。

（三）促进学生就业

在高校毕业生就业压力渐趋增大的情势下，英国社会职业服务机构和爱心人士积极为高校毕业生提供就业服务[②]。为满足高校毕业生就业需求，英国全国性职业服务中介机构——就业和养老金部调整服务方向，加大对高校毕业生就业的服务力度，与高校就业指导服务部相互补充，迅速成为高校毕业生就业的重要求助目标。就业和养老金部在英国每个区普遍设立职业介绍中心，这些地方性职业介绍中心与当地企业签订职业介绍协议，及时汇集企业近期所需人员信息，并依据企业所需人员数据库联系注册登记求职的高校毕业生，有效帮助了高校毕业生实现就业愿望。针对刚刚步出校门、缺乏工作经验和社会经验的大学生寻找工作困难的状况，一些就业专家和高校学生呼吁职业介绍中心与高校开展合作，提供适合高校应届毕业生的多种服务[③]。根据英国教育部“要确保所有毕业生拥有应对工作环境快速变化的能力”的要求，英国社会在提升就业能力方面推出了广泛的志愿者行动，利用志愿者行动为学生提供工作经验。2004年，100多万名志愿者融入地方社区，为大学生提供发展技能和获得工作经验的机会。志愿者行动加强了高等院校与地方社区的联系，为高校学生读书期间走向社会搭建了桥梁[④]。在社会各界的多方努力下，尽管高校应届毕业生就业难度加大，但与未受过高等教育的人群相比，高校毕业生就业仍然处于优势地位。英国教育部统计数

---

① 方志.《泰晤士报》大学排名指标体系及其启示［J］. 北京城市学院学报，2009（1）：81-84.

② 余国林. 国外促进大学生就业的政策措施及对我国的启示［J］. 教育探索，2009（8）：149-150.

③ 刘志坚. 英国大学生就业工作及其对我国的启示［J］. 江苏高教，2006（4）：111-113.

④ 冷青峰. 美、英、日的大学生就业及其启示［J］. 学习月刊，2005（4）：43-44.

字显示，高校毕业生就业率明显高于全国就业率平均值。随着社会各界为高校学生创造更多的实践平台，提供更多的就业帮助，高校毕业生接受更好就业培训和积累一定工作经验后，在社会分层流动中将处于更加优越的地位。

四、众多家庭配合的机制及政策

英国1870年前以私立学校为主，子女教育被认为是父母的责任，教育方式和内容完全取决于父母所属的社会阶层。1870年《初等教育法》颁布实施后，公立初等学校教育得以确立，促使子女入学接受学校教育成为英国父母的主要责任。

（一）支持学校教育

20世纪60年代，英国布莱登委员会（Plowden Committee）发表的著名研究报告——《布莱登报告》（*Plowden Report*）指出，家长的态度是影响孩子在学校表现的主要因素，父母在孩子学业水平方面应该肩负与学校一样重要的责任。该报告还强调父母是子女潜在教育效益的主要来源，学校有义务鼓励父母参与到孩子的学校教育中来。这一报告改变了学校与社会排斥家庭参与子女教育的状况，提出了五种策略以增进学校和家长之间的良好关系：欢迎家长到学校来；定期举办亲师座谈会；开放学校，请家长参观孩子上课；向家长提供有关孩子课程进度以及学校一般性活动的信息；每年一次提供家长有关孩子在校表现的书面报告①。随后，包括大学在内的英国各级各类学校普遍实行了这五项策略，这使得家长和学校的关系发生了明显变化，父母变成了学校教育和学校价值的有力支持者。

（二）参与学校管理

20世纪70年代之后，在部分进步主义教育者和社区教育者的大力提倡下，父母参与子女教育成为当时各级各类学校发展的重要指导

① 杨启光. 英国家庭与学校关系的历史嬗变及其教育意蕴［J］. 教育史研究，2006（3）：1447-1450.

思想，“伙伴关系”一词被积极广泛地用来描述家庭与学校的关系[①]。20 世纪 80 年代，由于过度膨胀的社会福利主义、经济衰退及政府财政赤字加大，私有化和市场化概念开始被引入英国教育等公共事业领域。为了增加学校的效能与绩效责任，各级教育行政机关逐渐在师资的供给规划、经费的总体分配和教育质量的管理等方面仅作政策性或原则性要求，赋予学校实际运用及施行方面诸多自由。这一时期，英国政府通过 1980 年、1981 年和 1986 年等年度教育法案，正式承认家长在子女教育上的重要性，不断扩大家长参与学校教育管理的范围与权限。1980 年的教育法案准许每一所学校的董事会可有 2 位家长参加；1986 年又增加了家长参与人数，同时认可家长也能够出任主席。这些改变使得家长们更像经营学校事业的合伙人，广受家长们喜爱。

（三）选择教育消费

20 世纪 90 年代以后，英国高等教育的市场化改革进一步发展，“市场”“竞争”“选择”“教育消费”等词语在政府文件中大量出现，英国家庭与学校的关系也随之发生了显著变化。1988 年，英国通过教育大臣贝克负责制定的《1988 教育改革法案》。该法案将大量权力直接赋予学校，让学校享有更多的办学自主权；规定家长拥有为子女自由择校的权利，要求学校将课程、师资和与学生在校表现相关的信息提供给学生家长。因此，家长择校权在这一时期成为英国家庭与学校之间关系的重要表现形式。由于学生人数的多寡将直接影响学校经费的核拨，于是学校为了赢得学生而开展竞争。学校必须公布入学政策，说明学生就读的标准。根据英国教育法规，家长如果对于学校的入学标准有疑义，可以提起申诉。在消费哲学影响下，学校满足顾客的能力决定着学校的生存和发展，而选择学校的首要顾客就是家长。在家长们的选择、参与和支持下，英国高等教育质量不断提高，社会与高等教育相互作用的规模

① SYKES G. Home-School Agreements：A Tool for Parental Control or For Partnership? [J]. Educational Psychology in Practice，2001（3）：273-286.

不断增大。

五、高校学生响应的机制及政策

尽管就业形势严峻，英国青年学子大都通过主动入学读书选择了适合自己发展的大学，通过主动提升能力练就了基本的职业素质，然后借助外部力量找到了相应的职业，成为高等教育分流影响社会分层流动活动中的一员。

（一）主动入学读书

英国大学生普遍具有自主意识，这主要源自英国的家庭观念和社会意识。英国人普遍认为，对孩子的溺爱和娇宠是孩子独立性格形成的最大障碍；要使孩子在日后能适应社会的需求，独立地去生活、工作，就必须从小培养他们独立生活的能力。英国人认为父母应该为孩子日后的独立生活负责，现实原则是第一位的，而亲情是第二位的。在生活中，英国年轻父母很少总将孩子抱在怀里，而是让他们随便地爬，随意地玩。当孩子不慎摔倒在地时，英国父母绝不会扶起他，而是让他自己站起来，从一点一滴的小事去训练孩子的独立能力，使他们明白，他们每一个人都不能依靠父母去生活，而完全要靠自己①。对于什么样的青年适合读大学，剑桥研究生院院长、招生面试官大卫·卡德威尔同样认为：剑桥当然喜欢聪明的学生，但如果你回答不好“为什么想读大学”这个问题，那你本身是存在问题的。在大卫看来，读大学不仅仅是通过勤奋学习拿到学位，还是享受这段生命的过程；上了大学，你的生活将发生一个显著的变化，你应该为自己做出决定，你应该自由设计你的大学生活；“你为什么选择剑桥？为什么选择这个专业？”是剑桥面试招生官必问的问题，没想清为何读大学再聪明也不收②。在英国，中学毕业生一般都能在父母的指导下主动申请心仪的大学，真实地表达自己对心

① 雷霆. 英国家庭教育启示录［J］. 教育，2013（28）：62-63.

② 凌凡. 剑桥大学招生官：没想清为何读大学再聪明也不收［EB/OL］.（2014-08-04）［2022-07-18］. http://learning. sohu. com/20140804/n403077983. shtml.

仪大学的向往，认真地描绘自己的大学计划和未来职业规划。

（二）自我提升能力

英国大学生入学后，十分注重自我学习能力的培养、科研创新能力的培养和就业导向的实践能力培养。在英国高校里，新生入学时便会收到各种详细的学习手册，包括培养计划、课程设置、选课指导、导师联系方式等，使得学习目标非常明确。英国高等教育基本没有统编教材，学生一般也没有指定教材。教师的主要任务是为学生提供学习指导和咨询，学生要学好一门课程，在课外要自主阅读大量的资料，做大量的作业[①]。英国高校学生虽然有专业流转的自由，但流转要依据所获学分情况，符合规定学分要求的才可以流转。因此，专业流转的主动权掌握在学生手里，学生可以根据学校规定主动选择合适的课程和学分，达到要求就可提出申请。无论是转出方还是转入方都要根据学生所修学分进行操作，这样使专业流转较为容易。高校主要通过把好课程考试关，提高学生获得学分的要求，来控制学生的专业流转。除此之外，英国高校的本科生一般还要在导师指导下分组开展科学研究，锻炼发现问题和解决问题的能力；在职业化的模块课程训练中培养未来职业实践能力，提高职业素质。

（三）借助外力择业

在英国，高校毕业生除了通过高校的毕业生就业指导服务部和英国就业和养老金部的职业介绍中心获得就业机会外，还借助多种渠道获取工作机会。一是借助人际关系网络寻找工作。与中国人一样，英国人也广交朋友，编织自己的关系网络。谁的人际关系网越广，获得的信息就会越多，获得的帮助和机会也就越多。与中国一样，英国高校毕业生通过人际关系途径而顺利就业的比例和效率都是最高的。英国高等院校定期召开的校友联谊会就是旨在帮助本校学生广结人缘，发展自己的人际关系网络。二是借助招聘会寻找工作。高校和社会每年都会组织各种各

---

① 李光钰．英国高校学生能力教育培养模式及其启示［J］．当代教育科学，2011（19）：41-43.

样的招聘会，安排用人单位和毕业生直接见面，让毕业生了解情况和推销自己。三是借助报纸寻找工作。英国的报纸杂志每天都会刊登大量招聘启事，其中专业性媒体针对性最强，综合性媒体范围最广。四是借助图书馆寻找工作。英国不论是高校图书馆还是社区图书馆，都会有许多求职就业方面的书籍，如教你怎样设计个人简历、如何建立人际关系网、就业面试的技巧、公司的详细介绍等，毕业生可以从中获得相关参考信息。五是借助互联网寻找工作。在当今信息时代，互联网上不但有各种各样专业的就业咨询网站，而且用人单位也大都把职位需求信息公布在网上，毕业生很容易从中获得适合自己的就业信息①。据统计，爱丁堡大学、伦敦大学国王学院、格拉斯哥大学、阿伯丁大学、萨里大学等近年来就业率一直保持在 93.6%以上②，就业质量明显优于未读大学者。

第三节　德国高等教育分流促进社会分层流动的经验

德国高等教育分流影响社会分层流动始于 1349 年模仿巴黎大学建立的布拉格大学（Prague University），它是政府与教派结合的产物。德国现代高等教育发端于 1694 年建立的哈勒大学（Halle University）和 1737 年建立的哥廷根大学（Gottingen University），形成于 1809 年筹建的柏林大学（Berlin University）。在 670 余年的发展历程中，德国高等教育虽然经受普法战争、第一次世界大战和第二次世界大战等多次战争及政治事变的洗礼与冲击，但依然以自律精神和行动保持着世界一流高等教育地位，通过培养教派传人和现代人才，在政府、社会、家庭和学生的共同努力下，对本国社会成员分层流动发挥了重大作用。

---

① 李嘉. 英国毕业生就业也挺难［J］. 21 世纪，2005（4）：36-37.

② 英国就业率最高十所大学盘点［EB/OL］.（2012-12-31）［2022-07-18］. http://edu.anhuinews.com/system/2012/12/31/005386621.shtml.

一、高等教育自律的机制及政策

德国人以严谨著称，德国高等教育则以自律闻世。面对错综复杂的外部纷扰，德国高等教育始终以自律精神约束和要求自己坚守大学本色，依据社会需要和自身力量设计科学、合理的专业分流和层次分流，有力促进了本国社会成员阶层优化[①]。

（一）坚守大学本色

从建立之日起，德国大学便认为自己的职责是研究和育人。致力于纯粹知识探究，保持适度的中立和自治是德国大学的理想，这一思想在威廉•冯•洪堡（Wilhelm von Humboldt）身上得到充分体现。洪堡筹建柏林大学时，提出了三条办学原则。第一，学术自由原则。学术自由包括教学自由和学习自由两方面的含义。教学自由是指教授有进行自由学术探究的权利，学习自由是指学生有学习任何课程的权利。洪堡从国家利益的观点阐明了学术自由对大学的生存是重要而不可缺少的，他认为“国家绝不应该指望大学同政府的眼前利益直接地联系起来，却应相信大学若能完成它们的真正使命，则不仅能为政府眼前的任务服务，还会使大学在学术上不断地提高，从而不断地开创更广阔的事业基地，并且使人力物力得以发挥更大的功用，其成效是远非政府的近前布置所能意料的”[②]。第二，教学与研究相结合原则。洪堡认为，大学的主要任务是追求真理，科学研究是第一位的；没有科学研究，就不能发展科学，也就无法培养出真正的科学人才；大学教学只有与科研结合起来，教授在教学中传授自己创造性活动的研究成果，才真正称得上大学教学或大学学习。第三，确立哲学院的中心地位。洪堡认为，文科教育是大学的基本课程，也是大学的主干课程；作为实施文科教育的场所，哲学院应成为大学的中心。洪堡的办学原则成为19世纪以来德国大学的指

---

① 陈新忠．德国高等教育分流影响社会分层流动的经验及启示［J］．国家教育行政学院学报，2013（2）：86-90.

② 鲍尔生．德国教育史［M］．滕大春，等，译．北京：人民教育出版社，1986：126.

导思想，即使在长达十多年的纳粹时期，这一思想也仍为大多教授所坚守。21世纪以来，洪堡思想重新在德国大学被广泛确立，大学拥有越来越多的自治权力。德国大学对于大学本色的坚守，使其保持了世界一流大学的地位。

（二）设定层次分流

在德国，高等教育在入学阶段将接受教育的社会个体分流进传统学术性大学、高等专科学校和职业技术学院等不同教育层次的高校。其一，将受教育者分流进传统学术性大学。德国没有高考，凡是九年制完全中学（Gymnasium）的毕业生或具有同等学力者都有资格进入学术性高等院校学习。完全中学是德国的传统高级中学，后三学年以讲座制代替班级制，学生通过毕业考试得到证书（Abitur），就可以直接进入学术性高等院校学习。在学术性高等院校，学生前两年主要学习基础课程。第一、第二学期学习公共基础课程，第三、第四学期学习专业基础课程。在头两年的基础课程学习阶段，学生只确定了大致学习方向而没有确定具体专业。其二，将受教育者分流进高等专科学校。没有进入学术性高等院校的学生，具有实科中学（Realschule）毕业证者或具有同等学力者有资格进入高等专科学校学习。产生于20世纪60年代末70年代初的高等专科学校实行短期、职业性的高等教育，要求入学者具有一定的生产实践经历。实科中学的学生在6年的中学阶段已进行一定的实践训练，毕业后进入技术学校或高级技术学校实习，进而进入高等专科学校学习。另外，1995年各州文教部长联席会议（KMK）规定，学生可在实科中学以外获得高等专科学校入学资格。一部分完全中学的学生补上预实习（Vorpraktikums）经历，也可以进入高等专科学校学习；一些受过职业教育系列训练的学生或同等学历者经过严格的理论知识和实践动手能力两大考试，也能被高等专科学校录取。其三，将受教育者分流进职业技术学院。职业技术学院（Berufsakademien）是从事科技性和实践性的职业教育，也是学制三至四年的高等教育。除了普及一般教育科目外，职业技术学院主要讲授专业理论知识，并与企业相结合进行职业训练。职业技术学院与经济界如戴姆乐—奔驰、罗伦茨标准电气公司等密切合作，采用专业科技知识与职业训练实践相结合的“双元制”教学模式，实施高校与企业有机交叉的专门化教育。学生在三至四年的学习期间与企业或者社会机构签订工作合同，理论学习和实践训练每三个月轮换交替。实科中学的学生经过两年预科可以入读职业技术学院，完全中学的毕业生经过半年实习也可以进入职业技术学院学习。

（三）谨慎专业分流

在大学阶段性学习的基础上，德国高等教育根据受教育者的专业性向将其再次分流进不同方向的专业。其一，学术性高等院校学生的专业分流。学术性高等院校的学生学习通常分为基础课程阶段和专业课程阶段，学生在基础知识学习阶段根据自己的实际情况、职业志向和兴趣爱好考虑专业选择。基础课程阶段结束时高等院校举行一次学前文凭考试，学生通过若干门学科考试后获得成绩证书，加上平时参加“习明纳”（Seminar，又名“研讨班”）的成绩证明，便取得了进入专业学习的资格。从第五学期开始，学生被第二次分流，进入专业课程学习阶段。学生再通过若干门学科考试并获得若干次习明纳的成绩证明，才被准予申请撰写毕业论文和参加毕业考试。其二，高等专科学校学生的专业分流。四年制高等专科学校的学生学习也分为两个阶段，即基础学习阶段和专业学习阶段，教育活动过程中非常注重对学生实践能力的培养。基础学习阶段一般为二至四学期，学生以学习专业基础必修课为主。学完基础课程后，学校组织一次学位预考，通过各门课程考试的学生将获得学位预证书，并获准进入下一阶段学习。此后，学生被分流进专业学习阶段，专门学习专业课程，做毕业设计和毕业论文。专业学习阶段，各州在教学安排上形式多样，但大多学校会专门安排一至二学期让学生在企业或公司实习，也有少数学校（如法兰克福高等专科学校）让学生利用假期实习，不专门为学生安排实习学期。其三，职业技术学院学生的专业分流。职业技术学院也对学生进行两段式分流，根据经济学、工程技术学、社会工作学三大类专业的具体设置，分层次组织学习与培训。前两年主要面向全体学生进行基础培训，学生毕业时可以获得助理工程师、助理经济师或教养员职称，并加上“B. A.”，以表明是职业技术学院的毕业生。这时的结业者既可以就业，也可以进一步继续学业。最后 1～2 年主要面向部分优秀学生，培养相当于工程师水平的专业人才。经过最后阶段培训的学生毕业后可以获得注明所学学科或专业的职业技术学院毕业文凭，如职业技术学院毕业的经济师获颁“Diplom-bctricbswirt，B. A.”等①。

二、联邦政府引导的机制与政策

德国高等教育是在政府的扶持下发展起来的，其作用发挥与联邦政府的引导紧密相关。德国联邦政府运用法律政策引导高等院校建设、高等教育思想和高等教育改革，有效指导了高等教育分流与社会分层流动互动活动有序开展。

（一）引导高校建设

德国的高等院校建设大都是政府行为，是政府直接建设或法令许可的结果。最早的布拉格大学模仿巴黎大学而建，是德意志国王查理四世于 1349 年建立的。在大学设置政策的影响下，德国先后建立了维也纳大学（1365 年）、海德堡大学（1385 年）、科隆大学（1388 年）、爱尔福特大学（1392 年）、莱比锡大学（1409 年）、罗斯托克大学（1419 年）等多所教会性质大学。具有现代性质的哈勒大学和哥廷根大学也都得到了政府的法令支持，是政府参与建设的成果。柏林大学的建立是政府意志的寄托和转化，更体现了政府法令政策对高校建设的作用。普法战争失败后，普鲁士国王弗里德里希·威廉三世决心在柏林重建因战争而失去的哈勒大学，“用脑力来补偿在物质方面所遭受的损失”②。1807 年 9 月 4 日，威廉三世发布命令，拨款 15 万塔勒筹建柏林大学。他在命令中说：“国家丧失了哈勒大学，从而失去了最重要、最完备的教育机构，填补这个空缺应当是国家重新缔造时期的首要任务。……柏林是

① 刘桂芬. 德国高等教育分流现状及对我国的启示 [J]. 现代教育科学，2007（4）：79-81.

② FALLON D. The German University：A Heroic Ideal in Conflict with the Modern World [M]. Boulder：Colorado Associated University Press，1980：9.

政府所在地，具有一所完善的全国性教育机构所需的一切，能以最小的开支取得最大的效果。因此我决定在柏林创立这样一所大学，并使之与科学院建立适当的联系。……我命令从中央和各省财库中原来拨给哈勒大学的一切经费都改为柏林大学的补助费用。”[①] 柏林大学的建设奠定了德国高等教育的世界地位，带来了德国高等教育的新一轮大发展。为适应和促进国内工业的发展，19 世纪以来联邦政府多次颁布法令鼓励创办技术学院。特别是 1892 年，威廉二世发布命令，承认技术学院的教授具有与大学教授同样的地位，允许他们身着相似的大学教师制服。1900 年，技术学院享有了授予工程学博士学位的权力，取得了与传统大学平等的教育地位。技术学院对德国工业发展作出了重大贡献，1913 年德国机械输出额超过英、美，居世界首位，赢得了“机械之国”的美誉。20 世纪 60 年代，为解决掌握新技术、新工艺的高、中级科技人员短缺问题，联邦政府颁布法令大力创办高等专科学校。于是，全国各地按需设置专业，以培养第一线工程师的非学术性高等专科学校纷纷建立。1976 年《高等教育总法》颁布实施后，高等专科学校获得了与其他高等院校同等的地位，逐渐成为联邦德国大学以外的第二大高等教育机构。据联邦德国统计局统计资料显示，1977—1978 学年德国 265 所高等院校共有在校大学生 91.3 万人，其中 16.5 万就读于 136 所高等专科学校，占高校学生总数的 18.1%。扣除普通大学中途辍学的学生[②]，高等专科学校的毕业生实际占到了高校毕业生总数的 1/3 左右[③]。1992 年，德国高等专科学校的文凭获得欧共体正式认可。截至 1992 年，德国高等专科学校与世界各国签订了 1700 份合作协议，被国内外看作最有发展前途的大学[④]。政府根据国家需要建设相应类型的大学，为社会成员分层流动创造了发掘潜能的完备教育机构。

---

① 汤普森. 历史著作史：下卷·第 3 分卷 [M]. 孙秉莹，译. 北京：商务印书馆，1992：204.

② 德国大学入学前教育年限为 13 年，法律规定男子有一年义务兵役。大学学制一般为 7～8 年，大学生一般 28 岁或 29 岁左右毕业。由于普通大学学制过长，许多大学生中途辍学。

③ 滕大春. 外国教育通史：第 6 卷 [M]. 济南：山东教育出版社，1994：300-301.

④ 贺国庆，王保星，朱文富，等. 外国高等教育史 [M]. 北京：人民教育出版社，2006：549.

（二）引导高教思想

德国古代大学的主要目的是为教会和政府培养人才，神学教育和人文教育是大学初创时期的主要内容。为将现代教育思想引入高等教育领域，19 世纪初期普鲁士国王弗里德里希·威廉三世任命威廉·冯·洪堡（Wilhelm von Humboldt）为普鲁士内务部教育厅厅长，以洪堡的高等教育思想指导柏林大学建设。洪堡提倡的学术自由强烈反对国家对大学的干涉，却使柏林大学相信创办大学是国家的职责，与国家紧密地结合在了一起。政府以法令认可并传播的洪堡教育思想对柏林大学及其他德国大学乃至世界高等教育都产生了深远影响，决定了德国未来几代教育的发展方向。之后，德国政府又相继通过法令将技术兴国的教育思想、专科发展的教育思想化为不同时期的高等教育指导思想，带来了技术学院和专科学校的大繁荣。20 世纪 70 年代后，通过 1976 年制定，1985 年、1987 年和 1993 年几度修订的《高等教育总法》，联邦政府又将专业教育思想确立为高等教育的指导思想。《高等教育总法》规定，高等教育的目的是为高校学生从事各种职业作准备，既要传授学生必要的专业知识、技能和方法，又要培养他们具有进行学术和艺术活动的能力、具备在民主和法治国家中履行一定责任的能力；无论大学还是高等专科学校，都要突破德国现代大学强调的教学和科研相结合、进行纯粹科学研究的传统，把专业教育作为高等教育的核心内容。在政府法律政策的引导下，专业教育成为德国高等教育发展的重要取向。如今，洪堡高等教育思想、技术教育思想、专科教育思想与专业教育思想融合于一体，在德国高等教育建设中发挥着积极作用，奠定了德国高等教育在世界高等教育中的领先地位，也成就了德国接受高等教育者的社会地位。

（三）引导高教改革

德国高等教育从形成至今，几乎每一次改革都离不开政府法律政策的引导。从古代大学的教学内容改革到现代大学的教育质量改革，从战争时期的高等教育服务方向改革到和平时期的高等教育管理体制改革，德国政府都发挥了重要作用。尤其第二次世界大战结束以来，德国高等教育的重大改革都是在联邦政府的法律政策引导和推动下进行的。根据 1949 年 5 月颁布的《德意志联邦共和国基本法》，德国在保持洪堡创建的大学特色基础上恢复和重建了高等院校。针对 20 世纪 60—70 年代教育人口迅速增加、国内经济高速增长等形势变化，联邦政府于 1969 年 5 月修订了《德意志联邦共和国基本法》，进一步加强了国家对高等教育的干预。在联邦政府《德意志联邦共和国基本法》的引导下，高等院校积极进行扩建改革，实现了德国高等教育规模的迅速扩大。1960—1982 年，高等院校的教学人员增加了 3 倍①。20 世纪 80 年代，联邦德国的高等教育便迈入了大众化时代。1969 年以来，联邦政府颁布了《高等院校基本建设促进法》《高等教育总法》《远程教育保护法》《职业教育法》《职业教育促进法》《联邦学习促进法》等多部教育政策方面的重要法律。这些法律对德国高等教育事业的各个方面作出了明确规定，并进行了多次修订补充，促进了联邦政府对高等教育管理权限的加强，引导着高等教育不断深化改革。20 世纪 70 年代，根据《高等教育总法》，高等院校进行了课程和专业设置的改革：删去了旧教材中不必要的内容，编写了新教材；取消了系的建制，设立专业作为管理教学和科研的一级组织。慕尼黑大学把原来的政治经济系划分为企业管理、国民经济、社会学、政治学、地理学和统计学等六个专业，设置由教授任主任、教授与学生、讲师、助教及其他工作人员代表共同组成的专业委员会，具体负责本专业的科研、教学、聘任、经费使用和学生考试等事务。20 世纪 90 年代以后，根据联邦政府法律，高等院校进行了恢复收取学费、缩短学习年限、创新学位制度的系列改革，都取得了明显成效②。联邦政府通过法律政策引导高等教育改革，完善并壮大了高等教育，使更多的社会成员能够获得经由高等教育分流参与社会分层流动的机会。

---

① 符娟明. 比较高等教育［M］. 北京：北京师范大学出版社，1987：38.

② 贺国庆，王保星，朱文富，等. 外国高等教育史［M］. 北京：人民教育出版社，2006：536-551.

三、社会各界合作的机制与政策

在高等教育分流与社会分层流动互动中，德国社会各界密切合作，发挥了积极的促进作用。德国社会各界通过捐助大学建设、参与大学评估、协助大学生就业，有力推动了高等教育分流与社会分层流动的协调互动。

（一）捐助大学建设

在德国，尽管无论普通高等教育体系中的综合性大学或应用技术型大学，还是“双元制”中的职业教育机构，政府拨款均占主导地位，但社会资金仍是高等教育经费来源的重要组成部分。一般而言，政府拨款占到高校经费的80%左右，而占到18%的第三渠道资金对于德国大学来说也至关重要。第三渠道资金不是由政府提供，而是来自为开展研究项目提供资金的机构[①]。这些组织多为自我管理的非政府组织，具有正规性、民间性、非营利性、自主性、参与性等基本特征，在推动德国高等教育的国际交流与合作中发挥着独有的优势，起到了政府和企业不可替代的作用。其中，最重要的组织包括德意志学术交流中心（Deutscher Akademischer Austauschdienst，简称DAAD）、德国研究协会（Deutsche Forschungsgemeinschaft，简称DFG）等[②]。此外，社会各界还通过社会捐助来支持高等教育建设。从20世纪90年代开始，德国积极鼓励高等院校通过各种形式的市场化行为挖掘社会资源，高等教育的外部经费在1970年至1997年间从6.3亿马克增长至47亿马克，增长近7.5倍[③]。社会各界主动参与高等教育活动，促进了高等教育健康发展，为高等教育分流积极作用社会分层流动营造了良好的社会环境。

---

① 列茨岑斯基．德国高等教育经费及绩效导向拨款［J］．熊焱冰，韦春卉，译．高教发展与评估，2007（5）：58-62.

② 袁琳，王建梁．德国高等教育国际化财政资助探略［J］．教育与经济，2012（2）：62-65.

③ 刘向东，张伟，陈英霞．欧美高等教育机构经费来源及其启示［J］．高等教育研究，2005（5）：97-102.

（二）介入大学评估

20 世纪 90 年代之前，德国高校从来没有进行过校际评估，所以德国高等教育存在着不同高校之间学分转换困难、学位制度及颁发文凭与国际差异较大等问题。为解决大学发展面临的共同问题，协调联邦与州政府及各高校之间的关系，使各州教育政策达到基本一致，德国建立了高等学校校长会议（Hochschulrektorenkonferenz，简称 HRK）、各州文教部长例行会议（Kultusministerkonferenz，简称 KMK）、德国科学议会（Wissenschaftsrat）等一系列全国性的民间社会教育咨询、评价和协调机构。HRK、KMK、德国科学议会等作为代表全国高校、联邦各州的独立性机构，不受联邦和州政府的管理，只接受政府和各种基金的资助，这种身份使它们能够在联邦与州政府、州政府与高校之间起到协调和缓冲作用，在解决高等教育质量评估和新学位认证所面临的统一性、可比性问题方面起到了重要作用[①]。HRK 和 KMK 在世纪之交实施了全国高等教育质量保证计划，制定了评估机构共同遵守的统一标准，建立了全国性评估网络；成立了跨州认证委员会，制定了地区认证机构认证新学位课程必须遵守的统一标准，并负责认证、协调和监督地区性认证机构。民间社会组织介入大学评估有效消除了德国高等教育面临的新问题，促进了德国高等教育不断革新和发展。

（三）推动学生就业

面对大学生就业，德国社会各界积极主动地尽智尽力，促进大学生融入社会分层流动的大潮。大学生就业过程中，私人咨询介绍所发挥了重要的中介作用。1994 年，经劳动总署批准注册，私人咨询介绍所开始在德国出现。此系统主要面向企业，有偿服务，同时为高校毕业生等求职者个人介绍工作，搭起企业与求职者之间的桥梁。该系统有具体的服务对象策划，针对性强；以企业需要为目标，建立起了企业、高校与

---

① 聂国朝．德国高等教育质量保证机制的新发展［J］．北京航空航天大学学报（社会科学版），2004（1）：59-62.

学生之间的联系；并且逐渐形成了股份公司，强化了服务功能和竞争优势[①]。在大学生就业上，德国企业发挥了择优用人的主体作用。德国企业对优秀人才十分渴求，普遍注重人才选聘的战略和策略，投入专项资金用于人才招聘。许多大型企业为学生提供大量的实习机会，直接承担求职者的实习实践和职业培训，中小企业也委托政府系统等对求职者进行培训。德国企业系统在人才择优聘用方面有着较强的自主性和主动权，通过职业培训将选聘人才和培养人才有机结合在一起。

四、家庭积极参与的机制与政策

德国人的独立个性体现在各个家庭成员之中，经由家长的言行举止一代又一代地向下传递，深刻地影响着子女的行为选择。德国家庭的家长们通过推送子女入学、教育子女独立、尊重子女择业，积极地维护着高等教育分流影响社会分层流动的良好秩序。

（一）推送子女入学

随着高等教育发展，德国社会各阶层大都看到了高等院校已经成为社会成员就业和实现社会抱负的便利甚至是必不可少的途径，于是他们积极地把自己的子女送进高校学习。19 世纪中期以前，社会中产阶级及其以下阶层的子女上大学的机会相当有限；19 世纪 60 年代以后，这些阶层的子女在大学中的比例逐渐上升。例如，1860 年柏林大学有 45％的学生出身于专业阶层，包括高级官僚、法官、军官、医生等，32％出生于商人和大地主阶级，其余 23％来自中产阶级中较低的阶层，如初等学校教师、低级军官、小地主和工匠等。在柏林大学创办的 50 年中，这种比例基本未变[②]。1860 年以后，各阶层子女的绝对人数都有所增加，社会非上层阶级的学生比例升至近 30％[③]。20 世纪 70 年代以

① 刘和忠．德国大学生就业服务体系及启示［J］．外国教育研究，2001（5）：42-45.

② MCCLELLAND C E. State，Society and University in Germany：1700-1914［M］. Cambridge：Cambridge University Press，1980：243-244.

③ 贺国庆，王保星，朱文富，等．外国高等教育史［M］．北京：人民教育出版社，2006：166-167.

来，社会各界参与高等教育活动的热情更高，各界子女进入大学学习的人数猛增，推动了高等教育规模的不断扩大，加速了德国高等教育的大众化步伐。1960 年，德国高校在校生人数约为 29 万，所有 19～23 岁适龄人口中仅 5%的人可以升入大学[①]；1980 年德国高校在校生人数突破百万大关，达到 104.4 万，1982 年又迅速增长至 120 万，占同龄人口的 17.1%，联邦德国高等教育步入大众化时代[②]；进入 20 世纪 90 年代，高校新生入学者人数占同龄人口（19～21 岁）的比率超过了 30%，1992 年达到了 35.7%，2001 年仍在 32%以上[③]。

（二）教育子女独立

德国是欧洲经济强国，这与德国家庭教育子女们尽早经济独立和做事自主息息相关。德国家庭一般每月都给子女一定的零用钱，教育他们学会管理自己。德国中产阶级家庭的马蒂亚斯先生和夫人包莉认为，给孩子们零用钱可以使他们尽早学会正确、合理地用钱，学会管理自己的财富，这在经济社会中特别重要；一个人不会管钱，今后就无法在现代社会中独立谋生。马蒂亚斯夫妇认为，他们的孩子都不乱花钱，每人都把钱存入银行。此外，德国家庭非常注意教育孩子们参加劳动，鼓励他们参加劳动。在马蒂亚斯家，一到周末，包莉夫人就把家务劳动作了分工：儿子爱车，就专门让他擦汽车；小女儿爱整洁，就安排她整理客厅。包莉夫人还鼓励小女儿在课余辅导低年级学生吹笛，认为这种辅导虽然收入微薄，但能锻炼孩子的独立能力。马蒂亚斯的大女儿念中学时曾给低年级学生当过英语辅导老师，这不但给她带来一定收入，而且促进了她独立做事能力的发展以及自身的英语学习；她在圣诞节回家休假期间还每天晚上去帮助照料一位年老多病的老人过夜，每晚收入虽然仅有 30 马克，但从中训练了自己体贴人、关心人的品格。他们十四岁的

① FALLON D. The German University：A Heroic Ideal in Conflict with the Modern World [M]. Boulder：Colorado Associated University Press，1980：63.

② 符娟明. 比较高等教育 [M]. 北京：北京师范大学出版社，1987：38.

③ 黄福涛. 外国高等教育史 [M]. 上海：上海教育出版社，2003：404-405.

儿子也为同学们管理零钱储蓄，这项工作虽然收入更少，但锻炼和提高了他的管理能力[①]。德国家庭一般都辟有“家庭小工厂”，尽管各家规模、大小、条件和设施不尽相同，但都是用来供大人和孩子维修、拆卸、安装、加工制造、做实验等，这造就了德国人普遍一专多能的才华[②]。

（三）尊重子女择业

在子女职业选择上，德国家庭充分尊重孩子们自己的意见和选择。中产阶级马蒂亚斯家有三个孩子，一个已经上大学，另外两个在完全中学念书。在联邦德国，凡完全中学毕业的学生都有资格上大学。但是，马蒂亚斯的小女儿与儿子不一定想升大学。小女儿霍蕾希望成为一名护士，很想为受病魔折磨的人服务，缓解他们的苦痛；儿子亚历克山大受一位表兄的影响，从小就爱上机械制造，理想是将来当一名飞机机械师。女主人包莉认为，尽管霍蕾与亚历克山大都有资格进大学，但她还是支持他们不读大学；孩子们的职业应当由他们自己选择，只要他们有兴趣，他们就有可能在他们感兴趣的行业中成才，并达到成功之巅。包莉夫人积极帮助小女儿到英国去找一个护士训练位置，已收到了英国的有关考试通知，正在完全中学十二年级念书的霍蕾不久将登上学习护士专业的征途。而亚历克山大也不断受到家长的支持，潜心于各种飞机制造杂志的阅读和飞机模型的制作，可能今后就读高等专科学校的有关专业，成为一个出色的飞机机械师[③]。德国家庭顺应子女兴趣，追求行行出状元，有力推进了社会阶层的自然优化。

五、学生自我负责的机制与政策

作为社会分层流动中接受高等教育的社会个体，德国高校学生显示出“自我负责”的时代个性。他们自我负责地学习，自我负责地择业，

① 李其龙. 联邦德国家庭教育散记［J］. 外国教育资料，1985（5）：60-64.
② 黄学锋. 德国家庭教育：动手才会动脑［J］. 希望月报，2002（21）：24-26.
③ 李其龙. 联邦德国家庭教育散记［J］. 外国教育资料，1985（5）：60-64.

并在创业中实现就业，有效树立了大学生在社会分层流动中与众不同的群体形象。

（一）自我负责学习

德国高校学生是高等教育的直接参与者与受益者，是高校教学工作的质量主体，他们以自我负责的学习态度和行动有力捍卫了本国大学世界一流的地位。从教育传统看，德国家庭要求子女独立行事、缜密思考的习惯在大学阶段得以延续，高校学生们大都有自主学习的愿望和行为。从高等教育的专业分流看，高校学生每一次选择自己喜爱的专业，都需要通过相应的考试、获得较好的成绩，这促使他们不得不自我负责地加紧学习。从高等教育的层次分流看，高校学生若想进入高层次院校攻读高一级的学位，必须取得符合要求的成绩，这迫使他们自觉地自我负责地用功读书。从未来职业发展看，大多职业岗位在录用人才时都比较看重学业成绩，这也使得高校学生主动学习以便对自己的发展负责。德国高校学生普遍重视基础课程学习，一般都能在大学前两年的基础知识学习上获得较好的成绩。同时，根据学校要求，德国高等学校学生大都参加过较长时间的专业实习或社会实践。在传统学术性大学，高校学生还通过经常参加教授组织的"习明纳"（Seminar）而提高自身的学习和研究能力。从1982年起，德国便在教育与研究部（Bundesministerium für Bildung und Forschung）的支持下每2～3年进行一次大学生调查工作，目的在于了解大学生的学习情况、学习体验和经历、教学质量、学习参与度、遇到的困难和压力以及他们的愿望和需求等等。从30余年来10多次大学生学习经验调查看，德国大多数学生表现出对其专业的喜爱和较高的学习能力①。

（二）自我负责择业

对于德国高校学生来说，他们是就业服务系统面对的客体，更是就业求职的主体，在就业过程中理应张扬个性，具有自主性。德国高校学

① 沈苏彦. 德国大学生学习经验分析［J］. 江苏教育学院学报（社会科学），2012（4）：13-15.

生的主体作用和自主性体现在求职过程中，他们自主决策，自我思考判断，没有依赖心理；适应市场，适时调整努力方向，补充应聘所缺知识；敢于竞争，勇于投身市场，善于竞争取胜。德国高校学生既注意提升自身能力，又敢于“自我负责”竞争，大学生就业市场及其前景基本令人欣慰。德国就业市场与职业研究所的数据显示，德国就业市场中的高学历比例越来越高。1991 年就业人员中只有 12.5％的人持有大学文凭，2004 年这个比例上升到了 18％，高学历就业人员越来越受到就业市场的欢迎。德国就业市场预计，2020 年后国内就业可能出现供过于求状况，但是大学生的就业不会受到太大的影响。从近几十年的统计数据看，德国高学历人才与其他没有接受过高等教育的人才相比，失业的危险性较小，具有明显的就业优势。2004 年德国的失业率约为 11.2％，但其中的高学历人口失业率仅为 4％[①]。

（三）创业实现就业

在就业之路上，许多德国高校学生富有创新意识，注重实际创造，喜欢尝试独立创业（个人公司）之路，通过创业实现理想就业。德国政府和金融研究机构联合在中学、大学开设有多种创业课程，使得学生们很早就开始尝试自己开办公司，接触和熟悉企业管理及经营知识。在德国经济研究所发起的“青年企业家”项目中，中学 9 年级以上的学生都可以在学校指导下创建微型公司，这些公司同正规公司一样被置于市场环境中运行。在德国，职业技术教育发达，教育经费主要由政府及企业承担，职业院校遍布全国，设置有 380 多个专业。学生既是公立职业院校的学生，又是工厂的徒工。职业院校的教学在服从企业培训要求的前提下进行，使学生们普遍获得了的丰富职业经历和经验，为毕业后自行创业奠定了坚实的基础。据德国经济与劳工部统计，全国 50％以上的劳动力通过自主创业实现就业[②]，大学生创业已经成为大学生就业的一

① 张朝然．德国大学生就业指导研究及启示［J］．牡丹江教育学院学报，2007（3）：76-77．

② 张武军，谢辉，曹辉，等．德国大学生创业政策特点及启示［C］//第 5 届教育教学改革与管理工程学术年会论文集，2012：131-139．

个重要渠道。

第四节　发达国家高等教育分流促进社会分层流动经验的启示

在高等教育、联邦政府、社会各界、家庭家长和高校学生的共同努力下，美、英、德三国高等教育分流对社会分层流动产生了积极影响。美、英、德三国的高等教育、高校学生、学生家长、联邦政府和社会各界是高等教育分流影响社会分层流动过程中的五大活动主体，在活动中既有相似之处，又有各自特色，给我国高等教育分流合理影响社会分层流动以有益启示。借鉴美、英、德三国高等教育分流影响社会分层流动的经验做法，我国应从高教、政府、社会、家庭和个人五方面进行改进，以便充分发挥高等教育分流对社会分层流动的促进作用。

一、高等教育方面的机制与政策启示

高等教育是高等教育分流促进社会分层流动过程中的实施主体，是改进我国高等教育分流影响社会分层流动现状需要作出努力的主要责任主体。美、英、德三国高等教育十分注重提高自身质量，重视高校培养出来的人才带给社会的影响，因而都采取了以人才培养质量保证为前提的特色做法。美国高等教育以引领社会发展为己任，打造出世界顶尖级高等院校，在教育分流过程中既照顾了大多数学生，实行普遍入学，又充分考虑到那些有兴趣、有能力的优秀学生，实行转学教育，较好做到了质量和数量同时兼顾，平等和优秀长期共处；英国高等教育以自身为尊，永葆世界一流地位，在教育分流中既注重内部分流，实行高校层级之间和高校内部的有序流转，又重视外部分流，以健全的高校毕业生就业指导服务部指导高校毕业生求职就业，充分显示了高等教育在社会分层流动中的力量；德国高等教育坚守大学本色，以育人质量为重，对受教育者实行入学阶段和学习阶段的两段式分流——入学阶段将受教育者分流进传统学术性大学、高等专科学校和职业技术学院等不同的教育层

次，学习阶段根据学生的专业性向将受教育者再次分流进不同的专业方向，推动了接受高等教育社会个体在社会分层流动中的优势发展。借鉴美、英、德三国高等教育分流促进社会分层流动经验，我国高等教育在高等教育分流促进社会分层流动过程中要做强自身，发挥主导作用，在流量、流质、流层、流源、流速、流型、流域、流向等方面对教育分流进行科学谋划，注重教育质量与数量兼顾，重视教育内部与外部协同，做好分流施教，做到流转有序。

二、国家政府方面的机制与政策启示

国家政府是高等教育分流促进社会分层流动的调控主体，是改善我国高等教育分流影响社会分层流动现实状况需要作出努力的管理者。美、英、德三国政府充分认识到了高等教育在国家建设和政权稳固中的作用，认识到了高等教育分流有效促进社会分层流动对国家事业发展和社会秩序稳定的积极影响，于是通过加强对高等教育调节和引导来推动社会成员的有序流动。在美、英、德三国高等教育分流影响社会分层流动中，美国联邦政府主要通过以法律政策引导办学方向、促升教育质量、推动民众就读来促进高等教育分流积极影响社会分层流动；英国联邦政府主要通过以法律政策调节高教目标、扩大高教规模和监控高教质量来促进高等教育分流合理作用社会分层流动；德国联邦政府则主要通过以法律政策引导高校建设、高教思想和高教改革来促进高等教育分流有力推动社会分层流动。三个国家的政府虽然在策略上有所差异，但主导思想相近，都获得了良好效果。与美、英、德三国联邦政府不同，我国政府在国家事业发展上拥有更强有力的地位，向心力、凝聚力和执行力在世界诸国中富有威望。在社会主义市场经济体系建设中，我国政府发挥了积极的调控作用，极大促进了社会主义市场经济体制的完善。在国家各项事业建设和抗击重大自然灾害中，我国政府表现出极强的号召力，中华文化凝聚力得到世界认可。学习美、英、德三国高等教育分流影响社会分层流动的经验做法，我国政府在国内高等教育分流影响社会分层流动中也要发挥更为有力的积极调控作用。针对国内高等教育分流影响社会分层流动中存在的问题，我国政府要加强宏观调控，进一步强化高等教育服务社会的办学方向，改革高等教育投资制度、招生制度、管理制度和就业制度，促进高等教育分流与社会分层流动和谐互动。

三、社会各界方面的机制与政策启示

社会各界是高等教育分流促进社会分层流动活动的又一实施主体，是改善我国高等教育分流影响社会分层流动活动现状需要作出努力的另一责任者。美、英、德三国的社会各界都极其关注高等教育事业的发展，关心高等院校毕业生的社会就业，合力推动高等教育分流促进社会分层流动活动有效开展。美国社会各界通过自觉捐资办学、依法贷款助学、评估办学质量和帮助学生就业来增强高等教育分流在社会分层流动的作用；英国社会各界通过协助高校建设、评价高校水平和促进学生就业以加速高等教育分流与社会分层流动协调互动；德国社会各界通过捐助大学建设、介入大学评估和推动学生就业而提高高等教育分流影响社会分层流动的质量。三个国家的社会各界都将高等教育事业看作社会肌体的有机组成部分，把支持高等教育事业发展看成是一种有意义的行为，把帮助高等院校毕业生就业作为一项社会服务工作。借鉴美、英、德三国社会各界推进高等教育分流合理影响社会分层流动的经验，我国社会各界在高等教育分流促进社会分层流动过程中要积极为高等教育的发展出谋划策，主动参与和支持高等院校的建设，为大学生的创新创业和择业求职提供帮助，为高校毕业生向上社会流动创造良好条件和氛围。

四、家庭家长方面的机制与政策启示

家庭家长是高等教育分流影响社会分层流动的推动主体，是改善我国高等教育分流促进社会分层流动现实状况需要作出努力的重要影响力量。美、英、德三国的家庭家长遵循社会个体自由成长的规律，注重培养孩子们言行举止的良好习惯，锻炼子女们自我谋生的能力，放任他们自由发展，有效助推了高等教育分流与社会分层流动自然有序的协调互动。美国家庭家长通过支持子女就学、支持子女担责、支持子女自立等方式促使高校毕业生按照社会规则而不是依赖血缘关系和父母资产参与社会流动；英国家庭家长通过支持学校教育、参与学校管理和选择教育消费等方式促进高校毕业生以较高的素质融入社会分层流动之中；德国家庭家长通过推送子女入学、教育子女独立和尊重子女择业帮助高校毕业生根据自我兴趣自主进行社会分层流动。三个国家的家庭家长大都把子女参与高等教育分流影响社会分层流动的社会活动看作主要是子女自己步步攀登的事情，很少过分干预和拔苗助长，有力维护了高等教育分流与社会分层流动协调互动的良好秩序。借鉴美、英、德三国家庭家长促进高等教育分流影响社会分层流动的经验做法，我国家庭家长在高等教育分流促进社会分层流动过程中需要不断提高思想觉悟，杜绝协助子女暗走社会捷径的行为，培养子女独立自主的习惯，促使子女自我成才，协助创造良好的秩序环境。

五、高校学生方面的机制与政策启示

高校学生是高等教育分流促进社会分层流动的活动主体，是改善我国高等教育分流影响社会分层流动活动现状需要作出努力的重要内在因素。美、英、德三国的高校学生适应了市场经济条件下自我自由择业的局面，面对日益激烈的就业竞争环境，他们更多表现出的是一种坦然从容和努力进取的精神风貌。美国高校学生在劳工部、中介机构和用人单位协同创造的就业环境中，及早制订职业规划，加强职业能力培养，自主择业，勇于创业；英国高校学生面对严峻的就业形势，借助学校的毕业生就业指导服务部、就业和养老金部的职业介绍中心、人际关系网络等外部力量，获取工作机会，找到相应的职业；德国高校学生在就业中突出“自我负责”，在求职过程中自主决策，没有依赖心理，敢于竞争，富有创新意识，越来越受到就业市场的欢迎。三个国家的高校学生大都将高校的学习生涯看作是自己步入社会前的知识积累和职业准备，把高校毕业后找到的第一份工作看作是职业实践和社会经验的积累，将自己融入社会分层流动的过程看作是循序渐进的活动。借鉴美、英、德三国高校学生促进高等教育分流与社会分层流动协调互动的经验，我国高校学生在高等教育分流影响社会分层流动过程中需要不断提高流升意识。流升意识是指社会成员通过社会流动不断提高自身素质、提升社会地位的思想观念，是现代人必备的基本思想意识[①]。我国高校学生要打破"初职定终身"的传统职业观念，加强专业学习，提高实践能力，克服依赖心理，增强竞争意识，在求职就业中走向建业创业。

第五节　本章小结

高等教育分流影响社会分层流动的社会活动因高等教育兴起而产生，伴随着高等教育的壮大而繁荣。美国、英国和德国现代高等教育诞生较早，高等教育实力较强，接受高等教育的社会成员较多，高等教育分流对社会分层流动影响作用的历史较长，高等教育分流影响社会分层流动的经验丰富，高等教育分流合理影响社会分层流动一直走在世界各国的前列。

美国高等教育虽然诞生稍晚，但后来居上，在本国高等教育分流促进社会分层流动过程中发挥了很好的引领作用。在与社会的相互影响中，美国高等教育不仅提出了先进的办学思想和理念，而且勇于践行，为社会树立了知识资本的良好榜样；同时科学实施分流，促使大学生凭借知识和技能跻身社会上层。美国联邦政府在高等教育分流促进社会分层流动过程中通过引导办学方向、促升教育质量和推动民众就读，增强了高等教育的社会作用，扩大了高等教育分流影响社会分层流动的规模。此外，美国社会各界通过支持高等教育建设将高等教育与社会流动有机链接起来，美国众多家庭通过教育子女担责和自立促进了美国社会公正优化，美国高校学生通过积极主动的学习和就业促进自身社会地位提升。

---

① 陈新忠. 分层与流动：高等教育分流的社会影响研究［M］. 武汉：华中师范大学出版社，2013：150-152.

英国高等教育创建稍早，且能永葆世界一流质量和分流培养专门人才，对社会分层流动发挥了积极的影响。英国政府在高等教育分流促进社会分层流动的过程中发挥了巨大作用，通过运用法律政策调节高等教育的发展目标、发展规模和质量标准，及时引导高教与社会紧密结合，有效促进了高等教育分流的社会作用的发挥。此外，英国社会各界和家长通过协助高校建设和促进学生就业，有效推动了高等教育分流影响社会分层流动活动的协调开展；英国青年学子大都借助外部力量寻职就业，主动融入高等教育分流影响社会分层流动的活动之中。

德国高等教育以自律精神坚守大学本色，注重研究和育人，有效保持了大学质量和地位；同时根据自身力量和社会需要合理设计层次分流和专业分流，有力促进了本国社会成员阶层优化。德国联邦政府运用法律政策引导高等院校建设、高等教育思想和高等教育改革，积极指导高等教育分流促进社会分层流动活动有序开展。德国社会各界和家庭在高等教育分流影响社会分层流动过程中通过捐助大学建设、参与大学评估、协助大学生就业等，推动了二者协调互动。德国高校学生自我负责地学习、择业和创业，有效树立了大学生在社会分层流动中与众不同的群体形象。

借鉴美、英、德三国高等教育分流影响社会分层流动的经验做法，我国高等教育分流促进社会分层流动过程中，高等教育要做强自身，发挥主导作用，科学分流，质量兼顾；国家政府要加强宏观调控，以制度改革引导高等院校服务社会的办学方向；社会各界要自觉支持和参与高等教育建设，为高校毕业生向上社会流动创造良好条件和氛围；家长要杜绝社会不正之风，协助创造良好的秩序环境；高校学生要不断提高流升意识，争做新时代知识资本者的优秀榜样。

第五章　我国高等教育分流促进社会分层流动的机制与政策建议

公平公正是社会的理想状态，人的自由而全面发展是社会成员的终极追求。在知识经济社会中，高等教育是社会成员确立社会地位的基本依托，高等教育合理分流是促进社会合理分层流动和社会公平的主要途径。面向知识经济快速发展趋势，促进实现高等教育合理分流影响社会合理分层流动必要而迫切。针对我国高等教育分流影响社会分层流动的现状和问题，借鉴发达国家经验做法，本书基于分流施教、和谐互动与阶层优化视角，运用系统分析方法，围绕高教、学生、家庭、政府和社会五大主体提出我国高等教育分流合理促进社会分层流动的科学机制及政策建议。

第一节　我国高等教育分流促进社会分层流动的基本原则

高等教育分流影响社会分层流动是一项复杂的社会活动，实现高等教育分流合理影响社会分层流动必须有所遵循和依据。一方面，高等教育分流影响社会分层流动要保证具有合理性和先进性；另一方面，高等教育分流与社会分层流动要致力于和谐互动局面的达成①。

---

① 陈新忠. 高等教育与社会公平研究：基于分流施教与和谐互动视角［M］. 北京：人民出版社，2014：222-226.

一、科学分流原则

高等教育能否科学分流是自身获得社会认可度高低的重要基础，是高等教育积极影响社会分层流动的先决条件。所谓科学，既包含基于数理统计的自然科学，也包括基于逻辑演绎的人文社会科学。高等教育分流影响社会分层流动既要遵循自然科学规则，也要遵循人文社会科学规则，其科学性是自然科学和人文社会科学密切结合的产物。实现高等教育合理分流促进社会合理分层流动，高等教育必须遵守科学分流原则。

（一）科学分流原则的内涵

科学分流原则是指高等教育分流影响社会分层流动的实施主体——高等教育在高等教育分流影响社会分层流动的活动过程中遵循高等教育规律和高等教育分流规律，在高等教育分流方面对于流源、流量、流层、流型、流域、流向、流质、流速等科学设计，有效推进，从而促进高等教育分流合理影响社会分层流动的准则和要求。该原则是高等教育分流的基本依据，是实现高等教育分流影响社会分层流动应该遵循的内在法则。目前，国内外学界对于高等教育规律和高等教育分流规律的探索还十分有限，仍需进一步探究和揭示。笔者曾在现行通常所谓高等教育规律“二分法”（即将高等教育规律分为外部规律和内部规律）的基础上，依据高等教育规律所起作用的范围和高等教育构成因素的独特性，把高等教育规律分为外适规律、个适规律和内适规律三类（简称“高等教育规律‘三分法’”）①，赋予其特定而丰富的内涵，但这也仅是探讨的开端。随着我们对高等教育规律和高等教育分流规律的深入认识和全面遵循，高等教育分流影响社会分层流动的科学性将愈益彰显。

（二）科学分流原则的要求

科学分流原则应用于高等教育分流影响社会分层流动，要求高等教育分流一要做到分流依据科学，不凭想当然分流，而要经过科学论证，

① 陈新忠，董泽芳. 高等教育规律“三分法”探析［J］. 江苏高教，2008（2）：20-22.

找到最为适切的标准；二要做到分流过程科学，不搞大规模的“摸着石头过河”，而要经过小范围试验和实验，取得经验后再逐步推广；三要做到分流结果科学，不只管眼前不顾未来，而要经过对大学毕业生多周期观察后，指导大学生获得最有利于未来发展的学业结果。

（三）科学分流原则的防范

在高等教育分流影响社会分层流动活动过程中运用科学分流原则时，我们要注意防范以下现象：一是把“合理”当“科学”，认为合理的高等教育分流就是科学的高等教育分流；二是把“时下科学”当“长远科学”，认为现阶段暂时证明科学的高等教育分流就是未来科学的高等教育分流；三是把“局部科学”当“整体科学”，认为某一区域科学的高等教育分流就是我国乃至全球科学的高等教育分流。其中，“合理”包括合乎事理、物理和情理等，是基于人们认识的理性表现，其包含着科学但不一定都能上升到科学的程度。合理与科学既有鲜明区别，也有诸多联系。合理与科学有机融合是高等教育分流影响社会分层流动的内在要求，也是高等教育分流影响社会分层流动的发展方向。

二、公平流动原则

社会分层流动既是高等教育分流的作用对象，也是影响高等教育分流的主要动因。高等教育分流中的流动个体不可能永远处于受教育的分流状态，他们终归要步入社会进行分层流动。从这一意义上看，社会分层流动是高等教育分流的旨归。最大程度地发挥高等教育分流对社会分层流动的促进作用，社会各界要自觉遵守公平流动原则。

（一）公平流动原则的内涵

公平流动原则是指高等教育分流影响社会分层流动的另一实施主体——社会各界（即社会组织及其成员）在高等教育分流影响社会分层流动中遵循社会发展规律和社会分层流动规律，对于社会分层流动中的所有社会成员平等相待，公正处置，从而促进高等教育分流合理科学影响社会分层流动的准则和要求。公平流动原则是社会分层流动的基本依据，是实现高等教育分流合理科学影响社会分层流动所应遵循的又一内在法则。

（二）公平流动原则的要求

在高等教育分流影响社会分层流动过程中，依据公平流动原则，社会各界对于社会分层流动一要做到流动依据公平，不凭想当然设置门槛，而要经过多方论证，制定最为公平的标准；二要做到流动过程公平，不在流动过程中添加外力，或人为造成分层阻滞，而要助推社会个体凭能力自然分化；三要做到流动结果公平，不过分“重一行”“轻一业”，而要平等对待社会“三百六十行”，促使大学生顺随自我兴趣在各自喜爱的行业中出类拔萃，引领社会发展。目前，我国一些社会单位为使用自己想用的所谓“人才”，存在“因人立规”“因人设岗”“因人废法”等现象，专门为某一个人或某一批人量身定制地订立或执行某项特殊引人用人规则，一旦这些人享受了特定规则带来的利益，就立马废止这些特殊情形下产生的规则。维护和促进社会公平流动，社会组织及其成员亟须回归常态，在常态规则下营造宜人发展的宽松社会氛围和尚进社会文化。

（三）公平流动原则的防范

将公平流动原则应用于高等教育分流影响社会分层流动活动过程时，我们要注意防范以下现象：一是把“合理”当“公平”，认为合理的社会分层流动就是公平的社会分层流动；二是把“时下公平”当“长远公平”，认为现阶段暂时公平的社会分层流动就是未来公平的社会分层流动；三是把“局部公平”当“整体公平”，认为某一区域公平的社会分层流动就是我国乃至全球公平的社会分层流动。合理的社会分层流动包括合乎事理的社会分层流动、合乎物理的社会分层流动和合乎情理的社会分层流动，内蕴着科学和公平。然而，合理的社会分层流动往往被某些人偏指事理、物理和情理的某一方面，尤其常用于仅仅合乎某些利益群体情理的社会分层流动，这便扭曲了公平的内涵和本质，不是真正公平的社会分层流动。

三、和谐互动原则

和谐互动是高等教育分流与社会分层流动相互作用的努力方向，也是高等教育分流影响社会分层流动活动追求的美好愿景。从高等教育分流影响社会分层流动的历史进程和发展趋向看，和谐互动既是高等教育分流影响社会分层流动过程中需要培育的一种氛围和文化，也是高等教育分流影响社会分层流动进展中力求达到的一种状态和标准。高等教育分流促进社会分层流动，利益相关者主体必须遵守和谐互动原则。

（一）和谐互动原则的内涵

和谐互动原则是指高等教育分流影响社会分层流动的实施主体、参与主体和活动主体——高等教育、国家政府、社会各界、家庭家长和高校学生在高等教育分流影响社会分层流动中遵循高等教育分流规律和社会分层流动规律等，规避不利于高等教育分流合理影响社会分层流动的思想和行为，倡导有利于高等教育分流与社会分层流动和谐互动的思想和行为，进而促进高等教育分流合理影响社会分层流动的准则和要求。和谐互动原则是高等教育分流影响社会分层流动的基本依据，是实现高等教育分流合理影响社会分层流动局面所应遵循的重要规则。

（二）和谐互动原则的要求

和谐互动原则应用于高等教育分流影响社会分层流动，要求高等教育、国家政府、社会各界、家庭家长和高校学生一要做到高等教育分流“影响”社会分层流动的活动目标明确，不单凭自我目标实施影响，而是达成共同的“和谐影响”目标，依据“和谐影响”目标开展行动；二要做到施加“影响”的行为和谐，不只为实现合理影响及彼此和谐做出过激行为，而是通过民主的方式，取得各方共识后再渐进实施；三要做到“和谐影响”结果可持续，不仅注重眼前的和谐，而且要促进高等教育分流与社会分层流动和谐局面可持续发展及良性循环。

（三）和谐互动原则的防范

在高等教育分流影响社会分层流动活动过程中运用和谐互动原则

时，我们要注意防范以下现象：一是把“妥协”当“和谐”，认为妥协达成的高等教育分流与社会分层流动协调互动就是实现了高等教育分流对社会分层流动的“和谐影响”；二是把“时下和谐”当“长远和谐”，认为现阶段暂时和谐的高等教育分流影响社会分层流动局面就是未来和谐的高等教育分流影响社会分层流动局面；三是把“局部和谐”当“整体和谐”，认为某一区域和谐的高等教育分流影响社会分层流动状态就是我国乃至世界和谐的高等教育分流影响社会分层流动形势。

四、改革促进原则

高等教育分流促进社会分层流动是一项代际比较和代际传递的社会活动，其动力来源于不断进行的全方位、全过程和全主体改革。该改革不仅涉及高等教育分流影响社会分层流动的各个方面，而且渗透到高等教育分流影响社会分层流动的整个过程，要求高等教育分流影响社会分层流动的各个主体——尤其是高等教育、国家政府和社会组织等实施主体和参与主体——积极进行理性变革。因此，实现高等教育合理分流促进社会合理分层流动，高等教育、国家政府和社会组织要坚持改革促进原则。

（一）改革促进原则的内涵

改革促进原则是指高等教育分流影响社会分层流动的实施主体和参与主体——高等教育、国家政府和社会组织在高等教育分流影响社会分层流动过程中遵循社会发展规律和高等教育规律等，持续改革不利于高等教育分流影响社会分层流动的陈规陋习，陆续制定有利于高等教育分流影响社会分层流动的法律、法规、制度和政策，建立健全有利于高等教育分流影响社会分层流动的体制、机制，从而促进高等教育分流合理影响社会分层流动的准则和要求[①]。改革促进原则是高等教育分流影响社会分层流动的重要标准，是高等教育分流合理影响社会分层流动局面

---

① 陈新忠. 高等教育变革的理论回应与社会支持［J］. 国家教育行政学院学报，2014（4）：43-47.

实现的内在诉求。

（二）改革促进原则的要求

在高等教育分流影响社会分层流动过程中，依据改革促进原则，高等教育、国家政府和社会各界一要做到及时改革，针对高等教育分流影响社会分层流动活动中不断出现的新形势、新情况和新问题，及时出台面向现实需求的法律、法规、方针、政策、办法和措施，保证高等教育分流影响社会分层流动活动顺利进行；二要做到超前改革，认真研究高等教育分流影响社会分层流动活动的发展趋势，未雨绸缪，提前制定相关政策引导高等教育分流影响社会分层流动朝着和谐目标迈进；三要做到一致改革，注意在改革进程中保持不同主体、不同阶段改革的一致性，促进高等教育分流合理影响社会分层流动局面持续健康发展。

（三）改革促进原则的防范

在高等教育分流影响社会分层流动过程中应用改革促进原则，我们要注意防范以下现象：一是把“折中”当“改革”，认为折中达成的高等教育分流影响社会分层流动的暂时协调就是高等教育分流合理影响社会分层流动的改革；二是把“眼前改革”当“长远改革”，认为现阶段解决眼前问题的改革就是一劳永逸的高等教育分流合理影响社会分层流动改革；三是把“局部改革”当“整体改革”，认为解决某一区域问题的改革就是全国乃至全球高等教育分流合理影响社会分层流动的改革。

五、人人参与原则

随着知识经济社会发展，越来越多的社会成员将主动或被动地加入高等教育分流影响社会分层流动的活动之中。入职门槛的不断提高迫使那些想让子女未来从事较好职业的家长不遗余力地推送自己子女进入高等教育分流轨道，而新知识新技术的快速增长也迫使那些在职工作人员不得不亲身进入高等教育分流轨道进行知识更新培训和充电。顺应历史发展趋势，实现高等教育合理分流促进社会合理分层流动，社会成员要坚持人人参与原则。

（一）人人参与原则的内涵

人人参与原则是指高等教育分流影响社会分层流动的参与主体——社会成员在高等教育分流影响社会分层流动过程中遵循社会发展规律和社会分层流动规律等，不仅自己要积极主动地接受高等教育，而且要支持子女或他人接受高等教育，尽力维护社会阶层优化秩序，进而促进高等教育分流合理影响社会分层流动的准则和要求。人人参与原则是高等教育分流影响社会分层流动的基础要求，是高等教育分流合理影响社会分层流动局面实现的根本原则。

（二）人人参与原则的要求

在高等教育分流影响社会分层流动这一社会活动中，依据人人参与原则，每一位社会成员面向高等教育分流影响社会分层流动，一要做到自身融入，针对当前经济社会愈来愈高的职业准入资质和工作要求，主动通过各种途径接受高等教育，亲身体验高等教育分流影响社会分层流动的反应状态；二要做到促使他人融入，支持自己的子女接受高等教育，帮助有困难的社会个体接受高等教育，推动高等教育分流影响社会分层流动的规模不断壮大；三要做到促进和谐发展，注意采取有助于高等教育分流合理影响社会分层流动的行为，在高等教育分流影响社会分层流动中争做优秀典范①。

（三）人人参与原则的防范

在高等教育分流影响社会分层流动中应用改革促进原则时，我们要注意防范以下现象：一是把“子女参与”当“自己参与”，认为支持子女参与高等教育分流影响社会分层流动活动就是自己参与了高等教育分流合理影响社会分层流动活动；二是把“代表参与”当“全体参与”，认为有人或越来越多的人参与高等教育分流影响社会分层流动活动就是人人参与了高等教育分流合理影响社会分层流动活动；三是把“被动参

---

① 陈新忠，未增阳. 社会分层视阈下高等教育机会公平研究［J］. 华中农业大学学报（社会科学版），2013（2）：137-143.

与”当“积极参与”，认为自己或子女迫于形势参与高等教育分流影响社会分层流动活动，就是所有人都积极参与了高等教育分流合理影响社会分层流动。高等教育分流影响社会分层流动是知识经济社会的一项普遍社会活动，促使所有有意愿和有能力的社会成员都能参加到这一活动中来是知识经济社会的宗旨和目的。为此，在全面建设知识经济社会进程中，每一位社会成员都要努力运用一己之力推动高等教育分流影响社会分层流动发展壮大成为全民性的社会优化活动。

第二节　我国高等教育分流促进社会分层流动的选择模式

模式是思想和方法的统一体，是指在一定思想指导下建立起来的由若干要素构成的，具有系统性、可仿效性、开放性、中介性和简约性特征的某种活动的理论模型和操作样式①。高等教育分流影响社会分层流动是一项多主体的活动，每一主体都在其中发挥着独特的作用。根据影响高等教育分流促进社会分层流动的主要主体，本书重点分析我国高等教育分流促进社会分层流动的五大选择模式②。

一、高教主导模式

高等教育（简称高教）是高等教育分流影响社会分层流动的实施主体，在高等教育分流影响社会分层流动中作用巨大。高等教育主导高等教育分流影响社会分层流动这一社会活动，能够实现高等教育分流对社会分层流动科学而合理的影响。

（一）高教主导模式的内涵

高教主导模式是高等教育产生后高等教育分流促进社会分层流动的

---

①　陈新忠. 研究生培养模式的构成要素探析［J］. 学位与研究生教育，2009（11）：4-7.

②　陈新忠. 高等教育与社会公平研究：基于分流施教与和谐互动视角［M］. 北京：人民出版社，2014：226-232.

模式之一，是指在教育塑造人、教育发展人、知识武装人等教育与人关系的先进理念指导下，高等教育根据人的发展需要和社会发展需要，遵循高等教育分流规律和社会分层流动规律，以分流施教为中心，为社会个体构建的较为稳定的社会流动结构及其运行方式的总称。高教主导模式是世界高等教育强国高等教育分流促进社会分层流动的成功模式，也应是可供我国高等教育分流促进社会分层流动参考借鉴的主要模式。

（二）高教主导模式的运作

高教主导模式将高等教育置于高等教育分流影响社会分层流动的统领地位，以高等教育分流影响社会分层流动进而达成合理影响及双方和谐互动为目标，通过设计科学的高等教育分流规则和社会分层流动规则，在各方主体对高等教育分流质量和接受高等教育社会个体绩效的一致认同中实现高等教育分流合理影响社会分层流动[①]。高教主导模式以高等教育分流为影响社会分层流动的先导，突出了高等教育在高等教育分流影响社会合理分层流动中的引领作用。

（三）高教主导模式的优点和局限

高教主导模式以高等教育分流影响社会分层流动的实施主体之一——高等教育为行为领导者，便于统一思想和行动，形成连贯反应和良性循环，达成一致目标。然而，这一模式对高等教育提出了更大挑战，要求高等教育必须具有先进的社会发展思想和过硬的世界一流质量，能够设计出科学的影响及互动规则并以身示范。否则，高等教育很难担当完全引领这一社会活动的角色。

二、政府主导模式

政府是国家产生后一国之内各种活动的控制者，对高等教育分流影响社会分层流动活动发挥着重大影响。在集权制国家，政府主导高等教育分流影响社会分层流动活动可以较好达成合理性与科学性的统一。

---

① 陈新忠. 高等教育分流影响社会分层流动的问题与出路：基于美国的经验［J］. 教育发展研究，2013（13/14）：114-118.

（一）政府主导模式的内涵

政府主导模式是国家存在时期高等教育分流促进社会分层流动的一种普遍模式，是指在政府服务社会、政府组织社会、政府引导社会等政府与社会关系的先进理念指导下，政府根据国家发展需要和社会发展需要，遵循国家发展规律和社会发展规律，以国家法律政策调节或直接干预为核心，为社会个体构建的较为稳定的社会流动结构及其运行方式的总称[①]。政府主导模式是世界集权制国家高等教育分流促进社会分层流动的成功模式，可作为我国高等教育分流促进社会分层流动的参照。

（二）政府主导模式的运作

政府主导模式将国家政府置于高等教育分流影响社会分层流动的统领地位，以政府直接作用于高等教育分流影响社会分层流动而达成合理影响及双方和谐为目标，通过设计合乎本国实际的高等教育分流规则和社会分层流动规则，在各方主体对高等教育分流质量和接受高等教育社会个体绩效的一致认同中实现高等教育分流合理影响社会分层流动。政府主导模式以政府号令为高等教育分流影响社会分层流动的先导，强调了政府在高等教育分流合理影响社会分层流动活动中的引领地位。

（三）政府主导模式的优点和局限

政府主导模式以高等教育分流作用社会分层流动的影响主体——国家政府（包括地方政府）为行为领导者，充分利用了政府在当今社会无法替代的组织机构优势和绝对权力地位，有助于统一行为，达到既定目标。然而，这一模式对政府在知识经济社会背景下以人才为中心重构社会分层流动秩序提出了更高要求。如果政府不尊重知识和人才，违反高等教育规律和现代社会的人才流动规律，将难以担当完全引领这一社会活动的重任，甚至造成对这一活动的破坏。

---

① 陈新忠，卢瑶．国家主义教育思想影响下高等教育的困境与出路［J］．教育评论，2016(8)：16-20.

三、社会主导模式

社会组织及其成员是高等教育分流影响社会分层流动的参与者和影响者，是这一社会活动的氛围营造者。以社会组织及其成员主导高等教育分流影响社会分层流动进而实现活动合理且科学，既需要民主的制度条件，也要求社会成员的共同努力。

（一）社会主导模式的内涵

社会主导模式是民主社会中高等教育分流促进社会分层流动的主要模式，是指在社会自治及社会培育人、社会成就人、社会完善人等社会与人关系的先进理念指导下，社会组织及其成员根据社会发展需要和人的发展需要，遵循社会发展规律和社会分层流动规律，以社会分层流动和社会治理为中心，为社会个体构建的较为稳定的社会流动结构及其运行方式的总称[①]。社会主导模式是世界民主程度较高国家高等教育分流促进社会分层流动的成功模式，我国促进高等教育分流合理影响社会分层流动可资借鉴。

（二）社会主导模式的运作

社会主导模式将社会组织及其成员置于高等教育分流影响社会分层流动的统领地位，以社会组织及其成员积极影响高等教育分流对社会分层流动发挥正向作用进而达成双方和谐为目标，通过设计满足本国社会需要、促进本国社会发展的高等教育分流规则和社会分层流动规则，在各方主体对高等教育分流质量和接受高等教育社会个体绩效的一致认同中实现高等教育分流合理影响社会分层流动。社会主导模式将社会组织及其成员的行动和思想作为高等教育分流影响社会分层流动的先导，突出了社会组织及其成员在高等教育分流合理影响社会分层流动这一社会活动中的引领作用。

---

① 陈新忠. 德国高等教育分流影响社会分层流动的经验及启示［J］. 国家教育行政学院学报，2013（2）：86-90.

（三）社会主导模式的优点和局限

社会主导模式以高等教育分流影响社会分层流动的另一实施主体——社会组织及其成员为行为领导者，便于根据社会需求及其理想状态反观和调节高等教育分流，使其分流施教倾向与社会分层流动方向保持一致，最终在合理影响与彼此作用中达成和谐。然而，这一模式对社会组织及其成员提出了挑战，要求社会组织及其成员不仅要自身公平参与社会流动，而且要深谙世界高等教育发展规律和现状，能够设计出立足实际、面向未来的互动规则。否则，社会组织及其成员很难引领这一社会活动达到预想目标。

四、家庭主导模式

家庭是高等教育分流影响社会分层流动的参与主体，是制约高等教育分流影响社会分层流动的重要力量。家庭父母对子女选择高等教育影响深远，以家庭主导高等教育分流影响社会分层流动，有望促进这一社会活动合理性和科学性的兼顾与达成。

（一）家庭主导模式的内涵

家庭主导模式是市场经济社会中高等教育分流促进社会分层流动的模式之一，是指在家庭影响社会及“家庭育人”“家庭环境塑造人”等家庭与子女关系的先进理念指导下，社会家庭中的家长根据子女成长需要和社会发展需要，遵循人的成长规律和社会发展规律，以教育影响子女和为子女选择教育消费为核心，为社会个体构建的较为稳定的社会流动结构及其运行方式的总称。家庭主导模式是市场经济社会高等教育分流促进社会分层流动的一种成功模式，在我国高等教育分流合理促进社会分层流动中可资参考。

（二）家庭主导模式的运作

家庭主导模式将家庭中的家长置于高等教育分流影响社会分层流动活动的主要地位，以家庭中的家长直接作用于高等教育分流影响社会分层流动活动而达成合理影响及和谐互动为目标，通过家庭中的家长选择适合子女的高等教育分流规则和社会分层流动规则，在他们对高等教育分流质量和接受高等教育社会个体绩效的认同中实现高等教育分流合理影响社会分层流动①。家庭主导模式以家庭中的家长教育影响子女和替子女选择教育消费的行为作为高等教育分流影响社会分层流动的先导，强调了家庭中的家长在高等教育分流合理影响社会分层流动这一社会活动中的引领作用。

（三）家庭主导模式的优点和局限

家庭主导模式把高等教育分流影响社会分层流动的参与主体——家庭中的家长作为活动的决定者，充分挖掘了家庭中家长在市场经济社会中决定子女受教育权利的作用，有助于利用血缘和亲情统一对高等教育分流影响社会分层流动的认识和行动，实现合理影响及其和谐互动。然而，这一模式将家庭中的家长置于高等教育分流影响社会分层流动的统领地位，对家庭中家长的素质和行为提出了更高要求。如果家庭中的家长素质不高，不能很好地教育和影响子女，不能正确地帮助子女选择高等教育消费，不能指导子女高校毕业后自然优化流动，将难以担当引领这一社会活动的责任。

五、学生主导模式

高校学生是高等教育分流影响社会分层流动的实践者，是高等教育分流影响社会分层流动的活动主体。高校学生主导高等教育分流影响社会分层流动有利于发挥活动主体的自主性和创造性，是这一社会活动持续发展的必要选择。

（一）学生主导模式的内涵

学生主导模式是高等教育分流促进社会分层流动的应然模式，是指在知识引领社会及大学生自主、大学生自立、大学生自强等高校学生与社会关系的先进理念指导下，大学生根据社会个体成长需要和社会发展

---

① 陈新忠，卢瑶. 分流施教：英国多科技术学院应用型人才培养的经验与启示［J］. 教育与职业，2016（12）：10-15.

需要，遵循人自由而全面发展规律和社会发展规律，以自主学习和自强立业为核心，为社会个体构建的较为稳定的社会流动结构及其运行方式的总称[①]。学生主导模式是知识经济社会高等教育分流促进社会分层流动的一种理性模式，可备我国高等教育分流促进社会分层流动逐渐引用。

（二）学生主导模式的运作

学生主导模式将高校学生置于高等教育分流影响社会分层流动的统领地位，以高校学生直接参与和促进高等教育分流影响社会分层流动而达成合理影响及和谐互动为目标，通过高校学生选择适合自己的高等教育分流规则和社会分层流动规则，在各方主体对高校毕业生学业质量和高校毕业生社会绩效的一致认同中实现高等教育分流合理影响社会分层流动。学生主导模式以高校学生自主学习和自强立业的行为作为高等教育分流影响社会分层流动的先导，突出了高校学生在高等教育分流合理影响社会分层流动这一社会活动中的引领地位。

（三）学生主导模式的优点和局限

学生主导模式将高等教育分流影响社会分层流动的活动主体——高校学生作为活动的统领者，充分利用了高校学生在知识经济社会中干事创业的潜能，有助于通过人才能力而非学历等表象的依托来优化社会阶层，促使高等教育分流影响社会分层流动活动达成整体和谐。然而，这一模式将高校学生置于高等教育分流影响社会分层流动的统领地位，对高校学生的在校学业和社会作为提出了更高要求。如果高校学生在校学业不精，社会作为平平，将很难担当引领这一社会活动的历史使命。

第三节　我国高等教育分流促进社会分层流动的运行机制

机制本指机器的构造及其工作原理，用于管理上特指管理系统的结

① 陈新忠．以学生为中心　深化本科教学改革［J］．中国高等教育，2013（13/14）：50-52.

构及其运行机理。根据高等教育分流影响社会分层流动的主要主体及其相互之间关系和运行模式，本书着重探讨我国高等教育分流促进社会分层流动的五大运行机制①。

一、高教分流机制

高等教育（简称高教）是高等教育分流影响社会分层流动的实施者，其率先引导在这一社会活动中至关重要。实现高等教育合理分流促进社会合理分层流动，要从高等教育分流施教入手，科学构建高等教育分流机制。

（一）高教分流机制概念及要素

高等教育分流机制是高等教育分流影响社会分层流动这一社会活动的启动引领机制，是指高等教育分流主体遵循高等教育规律和高等教育分流规律，根据国家、社会需要及分流对象的意愿，将完全高中后学生分层次、分地域、分形式、分学科地输送进不同高等教育机构接受高等教育的运行方式及其相互关系。高等教育分流以分流行为影响社会分层流动，涉及高等教育机构、国家政府、社会组织、家庭和高校学生等要素②。高等教育分流要想合理影响社会分层流动进而实现二者和谐互动，必须科学设计分流机制。

（二）高教分流机制的运行机理

在高教分流机制中，高等教育机构主要通过四种互动关系开展分流工作，进而实现合理分流的目的。一是高等教育机构与国家政府互动反应。高等教育机构通过与政府互动，了解政府的人才需求和支持意愿，在分流施教过程中积极争取政府的支持，并将政府的需求和意愿充分地表达出来。二是高等教育机构与社会组织互动反应。高等教育机构通过

---

① 陈新忠. 高等教育与社会公平研究：基于分流施教与和谐互动视角［M］. 北京：人民出版社，2014：232-239.

② 陈新忠，未增阳. 社会分层视阈下高等教育机会公平研究［J］. 华中农业大学学报（社会科学版），2013（2）：137-143.

与社会组织互动，了解社会组织的人才需求及其分层流动规则，在分流施教过程中积极适应并引领社会组织的需求，修正社会组织的人才流动规则。三是高等教育机构与家庭家长互动反应。高等教育机构通过与家庭中的家长们互动，了解家庭中家长们对子女的意愿和期求，在分流施教过程中努力满足各个家庭家长的共同要求，引导所有家庭家长正确指导子女参与社会分层流动。四是高等教育机构与高校学生互动反应。高等教育机构通过与高校学生互动，了解高校学生成长成才的愿望，在分流施教过程中努力培育高校学生成长，促进高校学生努力凭借才能从社会分层流动中胜出。

（三）高教分流机制的应用完善

推进高等教育分流合理影响社会分层流动，高教分流机制还存在着诸多尚需完善的地方。一是高等教育要不断增强自身素质，打造世界一流高等教育机构，并科学设计分流规划，提高分流施教的能力；二是高教分流不仅要适应国家政府和社会组织的需求，而且要能够不断促进国家政府和社会组织的发展；三是高教分流要培养有思想、敢作为的高校毕业生，使其能够引导社会分层流动的新风尚。

二、政府调控机制

政府是高等教育分流影响社会分层流动的重要控制力量，左右着这一社会活动的整个局面。实现高等教育合理分流促进社会合理分层流动，要从国家政府的宏观调控着手，科学构建政府调控机制。

（一）政府调控机制概念及要素

政府调控机制是高等教育分流影响社会分层流动的主要干预机制，是指国家及地方政府遵循国家发展规律和社会发展规律，根据各级政府需要和社会需求，通过制定法律、法规、规章、制度、方针、政策等促使社会个体接受高等教育并按照一定规则进行社会分层流动的运行方式及其相互关系。政府调控以政治、经济、文化等方面的宏观和微观方式影响高等教育分流对社会分层流动的作用，涉及国家政府、高等教育机构、社会组织、家庭和高校学生等要素[①]。促进高等教育分流合理影响社会分层流动，政府必须充分考虑各个要素之间的利害关系。

（二）政府调控机制的运行机理

在政府调控机制中，国家及地方政府主要通过四种互动关系影响高等教育分流对社会分层流动发生作用，进而达成影响合理及双方和谐。一是国家及地方政府与高等教育机构互动反应。国家及地方政府通过与高等教育机构互动，了解高等教育机构人才培养的特点和意向，在调控过程中尽力顺应高等教育规律，将高等教育机构的功能和意旨融入相关法律政策之中。二是国家及地方政府与社会组织互动反应。国家及地方政府通过与社会组织互动，了解社会组织的人才需求及用人规则，在调控过程中尽可能适应和引导社会组织的人才需求，促进社会组织用人规则完善。三是国家及地方政府与众多家庭家长互动反应。国家及地方政府通过与众多家庭家长互动，了解家庭中家长对子女的期望和对高等教育分流影响社会分层流动活动的希求，在调控过程中引导越来越多的家庭家长促使子女参与到高等教育分流影响社会分层流动中来，扩大高等教育分流促进社会分层流动的影响范围。四是国家及地方政府与高校学生互动反应。国家及地方政府通过与高校学生互动，了解高校学生步入社会的梦想，在调控过程中指导他们多为国家和社会做贡献，促使他们在服务国家和社会中实现自己的价值。

（三）政府调控机制的应用完善

实现高等教育分流合理影响社会分层流动，政府调控机制还需要从多方面予以完善。一是政府要跳出服务于时下本土的偏狭观念束缚，立足全球社会发展，从未来经济社会需要出发谋划高等教育合理分流影响社会合理分层流动的调控策略及方向；二是政府要通晓高等教育规律和高等教育分流规律，在此基础上谋划高等教育分流合理影响社会分层流动的调控策略及方向；三是政府要通晓社会发展规律和人的自由而全面

---

① 陈新忠. 高等教育变革的理论回应与社会支持［J］. 国家教育行政学院学报，2014（4）：43-47.

发展的规律，以人的自由而全面发展为终极目的谋划高等教育分流合理影响社会分层流动的调控策略及方向。

三、社会应和机制

社会各界是高等教育分流促进社会分层流动的重要参与力量，影响着这一社会活动的进展。实现高等教育合理分流促进社会合理分层流动，要高度重视社会组织及其成员的参与和推动作用，科学构建社会应和机制。

（一）社会应和机制概念及要素

社会应和机制是高等教育分流影响社会分层流动的重要实施机制，是指社会组织及其成员遵循社会发展规律和社会分层流动规律，根据社会需要和社会成员发展需求，促使社会个体接受不同层次、地域、形式和学科的高等教育，进而促进社会个体向上社会流动的运行方式及其相互关系。社会组织及其成员以促使社会个体接受高等教育来影响高等教育分流对社会分层流动发生作用，涉及社会组织、高等教育机构、国家政府、家庭和高校学生等要素[①]。实现高等教育分流合理影响社会分层流动，必须改善和强化社会应和机制。

（二）社会应和机制的运行机理

在社会应和机制中，社会组织及其成员主要通过四种互动关系作用于高等教育分流影响社会分层流动，推动二者实现合理影响及和谐互动。一是社会组织及其成员与高等教育机构互动反应。社会组织及其成员通过与高等教育机构互动，了解高等教育机构人才培养与社会需要的契合程度，在应和过程中一方面促使年轻人越来越多地接受高等教育，顺应高等教育的分流惯性和培养目标，一方面集聚人才流动的优良传统，以普遍认可或未来需求的更高标准和价值追求改造高等教育的分流习惯和目标定位。二是社会组织及其成员与国家及地方政府互动反应。

---

① 杨习超，陈新忠. 社会认同视域下教会大学农村公共服务研究［J］. 华中农业大学学报（社会科学版），2016（4）：80-85.

社会组织及其成员通过与政府互动，了解政府对社会的需求和对人才的要求，在应和过程中一方面适应政府的人才要求，一方面以实际需要修正政府的人才尺度。三是社会组织及其成员与众多家庭家长互动反应。社会组织及其成员通过与众多家庭家长互动，了解多数家庭家长对子女步入社会的期望，在应和过程中一方面满足大多家庭家长的普遍要求，一方面引导所有家庭家长适应知识经济社会人才分层流动的优化准则[①]。四是社会组织及其成员与高校学生互动反应。社会组织及其成员通过与高校学生互动，了解高校学生的社会抱负，在应和过程中一方面接受高校学生在高校养成的良好品行，一方面促进高校学生适应现实社会分层流动的竞争规则。

（三）社会应和机制的应用完善

推动高等教育合理分流影响社会合理分层流动，社会应和机制尚需从多方面进行完善。一是社会组织及其成员要树立正确而先进的理念，养成正确而先进的社会流动行为，以此指导自己、子女和他人社会流动；二是社会组织及其成员要尊重人才和知识，熟悉和把握高等教育规律与高等教育分流规律，推动高等教育分流影响社会分层流动这一社会活动规模不断增大；三是社会组织及其成员要以开放的视野和心态应对新生事物，勇于接纳各级政府代表、高校学生和诸多家庭家长的良好建议，不断创新社会阶层优化的新方式和新渠道，开创高等教育分流合理影响社会分层流动的新局面。

四、家庭跟进机制

家庭是高等教育分流影响社会分层流动的间接内力，通过学生而成为这一社会活动的特殊流动主体。实现高等教育合理分流促进社会合理分层流动，要充分发挥每一家庭中家长的独特促进和牵引拉动作用，科学构建家庭跟进机制。

---

① 陈新忠. 高等教育分流打通流向农村渠道的思考与建议 [J]. 中国高教研究，2013 (3)：36-41.

（一）家庭跟进机制概念及要素

家庭跟进机制是高等教育分流影响社会分层流动的重要促进机制，是指家庭中的家长遵循人的全面发展规律和社会发展规律，根据子女意愿和社会需要，帮助子女接受相应层次、地域、形式、学科的高等教育，并促进子女向上社会流动的运行方式及其相互关系。家庭中家长以协助子女接受教育分流和社会流动的行为影响高等教育分流对社会分层流动的作用，涉及家庭中的家长、高等教育机构、国家政府、社会组织和高校学生等要素。促进高等教育分流合理影响社会分层流动，需要充分运用家庭跟进机制。

（二）家庭跟进机制的运行机理

在家庭跟进机制中，家庭中的家长主要通过四种互动关系表达自己参与高等教育分流影响社会分层流动这一社会活动的态度，从而促进二者合理影响及和谐互动。一是家庭中的家长与高等教育机构互动反应。家庭中的家长通过与高等教育机构互动，了解高等教育机构的分流方式和培养质量，在跟进过程中帮助子女选择合适的高等教育方式和机构，促进子女未来向上社会流动。二是家庭中的家长与社会组织及其成员互动反应。家庭中的家长通过与社会组织及其成员互动，了解社会组织及其成员对高等教育分流影响社会分层流动活动的看法，以及他们选择高等教育的行为和在社会分层流动中的行为，在跟进过程中以其为参照，指导子女如何面对社会现实参与高等教育分流影响社会分层流动活动。三是家庭中的家长与国家及地方政府互动反应。家庭家长通过与政府互动，了解政府的人才需求和相关规则，在跟进过程中以其为参照，指导子女响应政府号召参与高等教育分流影响社会分层流动活动①。四是家庭中的家长与子女互动反应。家庭中的家长通过与子女互动，了解子女的教育期望和社会期望，在跟进过程中以子女实际需求为基础，指导子女根据自身情况和愿望参与高等教育分流影

① 陈新忠，李忠云．“以学生为中心”的本科教育实践误区及引导原则［J］．中国高教研究，2012（11）：57-63．

响社会分层流动活动。

（三）家庭跟进机制的应用完善

适应高等教育分流影响社会分层流动的要求，家庭跟进机制尚需在诸多方面逐渐完善。一是家庭中的家长要不断提高自身修养，不仅能及时帮助子女选择适切的高等教育分流形式和社会流动方式，而且在子女社会流动过程中遵守良好的规则；二是家庭中的家长要不断增强教育能力，不仅了解高等教育规律，而且能够指导子女成为品学兼优的高级人才；三是家庭中的家长要不断展示自我社会流动的榜样力量，不仅要持续提升自我在社会中的德才地位，而且要能够引导子女在高等教育分流合理影响社会分层流动中成为优秀榜样。

五、大学生流动机制

大学生是高等教育分流影响社会分层流动的活动主体，以自身流动状况体现着这一特殊活动的社会效应。实现高等教育合理分流促进社会合理分层流动，要积极挖潜高校学生的自立自强作用，科学构建大学生流动机制。

（一）大学生流动机制概念及要素

大学生流动机制是高等教育分流影响社会分层流动的主体行动机制，是指高校学生遵循自我成长规律、高等教育规律和社会发展规律等，根据自我意愿、高等教育条件和社会需要，在教师和家长指导下接受不同层次、地域、形式、学科的高等教育，进而参与社会分层流动的运行方式及其相互关系。高校学生以主体选择和自身行动影响高等教育分流对社会分层流动的作用状况，涉及高等教育机构、国家政府、社会组织、家庭家长等要素①。实现高等教育分流合理影响社会分层流动，必须充分发挥大学生流动机制的作用。

---

① 陈新忠. 以学生为中心　深化本科教学改革［J］. 中国高等教育，2013（13/14）：50-52.

（二）大学生流动机制的运行机理

在大学生流动机制中，高校学生主要是通过四种互动关系融入高等教育分流，进而参与社会分层流动的。一是高校学生与高等教育机构互动反应。高校学生通过与高等教育机构互动，了解高等教育机构的分流条件和施教情形，在流动过程中选择适合自己的高等教育。二是高校学生与社会组织互动反应。高校学生通过与社会组织互动，了解社会组织及其成员对待高校毕业学生的态度和行为，在流动过程中寻找适合自己的向上社会流动突破口。三是高校学生与国家及地方政府互动反应。高校学生通过与政府互动，了解政府的人才需求及其相关规则，在流动过程中遵守适用自己的规则，选择适合自己的岗位[①]。四是高校学生与家庭中的家长互动反应。高校学生通过与家庭中的家长互动，了解家中父母的处世原则和行为，以及对待自己道路选择的态度和期望，在流动过程中充分尊重父母的意见，将父母的建议和帮助部分体现在高等教育分流影响社会分层流动之中。

（三）大学生流动机制的应用完善

促进高等教育分流合理影响社会分层流动，大学生流动机制的许多方面还需要改进和完善。一是大学生要不断提高自身的辨识能力，在与高等教育机构、各自家庭及家长、社会组织及其成员、国家及地方政府等的互动中，能够辨识出哪些是有利于所有社会成员发展的良好意见、建议、政策、制度，哪些是不利于所有社会成员发展的低劣意见、建议、政策、制度；二是大学生要做学业优秀的典范，在读期间学好专业知识，养成专业能力，充分体现高等教育分流的作用[②]；三是大学生要做社会流动的榜样，在职业岗位上运用专业知识和技能发展事业，充分彰显自身社会分层流动的优势。

---

① 陈新忠. 高等教育分流打通流向农村渠道的思考与建议［J］. 中国高教研究，2013（3）：36-41.

② 陈新忠，卢瑶. 大学生学业拖延与网络成瘾关系的实证研究：以华中农业大学为例［J］. 徐州工程学院学报（社会科学版），2016（4）：98-102.

第四节　我国高等教育分流促进社会分层流动的政策建议

我国促进和实现高等教育分流合理影响社会分层流动，有赖于政府、高教、社会、家庭和学生等主体共同努力。在具体实施中，高等教育要改革分流制度，国家政府要完善法律政策，社会各界要营造良好风尚，家庭家长要转变家教传统，高校学生要以身作则示范[①]。唯有如此，我国高等教育合理分流影响社会合理分层流动的和谐局面才可望真正全面形成。

一、高等教育改革分流制度

在高等教育分流影响社会层流动过程中，高等教育分流的流量、流源、流层、流型、流域、流向、流质、流速等制度至关重要，直接影响着这一社会活动的结果。解决高等教育分流影响社会分层流动中的问题，实现二者合理影响及和谐互动，要求高等教育在分流制度上进行改善。

（一）改革高等教育流源与流量制度

流源是高等教育分流影响社会分层流动活动的学生来源，一定程度上决定着这一影响活动的性质；流量是高等教育分流影响社会分层流动活动的学生数量，很大程度上制约着这一社会活动的规模。针对高等教育分流影响社会分层流动的流源和流量问题，高等教育必须在制度上进行改革。在流源上，结合多数社会成员生活实际，我国要促进形成“以中低收入家庭学生为主体，来源广泛”的高等教育生源制度，按照“质量优先，兼顾公平”的原则，充分考虑“老、少、边、穷”地区的学生，确定合理的生源结构；高等教育的实施机构——高等院校要充分利

---

① 陈新忠. 高等教育与社会公平研究：基于分流施教与和谐互动视角［M］. 北京：人民出版社，2014：239-256.

用政府和法律赋予的自主权力，运用多种招生方式不拘一格地将优秀学生招进高校[①]，并通过“奖、助、免、贷”等手段保证家境困难的学生安心求学。同时，高等教育要与基础教育协作联动，积极推进九年义务教育均衡发展和高中教育普及，保障高等教育生源数量充足，结构良好，质量优等。在流量上，我国要推动形成稳步扩大高等教育规模的制度，努力促进高等教育毛入学率以每年 1～2 个百分点的速度增长，到中华人民共和国成立 100 年左右时赶上或超过世界高等教育强国的入学比例；高等院校要在条件充分的基础上积极争取扩大招生数量，在国家法律政策许可范围内运用多种形式培训有志于接受高等教育的学子，以质量为前提持续提高高等教育文化人口比例和数量。

（二）改革高等教育流层与流型制度

流层是高等教育分流影响社会分层流动活动中社会个体接受的高等教育层次，一定程度上决定着社会个体的职业岗位层次；流型是高等教育分流影响社会分层流动活动中社会个体接受的高等教育类型，很大程度上制约着社会个体的社会地位。针对当前高等教育分流影响社会分层流动活动中的流层问题，我国高等教育要学习借鉴美[②]、英[③]、德[④]等高等教育强国经验，建立健全高校学生教育层次流转制度，允许不同层次高等院校与不同层次高等教育的学生自由流转。高等教育可以规定，不同层次高等院校和不同层次高等教育的相同学科学分互通，学历互认，只要达到一定的基本要求，符合相应的基本条件，就应该允许高校学生通过申请从一类高校转到另一类高校，从一级教育层次转向另一级教育层次。这样，既保持了各种高校层次和教育层次的独立性，又打破了彼

① 陈新忠，任尚舒．新高考改革背景下高等农业院校危机及应对研究［J］．教育评论，2017（5）：18-23.

② 陈新忠．高等教育分流影响社会分层流动的问题与出路：基于美国的经验［J］．教育发展研究，2013（13/14）：114-118.

③ 陈新忠，卢瑶．分流施教：英国多科技术学院应用型人才培养的经验与启示［J］．教育与职业，2016（12）：10-15.

④ 陈新忠．德国高等教育分流影响社会分层流动的经验及启示［J］．国家教育行政学院学报，2013（2）：86-90.

此畛域分明的壁垒，有利于高校学生体验不同学校的文化氛围和教研成就，有助于高校学生更加积极主动汲取知识精华和文明成果。为改善层级规模比例状况，高等教育要大力发展专科教育和研究生教育，稳定本科教育，建立研究生教育位于塔顶、本科教育位于中层、专科教育位于塔基的金字塔形高等教育层次规模结构；大力建设专科院校，重点发展“双一流”建设高校，建立“双一流”建设高校位于塔顶、一般本科院校位于中层、专科院校位于塔基的金字塔形高等学校层次规模结构。针对现今高等教育分流影响社会分层流动活动中的流型问题，我国高等教育要建立健全高校学生教育类型流转制度，允许不同类型或形式的高等院校学生自由流转①。高等教育要通过建章立制，规定不同类型或形式高等教育的相同学科学分互通，学历互认，只要达到一定的基本要求，符合相应的基本条件，高校学生就可以通过申请从一类教育形式转到另一类教育形式，从一种高校类型转向另一种高校类型。不同类型或形式高等教育自由流转，既保持了各种教育形式和高校类型的独立性，又打破了相互之间各自为政的界限，有利于高校学生以不同的方式进行学习，有助于高校学生提高自主学习的能力。为改善类型规模比例状况，高等教育要稳定发展全日制正规普通教育，大力促进非全日制教育和非学历教育，建立以全日制正规普通教育为主体、非全日制教育和非学历教育多样化发展的高等教育形式规模结构；稳步发展职业技术教育，提升普通本科教育水平，建立高等职业教育与普通教育平分秋色的高等教育类型规模结构，促进更多有志于接受高等教育的学子借助高等教育实现向上社会流动。

（三）改革高等教育流域与流向制度

流域是高等教育分流影响社会分层流动活动过程中社会个体接受高等教育的属地，一定程度上关联着社会个体社会流动的地域范围；流向是高等教育分流影响社会分层流动中社会个体的高校学业方向，很大程

---

① 董泽芳，陈新忠．高等教育分流影响社会分层流动的实证研究［J］．华中师范大学学报（人文社会科学版），2013（5）：147-154.

度上制约着社会个体的职业选择和地位获得。针对当前高等教育分流影响社会分层流动活动中的流域问题，我国高等教育要打破地域分割、层级分明的格局，建立协调发展、师生交流制度①。在适度照顾中西部地区高校生源入学分数的基础上，高等教育要加大对中西部地区高校的支持力度，加快西部地区高校建设，提高西部地区高校的教育水平；同时扩大中西部地区高校师生与东部地区高校师生的交流范围和规模，促进东部、中部和西部三大地域的高校之间、师生之间、社会之间相互影响、相互学习、相互认可、平等共处。在流向上，针对高校毕业生专业知识浪费严重的问题，我国高等教育要健全专业培养制度，加强学科专业的针对性、现实性和持续性。我国高等教育要进一步强化学科专业规划，使学科专业既符合社会事业建设和科学技术发展的需求，具有适应性和目标性，又蕴涵社会事业建设和科学技术发展的趋势，具有超前性和指导性。在学科专业建设上，我国高等教育要强化基础，突出方向。高等教育既要强化专业基础，又要强化人文基础，使高校学生具有宽厚的基础知识，以适应职业岗位的未来变化；既要突出专业方向，又要突出职业方向，使高校学生有兴趣于专业积累，便于在未来职业发展上及早凸显优势。

（四）改革高等教育流质与流速制度

流质是高等教育分流影响社会分层流动活动中受教育社会个体的高等教育质量，很大程度上制约着社会个体在社会分层流动中的职位获得和地位状况；流速是高等教育分流影响社会分层流动活动中受教育社会个体的高等教育年限，一定程度上关系着社会个体的社会流动步伐和进程。在当前高等教育分流影响社会分层流动状态下，我国高等教育要改革培养制度，调整教育重点，突出实习实践，树立厚文强理、重视实践、注重能力的教育思想，提升高校人才培养质量。在改变以往重理论轻实践、重学轻用、重理轻文和重分轻能等弊端的基础上，我国高等教育要加强高校人文社科教育，提高高校学生人文社科修养；强化理工学

---

① 陈新忠，卢瑶．教育家办学的现实差距与理性进路：基于 39 所“985”高校校长的分析[J]．高等农业教育，2017（1）：11-16.

科和新兴科技教育，培育科学技术创新人才；重视专业课程的实习实践与各种文体活动及社会活动的锻炼，增强高校学生在学习、研究、动手、表达、交流、组织等方面的相应能力①。在流速上，针对存在问题，我国高等教育既要设立专科、本科、硕士、博士等教育层次的固定学制年限，以保证高校有较为充裕的时间培育出基础知识扎实、文化素质过硬的高校毕业生，又要保持专科、本科、硕士、博士等教育层次的学制年限的灵活性，以促进高校能在较短时间内培养出珍惜光阴、善于学习、刻苦认真、成绩优异的高校毕业生。我国高等教育要以学分制为基础改善高校学生的修业年限，真正推广实行弹性学制。在弹性学制下，高等教育以专科、本科、硕士、博士等教育层次的规定学制为基础年限，允许并鼓励高校学生根据学业积分情况提前或延后毕业。普遍实施弹性学制，不但有利于调动高校学生学习的积极性和主动性，提高高校学生的学习质量和高等院校的教育质量，而且将改变“慢”而“不活”的学制局面，加快社会个体通过高等教育实现向上社会流动的速度，相对增多和延长社会个体创造社会价值的青春年华。

二、国家政府完善法律政策

政府有关高等教育分流影响社会分层流动的法律政策是这一活动的导向，制约着这一活动的力度和效度。20 世纪 80 年代以来高等教育投资、招生、管理和就业的法律政策是制约高等教育分流影响社会分层流动活动开展的最为重要因素，迫切需要予以完善，以推动相关体制、机制的健全。

（一）完善高等教育投资的法律政策

现阶段，社会成员对高质量高等教育不断增长的需求与国家提供的优质高等教育资源相对不足仍是我国高等教育面临的主要矛盾②。为了

---

① 陈新忠，李忠云，李芳芳，等. 我国农业科技人才培养的困境与出路研究 [J]. 高等工程教育研究，2015 (1)：135-139.

② 陈新忠，李忠云. 资本市场的多元化对高等教育投融资体制的启示 [J]. 理论月刊，2005 (7)：92-94.

解决这一矛盾，我国政府应该完善高等教育投资的法律政策。其一，健全持续增加财政投入的法律政策。从西方发达国家高等教育分流影响社会分层流动的经验来看，他们无不将政府财政投入放在首位，大力建设高等教育强国，以发展高等教育来推进社会分层流动。与西方发达国家相比，我国近年来高校学生数量增速较快，而政府对高等教育投入的增速较慢，远远不能满足高等教育规模增长和质量提高的需求。与此同时，我国高等教育的办学成本却呈现攀升趋势，出现了较大增幅①。2012 年，我国财政性教育经费支出占 GDP 的比例首次达到 4%；2020 年，我国财政性教育经费约为 4.29 万亿元，占 GDP 的 4.22%，自 2012 年以来连续第九年做到了“不低于 4%”②。然而，我国财政性教育经费支出占 GDP 的比例仍旧远远低于发达国家 6%以上的水平，也低于发展中国家 4.6%的平均水平，还不足以把高等教育带入世界瞩目的水平③。我国高等教育的财政性经费投入占 GDP 比例在全球国家中属于较低水平，即使把高等院校的科技财政投入计算在内，其总额也远远低于发达国家投入水平④。并且，随着高等教育规模持续扩张，我国高等教育财政性经费投入呈现相对减少趋势，2020 年普通高校的生均一般公共预算教育经费、生均一般公共预算教育事业费支出和生均一般公共预算公用经费支出分别比上一年减少了 4.65%、5.29%和 11.56%⑤。为此，我国政府应将建设高等教育强国作为国家目标和重要任务写入法律，制定大幅增加高等教育财政投入的政策，使财政性教育经费支出占 GDP 的比例达到 5%～6%，财政性高等教育投入占 GDP 的比例提高到

---

① 瞿振元. 建设高等教育强国应成为国家意志和政府行为［J］. 中国高等教育，2009（1）：11-13.

② 陈鹏. 2020 年全国教育经费总投入约为 5.30 万亿元　占 GDP 比例为 4.22%［EB/OL］.（2021-12-06）［2022-07-20］. https://henan. china. com/edu/info/2021/1206/2530225073. html.

③ 王建国. 建设高等教育强国的若干思考［J］. 中国高等教育，2008（2）：15-19.

④ 蔡克勇. 关于建设高等教育强国的若干问题［J］. 高等教育研究，2008（5）：7-12.

⑤ 中华人民共和国教育部，国家统计局，财政部. 2020 年全国教育经费执行情况统计公告［EB/OL］.（2011-11-30）［2022-07-20］. https:// www. moe. gov. cn/srcsite/A05/s3040/202111/t20211130_583343. html.

1.5%以上，超过发展中国家，尽快赶上经济发达国家①。其二，完善高等院校多方筹资的法律政策。我国自 1997 年实行全国普通高校收费并轨，并逐渐提高收费标准，在一定程度上缓解了经费短缺的矛盾，但投入不足依旧是阻碍高校发展的首要因素②。在政府投资不足的情况下，通过法律政策积极鼓励高等院校寻求多元化筹融资渠道，科学高效地利用好资金与资源，是解决我国高等教育经费不足的重要途径③。闵维方认为："在计划经济时代，大学发展所需经费 90%多靠国家拨款。而今天，就北大来讲，现在学校日常运行预算的三分之二要靠学校自筹。"④ 面对国内市场主体日益成熟和壮大的良好形势，我国政府要完善社会捐资助学的法律政策，允许高校在积极争取政府拨款、收取合理学费、节俭高效利用好现有资源的前提下，"可凭借其独特的社会地位与科研、服务功能，尝试通过高校资产证券化方式参与资本市场筹融资、联合发行高等教育债券、组建高等教育基金、发行高等教育彩票、建立教育发展公司、吸引国外资金投入等方式谋求更多的资金与资源支持"⑤。

（二）完善高等教育招生的法律政策

针对我国高等教育分流影响社会分层流动过程中存在的流源和流质问题，政府需要从高招前生源教育的法律政策和高中后招生考试的法律政策两个方面予以完善。其一，改进高招前生源教育的法律政策。广石小野对日本学生的抽样调查表明，初中学习成绩较差的学生中，51.00%没有继续读高中，只有 19.00%升入普通高中，而这部分学生没有一人考入大学；初中学习成绩较好的学生中，80.00%升入普通高

---

① 马陆亭，刘红宇．高教财政投入和社会投入占 GDP 比例的政策价值［J］．华中师范大学学报（人文社会科学版），2015（1）：150-160.

② 未增阳，陈新忠．高等教育入学机会公平的财政促进政策探析［J］．当代教育科学，2012（17）：32-35.

③ 陈新忠，程华东．回眸与展望：高校领导的转型与超越［J］．高教探索，2009（3）：33-36.

④ 姜晓明．校长二人谈［J］．新闻周刊，2003（6）：50-51.

⑤ 陈新忠，李忠云．大学经营及其风险防范［J］．黑龙江高教研究，2006（2）：79-81.

中，这部分学生中有 48.00%考入了大学；并且，能否从初中考入较好的高中，社会来源起了决定性影响①。可见，在高等教育的机会获得中，高招前的教育和学生家庭状况至关重要。20 世纪 70 年代，为扩大高等教育机会，提高高等教育质量，德国曾颁布《高等教育总法》对完全中学、实科中学等类型中学的课程与教学内容进行改革②。为改善高等教育生源状况，我国政府要从根基抓起，完善九年义务教育均衡发展和普及高中教育的法律政策。在促进九年义务教育均衡发展的法律政策中，政府不仅要注意东部、中部、西部等区域间的教育均衡发展，而且要注重每一区域内部各个地区之间的教育均衡发展；不仅要注意一城一镇的教育均衡发展，而且要注重每一学校内部各个年级、各个班级的教育均衡发展。在促进普及高中教育的法律政策中，政府要充分考虑各地学校的经济支撑、校园建设、师资队伍、教育水平等，关注弱势群体，推进教育公平；试点先行，以点带面，不断扩大九年义务教育均衡发展的成果，为高等教育公正地提供出身广泛、数量充足的生源③。其二，制定多元化高考招生的法律政策。我国现行高考政策选拔出了大量优秀人才，在优化社会阶层、促进社会成员向上流动上功不可没。然而，“一考定终身”的高考政策也存在着形式单一、内容繁多等弊端，埋没和贻误了不少人才，受到社会广泛质疑。为将真正优秀且有学习愿望的学生选拔到高等院校接受高等教育，我国政府可以制定一年两次高考的法律法规，多管齐下招揽优质生源。国家将一年一度的高招考试增至两次，既增加了高中毕业生获得高等教育的机会，又不致高招过滥，维护了高招考试的神圣地位。同时，国家在完善高招政策中要增加考生高中学习成绩的比重，减少考试科目，减轻学生考试负担；对于未达到录取

① ONO H. Who Goes to College?：Features of Institutional Tracking in Japanese Higher Education [J]. American Journal of Education，2001（2）：161-195.

② 贺国庆，王保星，朱文富，等. 外国高等教育史［M］. 北京：人民教育出版社，2006：536-537.

③ 陈新忠，卢瑶. 我国高等教育公平研究的现状、热点与前沿：基于 CNKI 数据库 2005—2014 年文献的可视化分析［J］. 国家教育行政学院学报，2016（9）：32-38.

分数线的考生，招生办可将其某科较好的成绩保留三年，在再次考试时该科课程予以免考，并且允许考生在一定范围内自行选择考试科目；实施考生与高校双向选择政策，考生可以同时申请几所自己喜欢的高校，有权于收到的同一等级多所高校录取通知书中选择任何一所学校；高校要注重对考生综合素质与学习能力的考察，将全国统一高考分数仅作为录取的基础标准，不拘一格选录人才①。在多元化高考招生中，政府要加强高招监督的法律政策设计，确保招生工作公开、公正地开展。

（三）完善高等教育管理的法律政策

为进一步发挥高等教育自我管理的积极性和主动性，我国政府必须加强对高等教育管理的法律政策进行完善。其一，健全政府宏观调控的法律政策。作为国家事业发展的有机组成部分，高等教育在政治、经济、文化、科技等方面的作用日益突出，强化高等教育管理、将高等教育做大做强是政府义不容辞的重要职责。美、英、德虽属联邦制度的分权型国家，却能不失时机地对高等教育进行调控，充分发挥了政府应有的导向作用，推动了国家高等教育的发展和壮大。我国属民主集中制的集权型国家，计划经济体制下高校由政府统一管理、经费由政府统一提供、招生由政府统一计划、毕业生由政府统一分配，政府几乎包揽高校的一切②；市场经济条件下通过《关于教育体制改革的决定》《中国教育改革和发展纲要》《中华人民共和国高等教育法》等政策和法律，政府对高校从直接管理变为以间接调控为主，形成了以市场机制为导向、政府宏观调控为主导、学校自主办学为主体的高校运作机制③。然而，借鉴美、英、德等高等教育强国的成功经验，我国仍须健全法律政策以加强政府宏观调控。政府要加强对高等教育规模的调控，稳步提高我国

① 陈新忠，任尚舒. 新高考改革背景下高等农业院校危机及应对研究 [J]. 教育评论，2017 (5)：18-23.

② 陈新忠，李忠云. 我国研究型大学实施战略控制的必要性与可行性 [J]. 辽宁教育研究，2006 (11)：32-33.

③ 陈新忠. 研究型大学战略控制体系研究 [D]. 武汉：华中农业大学，2007：1.

高等教育毛入学率比例；加强对高等教育结构的调控，不断优化我国高等教育的区域结构、层次结构、形式结构和学科结构；加强对高等教育质量的调控，不断改进我国高等院校毕业生的学业成就和实践能力；加强对高等教育效益的调控，不断提升我国高等教育的社会效益、经济效益和生态效益。其二，完善高校自主办学的法律政策。自主权力是高校生存的基本条件，也是高校发展的不竭动力。美、英、德三国高等院校都享有高度的自主权力，筹资、招生、管理、教学都主要依靠高校自身的努力，自主地位和危机意识使得这些国家的高校在激烈的竞争中汰劣聚优，走向强大。我国政府 1999 年 1 月 1 日颁布实施的《中华人民共和国高等教育法》规定，“高等学校自批准设立之日起取得法人资格，享有民事权利，承担民事责任”，“高等学校应当面向社会，依法自主办学”；高等学校享有自主调节系科招生比例，自主设置和调整学科、专业，自主制定教学计划、选编教材、组织实施教学活动，自主开展科学研究、技术开发和社会服务，自主开展与境外高等学校之间的科学技术文化交流与合作，自主确定教学、科学研究、行政职能部门等内部组织机构的设置和人员配备，自主评聘教师和其他专业技术人员的职务、调整津贴及工资分配等权力。尽管如此，我国高校在招生、管理、筹资、教学等方面的自主权力仍然十分有限。为此，我国政府要完善高校自主办学的法律政策，在招生上逐步将选拔优秀学生的权力赋予高等院校，不断增强高校自主招生能力，提高高校高等教育质量；在管理上逐步减少行政干预，放手让高校自主管理，不断增强高校办学竞争能力，提高高校办学水平和效益；在筹资上为高校提供自主筹资的平台和阶梯，鼓励高校通过提高教育质量去争取更多的国家财政支持和社会资金捐助；在教学上督促和支持高校自主发展、自主评价，逐渐形成以高校自评为主体的评价体系，促进高校自主、自觉、自动地提高教育教学能力和档次。

（四）完善高等教育就业的法律政策

针对就业政策中存在着学历歧视严重、缺乏人文关怀等弊端，我国政府需要对高等教育就业的法律政策予以完善。其一，制定高校学生就业服务的法律政策。美、英、德三国在高校学生就业上，政府发挥了积极作用。美国政府劳工部通过制定宏观就业政策、进行全美就业调查等工作，协同高等院校、中介机构和用人单位帮助高校毕业生就业；英国政府通过组织成立全国性职业服务中介机构——就业和养老金部，指导社区志愿者行动，协助高校毕业生寻职就业；德国政府通过批准设置私人咨询介绍所、提高企业用人标准等措施，联合社会力量帮助高校毕业生就业。学习美、英、德等高等教育强国的经验做法，我国政府需要完善高校学生就业服务的法律政策。政府要修订法律政策，为高校学生就业、创业创造良好的政策环境；引导设置全国性的高校学生就业服务系统，设立地区分支机构，建立公共信息网站，为高校学生就业提供政策咨询、岗位信息、主顾联络及用工反馈等。其二，完善高校学生就业用工的法律政策。在我国高校学生就业中，学历层次、高校类型、年龄大小、学生性别等歧视极为普遍。一个技术含量不高的职业岗位，不少用人单位一般宁要高学历的高校毕业生，不要低学历的高校毕业生；宁要重点高校的毕业生，不要一般高校的毕业生；宁要年轻未婚的高校毕业生，不要年长已婚的高校毕业生；宁要男性的高校毕业生，不要女性的高校毕业生；甚至宁要东中部地区高校的毕业生，不要西部地区高校的毕业生，宁要省会城市和直辖市高校的毕业生，不要来自偏僻村镇高校的毕业生。这些用人单位不注重考察高校毕业生的实际能力和发展潜力，一味看重学生的出身来源，讲求表面条件，违背了人尽其才的用人规则，引起了高等教育分流影响社会分层流动秩序的混乱。为推动高等教育分流合理影响社会分层流动，我国政府必须完善高校学生就业用工的法律政策。政府要引导破除用人单位和社会人士指导思想上的传统层级观念，以“任人才先，德才兼备”为原则制定高校学生就业用工政策，消除大学生就业过程中的学历层次歧视、高校类型歧视、年龄大小歧视、学生性别歧视、院校属地歧视等。

三、社会各界营造和谐氛围

社会组织及其成员在高等教育分流影响社会分层流动中的表现关系

着这一活动开展的结果，制约着这一活动的未来发展前景。借鉴国外经验，我国社会组织及其成员要营造良好文化风尚，助推高等教育分流合理影响社会分层流动。

（一）支持高等教育建设

社会组织及其成员是高等教育建设的重要力量，通过捐资助学、合作办学、民间评价等方式助推高等教育发展，将有力推进高等教育分流合理影响社会分层流动。社会组织及其成员既可以出资独立办学与合作办学，又可以捐献财物帮助高等教育自强。以捐资助学方式参与和支持高等教育建设不仅增加了高等教育资金，而且有利于懂得高等教育的专家和机构集中力量做事情，是符合和尊重高等教育规律的更好体现。截至 2021 年底，我国社会捐资助学经费所占高等教育总经费的比例依然很小，与发达国家相比差距较大，这方面大有潜力可挖。据调查，中国工商登记的企业有 1000 多万家，但有过捐赠纪录的不到 10 万家，即 99%的企业从来没有参与过捐赠。中国校友会发布的中国大学校友捐赠排行榜显示，2021 年全国高校累计校友捐赠超 400 亿元，其中清华大学捐赠总额达 47.20 亿元，北京大学为 41.97 亿元，武汉大学为 30.43 亿元，浙江大学为 23.77 亿元，中国人民大学为 21.57 亿元。校友捐赠总额逐年增长，这表明我国社会捐资助学呈现出良好发展态势。除直接出资支持高等教育建设外，社会各界人士还可以通过参与高等院校管理和评价等方式推动高等教育发展。社会人士要积极参加高等院校的社会事务管理，积极参与高等教育的调查和评价，有条件的可组织民间评价团体，以评价来规范高等院校办学行为，帮助高等院校解决矛盾和冲突。

（二）创建用人唯贤机制

用人机制是高校毕业生实现向上社会流动的职位凭借，是高等教育分流影响社会分层流动的重要依托。促进高等教育分流合理影响社会分层流动，有赖于社会创建和维护良好的用人机制。在国家政府用人法律政策的指导下，社会组织要积极构建“以才取人，德才兼顾”的任人唯贤优选机制。社会组织要做到不以高校毕业生的家庭来源、高校属地、教育类型、学历层次、学习年限等为尺度，带有传统偏见地去选用人才，而能够以才能为标准对高校毕业生进行甄别，将符合需要的真正优秀人才选拔到合适的职业岗位上。在选人用人上，社会组织要弘扬正气和创新，抑制平庸和邪恶，做好选人用人的监督工作，促进良好用人环境普遍形成。社会组织要认真落实国家政府的用人政策，对敢于不拘一格选拔真才实学的单位和个人进行表彰和奖励，对墨守成规按照表象层级标准录用庸才者进行批评和处罚。社会组织还要广泛宣传和介绍自己单位及岗位需求信息，推举或引荐富有能力的高校毕业生，为真才实学者实现向上社会流动搭建职业岗位平台。

（三）协助高校学生就业

职业岗位是高校学生实现向上社会流动的重要阶梯，高校学生就业是高等教育分流影响社会分层流动的关键环节。推动高等教育分流合理影响社会分层流动，社会各界必须关心和协助高校学生就业。社会组织要努力创造职业岗位，不断进行改革，为高校学生就业提供机会。在高校毕业生逐年增多的现实情况下，社会组织尤其是企业系统单位要通过扩大市场、改进技术、加强研究、提高质量等手段发展生产，创造更多的职业岗位，为高校学生就业开辟道路；社会组织也可以通过深化机构和岗位改革，优胜劣汰，强强组合，将较好的职业岗位面向高校毕业生开放。针对就业人数多、就业岗位错综复杂等问题，我国社会组织及其成员要通过加强直接提供用工需求信息、建立系列社会服务机构等方法，帮助高校毕业生寻找职业岗位。社会组织要主动与高校系统的就业服务部门联系，建立自身面向高校毕业生的服务平台，在政府宏观调控和政策规范下逐步形成遍布全国的高校毕业生就业服务网络体系，将岗位用工需求信息及时发布给所有高校毕业生，方便高校毕业生找到适合自己的岗位信息。

（四）激励高校学生创新

促进高校学生创新，能够不断提高高校学生的学业成就和专业能力，有利于扩大高等教育分流成效，有助于高校学生实现向上社会流动。为鼓励高校学生创新，社会人士要创造适宜创新人才成长的创新型环境。一要培育高校学生个人健康优秀的心理环境，教育高校学生形成科学的世界观、人生观，要心胸开阔，放眼世界，临危不乱，处变不惊，沉着应对各种问题和现象，正确解决与个人有关的各方面的问题，做到愉快、乐观、充满激情、昂扬向上、敢于创新、不畏艰难；二要培养高校学生正直、友好、向上的同学关系环境，教导高校学生同学之间要相互学习，相互帮助，相互支持，相互鼓励，共同研讨，一起探索，取长补短，汲取力量；三要建构保护高校学生创新的社会环境，社会组织及其成员要共同推进“创新”文化建设，使学校教育和社会教育相互衔接，相互促进，齐心协力，共达目标①。培养和促进高校学生创新，社会需要制定保护和奖掖高校学生创新的制度，整合学校、家庭、企业、政府、个人等各种资源，精心搭建有利于创新人才成长的活动平台。在激励高校学生创新的制度中，对于造成高校学生创新思想和行为心理或身体伤害的个人或组织，社会相关部门要予以重惩；对于激励和帮助高校学生创新思想和行为并产生成果的个人或组织，社会相关部门要予以重奖；对于取得或大或小创新成绩的高校学生，社会相关部门都要进行相应表彰和奖励。

四、家庭家长转变家教传统

家庭中家长的观念和行为影响着子女的选择，制约着高等教育分流对社会分层流动的作用状况。促进高等教育分流合理影响社会分层流动，我国所有家庭的家长均需转变关于高教、社会、政府和成才的传统观念及行为。

（一）转变关于高教的家教传统

在一般家庭中家长的传统观念里，高等教育是子女获得较好职业岗位、实现向上社会流动的重要阶梯，是转变子女自然世袭命运的重要依

---

① 陈新忠，柯昌杰. 论创新型人才培养的环境创造［J］. 教育新探索，2005（2）：61-63.

托。在这种传统观念支配下，一般家庭的家长仅仅把高等教育作为改变子女命运、带来美好生活的一种工具来教育子女，想方设法为子女获得优质高等教育机会和报酬丰厚的职业岗位机会而努力，对高等教育的本真动机和子女的高等教育过程较少关注。长此以往，这种家教传统势必影响子女的健康成长，危害高等教育分流合理影响社会分层流动。为促进高等教育分流合理影响社会分层流动，我国每个家庭的家长都要转变关于高等教育的传统观念及行为。所有家庭的家长都要充分认识高等教育规律和高等教育分流规律，把高等教育看作传授子女高深专门知识、引导子女自由而全面发展的专业活动和特殊社会活动，指导子女通过高等教育而增长知识和能力，为他人和社会做出更大贡献，生活得更幸福。

（二）转变关于社会的家教传统

对于一般家庭的家长而言，他们习惯于把社会看作子女生活、工作无法回避的场所，看作子女获得职业岗位、进行社会分层流动的依赖环境。在这种传统观念支配下，一般家庭的家长仅仅把社会作为子女改变命运、创造美好生活必须适应的现成规范来教育子女，引导和促进为子女顺应社会既定规则和风俗习惯，在顺应中有所作为，对于如何扭转社会不良规则和习俗、促使子女倡导社会新风尚方面较少谋虑。长此以往，这种家教传统将对子女对待社会的态度和行动选择造成不良影响，不利于高等教育分流合理影响社会分层流动。为促进高等教育分流合理社会分层流动持续健康进行，我国每个家庭的家长都要转变关于社会的传统观念及行为。所有家庭的家长都必须充分认识社会发展规律和社会分层流动规律，把社会看作子女既要适应、又能引领的环境和氛围，指导子女将通过高等教育而获得的良好品行用来改造社会，创造出适宜社会成员合理、和谐流动的社会环境，为自己和他人营造出有利于自由而全面发展的社会氛围。

（三）转变关于政府的家教传统

在一般家庭中家长的传统观念里，国家及地方政府是子女获得较好职业岗位、实现向上社会流动的重要凭借，是寄托子女命运的法规政策的制定者和颁布者。在传统观念支配下，一般家庭的家长把国家及地方政府视为法规政策的化身、看作施民恩惠的主体来教育子女，教导子女要认真遵守政府的法规政策，充分利用政府给予的条件，在政府许可和提供的范围内选择适应自己的发展之路，对政府法规政策的适用性、政府资助的合理性及持续性等较少质疑。长此以往，这种家教传统势必增长子女的依赖性，妨碍高等教育分流影响社会分层流动的合理性及科学性。为促进高等教育分流合理影响社会分层流动持续开展，我国每个家庭的家长都必须转变关于政府的传统观念及行为。所有家庭的家长都要充分认识政府的作用和社会治理的重要性，把政府看作社会成员的共同体，以政府为建设对象，视政府为民众管理者和集体代言人，引导子女在顺应政府号令、享受政府帮助的同时，积极为政府发展建言献策，贡献智慧和力量，建设善治政府，促进更多社会成员在政府指导和帮助下经由高等教育进行社会流动。

（四）转变关于成才的家教传统

对于一般家庭的家长而言，他们习惯于将成才等同于获得大量的钱财、优越的地位、舒适的生活和奢华的条件，是对子女未来生活状态的期盼。在这种传统观念支配下，一般家庭的家长仅仅把成才作为未来美好生活的一种方式来教育子女，教导子女追求物质条件、享受物质待遇，对成才于个体发展和社会价值的体现较少关注。长此以往，这种家教传统势必影响子女的长远发展，危及高等教育分流合理影响社会分层流动。为促进高等教育分流影响社会分层流动科学合理发展，我国每个家庭的家长都必须转变关于成才的传统观念及行为。所有家庭的家长都要全面认识成才的内涵，把成才看作子女个人自由而全面发展的重要方面，将成才视为子女为他人乃至人类良好服务的重要方面，指导子女成为真正的人类社会有用之才。

五、高校学生以身作则示范

作为高等教育分流影响社会分层流动的活动中介和行为主体，高校学生接受高等教育的成效和毕业之后取得的业绩关系着这一影响活动的作用状况，制约着这一影响活动的作用趋势。实现高等教育分流合理影响社会分层流动，高校学生必须增强建业创业的本领，提高建业创业的实效。

（一）树立建业创业的科学理念

苏格拉底认为，理念是“思想想到的在一切情况下永远有着自身同一的那个单一的东西”①。在现代，“理念”是指人们对于某一事物或现象的理性认识、理想追求及其所形成的观念体系②。理念是行动的先导，科学理念是正确行动的指导原则和价值准则。树立建业创业的科学理念是高校学生建业创业的起点，是高校学生实现向上社会流动的重要保障。无论在高校校园，还是走上工作岗位，高校学生都要树立建业的科学理念。科学的建业理念是对建立事业的正确思考，是对“建立什么样的事业”“为什么建立这样的事业”和“怎样建立这样的事业”等一系列建业问题的追问和解答。高校学生要心系人民，报效祖国，立足学科专业方向和职业工作岗位树立正确发展自身事业的科学理念。在科学建业理念指导下，高校学生在校学习将目标明确，在职工作会坚定方向，学习和工作将会有无穷的动力，收到事半功倍的效果。建业是在原有基础上的进取和发展，而创业则是一穷二白地开拓和创建。有志于创业的高校学生在大学期间就应树立科学的创业理念，即使大学毕业没有马上创业，参加工作后也要坚定这一理念，并在条件成熟时付诸实施。科学的创业理念是对创立事业的正确思考，是对“创立什么样的事业”“为什么创立这样的事业”和“怎样创立这样的事业”等一系列建业问题的追问和解答。高校学生要以造福人民、强大祖国为追求，立足所学专业和从事工作，树立正确创建自身事业的科学理念。在科学创业理念

---

① 颜一. 流变、理念与实体：希腊本体论的三个方向［M］. 北京：中国人民大学出版社，1979：93-94.

② 李忠云，陈新忠. 大学经营理念探析［J］. 华中农业大学学报（社会科学版），2006（6）：103-107.

指导下，高校学生将针对性地勤奋学习，锻炼能力，为日后创业进行积淀。

（二）增强建业创业的竞争能力

竞争能力是高校学生建业创业的基础，是高校学生实现向上社会流动的重要条件。增强建业创业的竞争能力，高校学生需要从校内和校外两方面着手。其一，校内提升建业创业素质。高等院校是高校学生学习高深知识的殿堂，也是高校学生增长社会才干的场所。高校学生一方面要充分利用大学时光学习各种基础知识和专业知识，提高知识素质和专业能力，为未来的职业能力发展做好准备；另一方面要充分利用大学开展的各种各样活动学会表达、交流、合作与竞争，提高综合素质和社交能力，为未来的社会地位提升打好基础。社会成员的职业发展不是专业知识或交际能力的单一作用，而是二者有机结合的结果。在高等院校里，高校学生将课内外相结合，可以有效提升建业创业的素质，提高建业创业的竞争能力。其二，校外历练建业创业本领。校外实践和工作是高校学生增长建业创业阅历的主要途径，是高校学生增强建业创业本领的重要通道。高校学生要通过学校组织的专业实践或实习，使课堂上学习的专业知识得到运用，将学习和实践融会贯通，掌握专业发展的基本能力。高校学生还要通过兼职工作或毕业之后的职业锻炼，逐渐积累专业技能，提高专业本领，增强建业创业的竞争能力。

（三）坚持建业创业的实践行动

建业创业实践是高校毕业生转化高等教育分流成果的行为，是高校毕业生实现向上社会流动的途径。欲使建业创业成效显著，高校学生必须坚持不懈地付诸实践。其一，坚持建业创业的基础实践。无论建业还是创业，高校毕业生都有许许多多琐碎的基础性工作要做。高校毕业生如果因为所做的工作微小和枯燥而大意或放弃，那将会一生一事无成。相反，高校毕业生如果孜孜不倦地坚持下来，就会在细微之处寻求事业突破，在平凡之中做出不平凡的业绩。因此，坚持建业创业的基础实践是高校学生的制胜法宝，是高校学生实现向上社会流动巨大飞跃的秘笈。其二，坚持建业创业的高端实践。一般而言，不管建业还是创业，高校毕业生经过较长时期的基础实践之后，都会达到一种较高的层次或境地，进入高端实践阶段。在高端实践阶段，事业发展有了一定业绩，各个方面有了一定基础，高校毕业生即使不做过多的努力，也会在相当一段时间内具有较为可观的收益。然而，高校毕业生这时如果浅尝辄止，裹足不前，不再坚持新时期新阶段的建业创业行为，搭建起来的业绩大厦就会很快坍塌，将前功尽弃，一败涂地。相反，高校毕业生如果一如既往地坚持建业创业的高端实践，则会将事业带向一个又一个新的更高境界。因此，坚持建业创业的高端实践是高校学生的全胜法宝，是高校学生实现向上社会流动伟大飞跃的永恒坦途。

（四）形成建业创业的社会群体

建业创业群体是高校毕业生整体优秀形象的代表，是高等教育分流影响社会分层流动的成果体现。形成建业创业的社会群体是推动广大高校毕业生向上社会流动的有效措施，是实现高等教育分流与社会分层流动和谐互动的必然路径。其一，形成某一系统的高校毕业生建业创业群体。根据学科专业方向，每一行业或系统都汇聚了大批的高校毕业生。围绕学科专业，高校毕业生以系统内的单位或组织为团体，以事业发展为纽带，专家带头，群体跟进，精诚团结，结队偕行，行业业绩将很快凸显，创业群体将很快形成。在行业或系统的建业创业群体形成过程中，高校学生既要充分发挥自己的优势，挖掘自己的潜力，显示自己的力量，又要正确认识个人的地位，遵从集体的规则，规范自己的行为。行业或系统的建业创业群体形成显示了高校毕业生的专业力量，代表着高校毕业生行业群体的地位提升。其二，形成全国范围的高校毕业生建业创业群体。教育学、农学、医学、文学、哲学、经济学、法学、历史学、理学、工学、艺术学、军事学和管理学等高等教育的学科门类囊括了现代社会的每个领域，各个行业或系统组成了我国的各项事业。当各个行业或系统都出现高校毕业生建业创业群体的时候，全国范围的高校毕业生建业创业群体才会形成。全国范围高校毕业生建业创业群体的形成是一个漫长的过程，其分布密度的提高也需要较长的时间。正如同建业创业需要大学生发挥主体作用一样，高校毕业生建业创业群体的形成也需要大学生的个人努力和团体协作。

第五节　本章小结

面向知识经济社会，用人单位对在职人员和应聘人员学历及能力的要求愈来愈高，预示着高等教育分流对社会分层流动的影响将愈加普遍而强烈。促进实现高等教育分流合理影响社会分层流动，我国高等教育分流影响社会分层流动活动要立足国内活动现状，借鉴发达国家经验，遵循科学分流原则、公平流动原则、和谐互动原则、改革促进原则和人人参与原则，从分流施教、和谐互动和阶层优化视角出发，基于高教、学生、家庭、政府和社会五大活动主体，建构多元选择模式和相应科学机制，提出我国高等教育分流合理促进社会分层流动的政策建议。

根据高等教育分流影响社会分层流动的主要主体，本书建构了我国高等教育分流合理影响社会分层流动的五大选择模式，即高教主导模式、政府主导模式、社会主导模式、家庭主导模式和学生主导模式。其中，高教主导模式以高等教育分流为高等教育分流影响社会分层流动的先导，突出了高等教育在高等教育分流合理影响社会分层流动中的引领作用；同时要求高等教育必须具有先进的社会发展思想和过硬的世界一流质量，能够设计出科学的影响及互动规则并以身示范。政府主导模式以政府号令为高等教育分流影响社会分层流动的先导，强调了政府在高等教育分流合理影响社会分层流动活动中的引领地位；同时要求政府在知识经济社会背景下依据高等教育规律和现代社会的人才流动规律，以知识和人才为中心重构社会分层流动秩序。社会主导模式将社会组织及其成员的行动和思想作为高等教育分流影响社会分层流动的先导，突出了社会组织及其成员在高等教育分流合理影响社会分层流动这一社会活动中的引领作用；同时要求社会组织及其成员不仅要自身公平参与社会流动，而且要深谙世界高等教育发展规律和现状，能够设计出立足实际、面向未来的互动规则。家庭主导模式是以家庭中的家长教育影响子女和替子女选择教育消费的行为作为高等教育分流影响社会分层流动的先导，强调了家庭中的家长在高等教育分流合理影响社会分层流动这一社会活动中的引领作用；同时要求家庭中家长不断提高素质，以良好形象教育和影响子女，正确地帮助子女选择高等教育消费，适当地指导子女高校毕业后自然优化自身社会分层流动。学生主导模式以高校学生自主学习和自强立业的行为作为高等教育分流影响社会分层流动的先导，突出了高校学生在高等教育分流合理影响社会分层流动这一社会活动中的引领地位；同时要求高校学生在校期间学好学精学业，到社会上后大展宏图、有所作为，自觉担当引领这一社会活动的历史使命。五大模式相互联系，相互促进。基于国情实际，我国高等教育分流合理影响社会分层流动要着重运用政府主导模式，着力培育高教主导模式和社会主导模式，充分发挥家庭主导模式和学生主导模式的作用。

根据高等教育分流影响社会分层流动的主要主体及其相互之间关系和运行模式，本书设计了我国高等教育分流合理影响社会分层流动的五大运行机制，即高教分流机制、政府调控机制、社会应和机制、家庭跟进机制和大学生流动机制。其中，高教分流机制是这一社会活动的启动引领机制，是指高等教育分流主体遵循高等教育规律和高等教育分流规律，根据国家、社会需要及分流对象的意愿，将完全高中后学生分层次、分地域、分形式、分学科地输送进不同高等教育机构接受高等教育的运行方式及其相互关系。这一机制中高等教育机构主要通过四种互动关系开展分流工作，进而实现合理分流目的。应用完善这一机制要求高等教育不断增强自身素质，高教分流能够不断促进国家政府和社会组织的发展，分流施教能够培养有思想、敢作为的高校毕业生。政府调控机制是高等教育分流影响社会分层流动的主要干预机制，是指国家及地方政府遵循国家发展规律和社会发展规律，根据各级政府需要和社会需求，通过制定法律、法规、规章、制度、方针、政策等促使社会个体接受高等教育并按照一定规则进行社会分层流动的运行方式及其相互关系。这一机制中国家及地方政府主要通过四种互动关系影响高等教育分流对社会分层流动发生作用，进而达成影响合理及双方和谐。应用完善这一机制要求政府立足世界及全球社会发展，通晓高等教育规律和高等教育分流规律，通晓社会发展规律和人的自由而全面发展的规律，从而谋划高等教育分流合理影响社会分层流动的调控策略及方向。社会应和机制是高等教育分流影响社会分层流动的重要实施机制，是指社会组织及其成员遵循社会发展规律和社会分层流动规律，根据社会需要和社会成员发展需求，促使社会个体接受不同层次、地域、形式和学科的高等教育，进而促进社会个体向上社会流动的运行方式及其相互关系。这一机制中社会组织及其成员主要通过四种互动关系作用于高等教育分流影响社会分层流动，推动二者实现合理影响及和谐互动。应用完善这一机制要求社会组织及其成员要树立正确而先进的理念，养成正确而先进的社会流动行为，以此指导自己、青年和其他人的社会流动，推动高等教育分流影响社会分层流动这一社会活动规模不断增大，并不断创新社会阶层优化的新方式和新渠道，开创高等教育分流合理影响社会分层流动的新局面。家庭跟进机制是高等教育分流影响社会分层流动的重要促进机制，是指家庭中的家长遵循人的全面发展规律和社会发展规律，根据子女意愿和社会需要，帮助子女接受相应层次、地域、形式、学科的高等教育，并促进子女向上社会流动的运行方式及其相互关系。这一机制中众多家庭的家长主要通过四种互动关系表达自己参与高等教育分流影响社会分层流动这一社会活动的态度，从而促进二者合理影响及和谐互动。应用完善这一机制要求家庭中的家长不断提高自身修养，不断增强教育能力，不断展示自我社会流动的榜样力量，引导子女在高等教育分流合理影响社会分层流动中成为优秀榜样。大学生流动机制是高等教育分流影响社会分层流动的主体行动机制，是指高校学生遵循自我成长规律、高等教育规律和社会发展规律等，根据自我意愿、高等教育条件和社会需要，在教师和家长指导下接受不同层次、地域、形式、学科的高等教育，进而参与社会分层流动的运行方式及其相互关系。这一机制中高校学生主要通过四种互动关系融入高等教育分流，进而参与社会分层流动。应用完善这一机制要求大学生不断提高自身的辨识能力，争做学业优秀的典范，争当社会流动的榜样，在职业岗位上运用专业知识和技能发展事业，充分彰显社会分层流动的优势。五大机制相互补充，同生共长。针对国情实际，我国高等教育分流合理影响社会分层流动要重点运用政府调控机制，注重完善高教分流机制和社会应和机制，充分发挥家庭跟进机制和大学生流动机制的作用。

我国实现高等教育合理分流影响社会合理分层流动是一项系统工程，需要政府、高教、社会、家庭和学生等五大主体协力合作。本书在当前高等教育分流影响社会分层流动的现实基础上，提出了我国高等教育分流合理促进社会分层流动的政策建议，强调高等教育要改革分流制度，国家政府要完善法律政策，社会各界要营造良好风尚，家庭家长要转变家教传统，高校学生要以身作则示范。只有这样，高等教育分流合理影响社会分层流动局面才有可能在我国真正全面形成。

第六章　我国高等教育分流促进社会分层流动的保障举措

高等教育分流影响社会分层流动是一项双向行为互动的多主体活动，实现二者合理影响及和谐互动需要多种内外部条件予以保障。从活动的进程及其结果看，高等教育分流合理影响社会分层流动亟须制度保障、资金保障、人员保障、质量保障和效益保障①。

第一节　制度保障

高等教育分流影响社会分层流动真实存在于我们的社会生活中，问题和不足尚多，亟需从制度上予以规范和引导。为从制度上保障高等教育分流合理影响社会分层流动，这一活动的相关主体要做到健全制度、使成体系，并及时修订。

一、健全制度

高等教育分流影响社会分层流动是系列性活动，各个阶段的活动主体都要建立和健全相关制度。作为起始部分，高等教育机构要建立健全高等教育分流制度；作为呼应部分，社会组织要建立健全社会分层流动制度；作为调控部分，各级政府要建立健全相关的教育和人才制度。三

① 陈新忠. 高等教育与社会公平研究：基于分流施教与和谐互动视角［M］. 北京：人民出版社，2014：257-262.

者互为犄角，缺一不可。只有这样，高等教育分流影响社会分层流动活动才有完整的制度遵循，才有可能达成和谐局面。

二、使成体系

在高等教育分流影响社会分层流动中，各个阶段的活动主体建立健全的制度不应是各自为政，互不相干，而应是密切联系，共为一体。首先，高等教育机构、社会组织和各级政府建立的制度要自成体系，在自我体系内有机衔接，不互相矛盾。其次，高等教育机构、社会组织和各级政府建立的制度要彼此兼顾，互相补充，成为体系。只有如此，高等教育分流影响社会分层流动活动才有一致的系统制度，才有可能形成良性循环。

三、及时修订

任何制度都是一定历史阶段的产物，高等教育分流影响社会分层流动的相关制度也不例外。对于正在运行的各种制度，高等教育机构、社会组织和各级政府要时常检查其存在的条件是否发生了重大变化，这一制度是否仍然合理和科学。对于存在条件已经发生重大变化的制度，高等教育机构、社会组织和各级政府要及时修正；对于已经无须明确规定的制度，高等教育机构、社会组织和各级政府要及时删除；对于时代需要公众增加遵守的制度，高等教育机构、社会组织和各级政府要及时增订。

第二节　资金保障

高等教育分流合理影响社会分层流动既需要以制度为依据，更需要用资金作保障。在资金保障方面，这一活动的相关主体要做到资金来源渠道多元，资金数量充足，资金使用合理。

一、渠道多元

高等教育分流合理影响社会分层流动既是政府财政投资力保的一项社会活动，也是社会成员参与受益的一项社会活动。由于资金需求总量过大，这一活动要求在政府之外，社会组织及其成员也要自觉支持；由于几乎人人受益、所有社会组织受益，这一活动要求社会组织及其成员量力捐助。因此，高等教育分流合理影响社会分层流动既需要政府财政投入，也需要民间社会资本注入；既需要企业捐助，也需要个人捐资；既需要城市资金，也需要乡村资金；既需要国内资金，也需要海外资金。

二、资金充足

高等教育分流合理影响社会分层流动需要解决两大难题：一是如何促使社会成员大都获得高等教育机会，二是如何促使社会成员接受高等教育之后公平流动。这两大难题的解决都需要投入大量资金。首先，社会成员要想获得高等教育机会，最基本的条件是要完成高中教育。而社会成员普遍完成高中教育要求我国实现九年义务教育均衡发展，并且最大限度地实现高中义务教育。其次，社会成员接受高等教育之后要想实现公平流动，我国各地的工作条件、待遇及生活设施要大致相同。这些都需要巨额投资，并需要持续投入。解决资金问题，实现资金充足，一方面要求政府持续增加财政投入，另一方面也要求社会形成稳定的捐助流。

三、使用合理

获得充足的资金之后，合理使用好资金才能保障高等教育分流合理影响社会分层流动活动健康开展。首先，活动主体要做好资金使用规划，将钱用到最需要的地方，逐年改善，逐步铺开。其次，活动主体要做到资金使用公开、透明，定期通过多种媒介向社会公众公布资金使用明细，接受社会监督。最后，活动主体要主动接受资金审计和审查，将审计和审查结果公布于众，对公众资金使用情况有所反馈。

第三节　人员保障

高等教育分流影响社会分层流动是以高校学生为中介开展的活动，高校学生数量的多寡决定着这一活动的规模大小。欲使这一活动持续开展，必须保障有足够数量的高校学生参与，还要有高水平的管理人员进行管理、高水平的研究人员进行研究。

一、活动人员保障

目前，我国高等教育规模虽然世界第一，但高等教育毛入学率与发达国家还有很大差距，高等教育人口在国内人口中的比重仍然偏小。这在一定程度上影响了我国高等教育分流作用社会分层流动的社会参与面，制约了高等教育分流作用社会分层流动的行为效果。为此，我国应不断提高高等教育毛入学率，尽可能使有愿望和有能力接受高等教育的人都能够接受高等教育，增加高等教育分流影响社会分层流动的活动主体，逐步扩大高等教育分流促进社会分层流动的影响面及其积极效果。此外，面向现代社会人口出生率普遍趋低的发展势头，为防止生源即高等教育分流影响社会分层流动的活动主体减少、断档甚至枯竭，我国应逐渐倡导“适宜的人在适宜的时候接受适宜的教育”的高等教育理念，鼓励社会成员学习和工作兼顾，生活和教育兼顾；同时防范社会成员因持续完成学业或生活压力过大而自我节育、人为降低生育率的风险。

二、管理人员保障

高等教育分流影响社会分层流动是一项复杂的社会活动，需要众多高水平的管理人员进行管理。一方面，高等教育机构和社会组织要有专门的管理人员，谋划高等教育分流合理影响社会分层流动的有关事宜；另一方面，国家及地方政府也要设置相关专门机构，或者赋予相关机构以相应职能，组织管理专家谋划国家或区域的高等教育分流合理影响社会分层流动活动。在大批管理专家指导下，高等教育分流合理影响社会分层流动才能有条不紊地开展。

三、研究人员保障

为及时发现高等教育分流影响社会分层流动活动中的问题，改善高等教育分流影响社会分层流动的状况，这一活动还需要众多高水平的研究人员跟踪研究。首先，高等教育机构要有高等教育分流的专门研究专家，跟踪研究高等教育分流实施现状，及时提出改进分流施教的意见和建议。其次，社会组织要有社会分层流动的专门研究专家，跟踪研究社会分层流动的进展现状，及时提出改进社会分层流动的意见和建议。另外，国家及地方政府也要有高等教育分流影响社会分层流动方面的专门研究专家，跟踪研究活动进展状况，及时发现和解决这一社会活动进展中存在的问题。在各个机构中，管理专家与研究专家可相互兼任，也可分别担任。同时，民间社会也可以设立专门的研究机构，聘用专家开展高等教育分流影响社会分层流动的研究，促进高等教育合理分流影响社会合理分层流动。

第四节　质量保障

高等教育分流影响社会分层流动不是简单地依据学历取才的招聘过程，而是高水平、高品质高追求的社会活动。为保障高等教育分流影响社会分层流动活动的质量，相关主体要围绕“高校学生”这一活动主体提升学业质量和工作业绩，进而提升“影响”质量。

一、提升学业质量

高等教育分流合理影响社会分层流动不仅需要数目众多的高校学生，而且对高校学生的素质提出了更高要求。大凡能够在高等教育分流影响社会分层流动活动中成为榜样的高校学生，一般不仅具有扎实的专业知识，而且专业能力突出，尤其专业实践能力较强，所以能够很快地在社会流动中脱颖而出。因此，对于高校学生，高等教育机构不仅要求其数量达到一定规模，而且要求不断提高他们的素质，使其质量达到较高水准，以利于其在社会流动中占据优势地位。

二、提升工作业绩

在高等教育分流影响社会分层流动中，工作业绩是高校学生理想地位获得的应然凭借。提升高校毕业生的工作业绩，一方面需要用人单位充分发挥其专业优势，做到“人尽其才，才尽其用”；另一方面需要用人单位为其营造良好的创新、创造氛围，对其取得的成绩给予及时鼓励和表彰，对其失误和失败予以包容。同时，用人单位要对高校毕业生适时指导，适当加压，促使其在多做事、做好事中得以磨炼和提升。

三、提升追求层次

受社会、学校、家庭、同学等多种因素影响，高校学生在高等教育分流影响社会分层流动活动中追求各异。其中，追求物质利益和生活条件的高校学生居多，追求精神需要和社会价值的高校学生较少。这种现象与现时代市场经济社会不少成员的暂时需求相一致，但扭曲了人的终极目标——自由全面发展。为促进高等教育分流影响社会分层流动活动良性循环，螺旋式层递提升这一活动的运行水平，高校学生要逐渐跳出对人基本需求和较低需求追求的窠臼，面向更高层次去追求人的自由全面发展为社会作贡献。

第五节　效益保障

高等教育分流合理影响社会分层流动亦讲求效益，不仅包括社会效益，还包括经济效益和生态效益。为保障高等教育分流影响社会分层流动这一活动卓有成效，相关主体要结合实际开展教育评估、政府评估和社会评估。

一、教育评估

在高等教育分流影响社会分层流动活动中，高等教育对社会个体的分流施教作用贯穿始终。因此，认识和保障高等教育分流影响社会分层流动的成效，首先要从评估高等教育及其分流的成效开始。根据自我负责的原则，高等教育机构理所当然地要评估高等教育及其分流的成效。评估高等教育及其分流的成效，高等教育机构应主要评估以下主要问题：一是高等教育分流是否科学合理？二是高等教育分流是否科学合理地影响了社会成员的分层流动？三是高等教育分流对社会分层流动的回应是否科学合理？围绕这些问题评估高等教育及其分流的成效，高等教育机构可以清晰地认识并看到高等教育分流影响社会分层流动的成效，进而趋利避害，促进高等教育分流影响社会分层流动富有成效地开展。

二、政府评估

政府作为高等教育分流影响社会分层流动的投资者和调控者，理应对高等教育分流影响社会分层流动的状况进行评估，以确保这一活动取得实效。政府对高等教育分流影响社会分层流动活动的评估主要侧重以下问题：一是高等教育分流施教培养的人才数量和质量与财政投入是否匹配？二是高校毕业生的社会贡献与政府的人才投入是否成正比？三是高等教育人才的社会流动秩序与政府法规政策是否吻合？政府围绕这些问题评估高等教育分流对社会分层流动的影响效果，可以更有针对性地加强调控，重点投入。

三、社会评估

随着社会评估力量的壮大和成熟，越来越多的团体将评估重任交给中立和公正的第三方——社会评估组织。与高等教育机构和政府不同，社会评估组织关注的内容更为全面，评估的结果更为客观，更有利于促进高等教育分流合理影响社会分层流动。评估高等教育分流对社会分层流动的影响时，社会评估组织除了关注高等教育机构和政府关心的问题之外，还应关注高等教育分流合理影响社会分层流动的目标追求问题、良性循环问题和溢出效应问题等，指导高等教育分流对社会分层流动的合理影响活动更加深入地开展，迈向更高的水准。

第六节　本章小结

随着知识经济社会深入发展，高等教育分流影响社会分层流动将成为一项涉及几乎全体社会成员的普遍性社会活动。鉴于高等教育的层次差别和质量差异永远存在，维护高等教育分流影响社会分层流动的良性秩序将是各级政府、高等教育和社会组织及其成员捍卫社会公平公正的永恒使命。然而，高等教育分流影响社会分层流动是一项双向行为互动的多主体活动，各个主体的状况及其彼此之间的互动情形差异显著，这一普遍性社会活动的存在、延续和质量提升仍然需要巨大投入与持续改进。当前，我国高等教育分流影响社会分层流动的主体、人员、环境和条件等还不完善，实现我国高等教育分流合理影响社会分层流动及二者和谐互动需要从内外部多个方面予以保障。从这一社会活动的进程及其结果看，高等教育分流合理影响社会分层流动亟须制度保障、资金保障、人员保障、质量保障和效益保障①。

其一，为从制度上保障高等教育分流合理影响社会分层流动，这一社会活动的相关主体要做到健全制度、使成体系，并及时修订。作为起始部分，高等教育机构要建立健全高等教育分流制度；作为呼应部分，社会组织要建立健全社会分层流动制度；作为调控部分，各级政府要建立健全相关的教育和人才制度。各个阶段的活动主体建立健全的制度不应各自为政，互不相干，而应密切联系，共为一体。对于正在运行的各种制度，高等教育机构、社会组织和各级政府要时常检查其存在的条件是否发生了重大变化，是否仍然合理和科学，及时对其予以修正、删除

① 陈新忠. 高等教育与社会公平研究：基于分流施教与和谐互动视角［M］. 北京：人民出版社，2014：257-262.

和增订。其二，在资金保障方面，这一社会活动的相关主体要做到资金来源渠道多元，资金数量充足，资金使用合理。高等教育分流合理影响社会分层流动既需要政府财政投入，也需要民间社会资本注入；既需要企业捐助，也需要个人捐资；既需要城市资金，也需要乡村资金；既需要国内资金，也需要海外资金。解决资金问题，实现资金充足，一方面要求政府持续增加财政投入，另一方面也要求社会形成稳定的捐助流。获得充足资金之后，活动主体要做好资金使用规划，做到资金使用公开、透明，主动接受资金审计和审查，并对各类资金使用情况及时反馈。其三，欲使这一社会活动持续开展，必须保障有足够数量的高校学生参与，还要有高水平的管理人员进行管理、高水平的研究人员进行研究。我国应不断提高高等教育毛入学率，尽可能使有愿望和有能力接受高等教育的人都能够接受高等教育，增加高等教育分流影响社会分层流动的活动主体，逐步扩大高等教育分流促进社会分层流动的影响面及其积极效果；高等教育机构和社会组织要有专门的管理人员谋划高等教育分流合理影响社会分层流动的有关事宜，国家及地方政府也要组织管理专家谋划国家或区域的高等教育分流合理影响社会分层流动活动；为及时发现高等教育分流影响社会分层流动活动中的问题，改善高等教育分流影响社会分层流动的状况，这一活动还需要高等教育机构、社会组织、政府及民间众多高水平研究人员跟踪研究。其四，为保障高等教育分流影响社会分层流动活动的质量，相关主体要围绕“高校学生”这一活动主体提升学业质量和工作业绩，进而提升“影响”质量。对于高校学生，高等教育机构不仅要求其数量达到一定规模，而且要求不断提高他们的素质，使其质量达到较高水准，以利于其在社会流动中占据优势地位；用人单位在其毕业后要对其适时指导，适当加压，促使其在多做事、做好事中得以磨炼和提升；高校学生自身也要逐渐跳出对人的基本需求和较低需求追求的窠臼，面向更高层次去追求人的自由全面发展和为社会作贡献。其五，为保障高等教育分流影响社会分层流动这一社会活动卓有成效，相关主体要结合实际开展教育评估、政府评估和社会评估。根据自我负责的原则，高等教育机构理所当然地要评估高等教育及其分流的成效，进而趋利避害，促进高等教育分流影响社会分层流动富有成效地开展。作为高等教育分流影响社会分层流动的投资者和调控者，政府通过评估高等教育分流对社会分层流动的影响效果，可以更有针对性地加强调控，重点投入。社会评估组织除了关注高等教育机构和政府关心的问题之外，还要关注高等教育分流合理影响社会分层流动的目标追求问题、良性循环问题和溢出效应问题等，指导高等教育分流对社会分层流动的合理影响活动更加深入而健康地开展。

从无到有，从小到大，从微弱到显著，高等教育分流促进社会分层流动是一定历史阶段的产物，在学校教育发展到高等教育阶段后产生，并将随着高等教育的不断发展而逐渐完善。目前国际社会虽然迈入知识经济社会时代，我国高等教育在现代科学传播和创新的进程中仍然处于跟跑时期，高等教育各方面的条件和能力仍需不断改进，高等教育分流促进社会分层流动的科学合理程度仍需不断提高。从制度、资金、人员、质量和效益等方面保障高等教育分流促进社会分层流动，我国高等教育分流促进社会分层流动方能实现良性互动和层递提升。

参考文献

一、中文类

[1] 汤普森. 历史著作史：下卷·第3分卷［M］. 孙秉莹，译. 北京：商务印书馆，1992.

[2] 毕乃德. 洋务学堂［M］. 杭州：杭州大学出版社，1993.

[3] 克拉克. 高等教育学新论：多学科的研究［M］. 王承绪，徐辉，郑继伟，等译. 杭州：浙江教育出版社，2003.

[4] 陈新忠. 多元化农业技术推广服务体系建设研究［M］. 北京：科学出版社，2014.

[5] 陈新忠. 分层与流动：高等教育分流的社会影响研究［M］. 武汉：华中师范大学出版社，2013.

[6] 陈新忠. 分层与流动：高等教育分流的社会影响研究［M］. 武汉：华中师范大学出版社，2018.

[7] 陈新忠. 高等教育与社会公平研究：基于分流施教与和谐互动视角［M］. 北京：人民出版社，2014.

[8] 陈学恂. 中国近代教育史教学参考资料：上［M］. 北京：人民教育出版社，1986.

[9] 程建芳. 创新与挑战：世界名校鉴［M］. 北京：北京大学出版社，2001.

[10] 邓小平. 邓小平文选：第二卷［M］. 北京：人民出版社，1994.

［11］邓小平．邓小平文选：第三卷［M］．北京：人民出版社，1993.

［12］董泽芳．教育社会学（修订本）［M］．武汉：华中师范大学出版社，2009.

［13］鲍尔生．德国教育史［M］．滕大春，等译．北京：人民教育出版社，1986.

［14］符娟明．比较高等教育［M］．北京：北京师范大学出版社，1987.

［15］高奇．中华人民共和国教育历程［M］．石家庄：河北教育出版社，1996.

［16］谷中原．社会学理论基础［M］．长沙：中南大学出版社，2004.

［17］国家教育发展与政策研究中心．发达国家教育改革的动向和趋势（第五集）［M］．北京：人民教育出版社，1994.

［18］贺国庆，王保星，朱文富，等．外国高等教育史［M］．北京：人民教育出版社，2006.

［19］贺跃夫．晚清士绅与近代社会变迁［M］．广州：广东人民出版社，1994.

［20］胡锦涛．高举中国特色社会主义伟大旗帜，为夺取全面建设小康社会新胜利而奋斗［M］．北京：人民出版社，2007.

［21］黄福涛．外国高等教育史［M］．上海：上海教育出版社，2003.

［22］卢茨．中国教会大学史（1850—1950）［M］．曾钜生，译．杭州：浙江教育出版社，1987.

［23］李培林，李强，孙立平，等．中国社会分层［M］．北京：社会科学文献出版社，2004.

［24］李强．转型时期中国社会分层［M］．沈阳：辽宁教育出版社，2004.

［25］中共中央马克思恩格斯列宁斯大林著作编译局．列宁选集：

第七卷［M］. 北京：人民出版社，1986.

［26］中共中央马克思恩格斯列宁斯大林著作编译局. 列宁选集：第四卷［M］. 北京：人民出版社，1975.

［27］陆学艺. 当代中国社会流动［M］. 北京：社会科学文献出版社，2004.

［28］马克思，恩格斯. 共产党宣言［M］. 中共中央马克思恩格斯列宁斯大林著作编译局，译. 北京：人民出版社，1997.

［29］中共中央马克思恩格斯列宁斯大林著作编译局. 马克思恩格斯选集：第二十卷［M］. 北京：人民出版社，1971.

［30］亨特. 社会研究方法新论［M］. 郑建宏，等译. 武汉：华中理工大学出版社，1989.

［31］潘懋元. 多学科观点的高等教育研究［M］. 上海：上海教育出版社，2001.

［32］清华大学社会学系. 清华社会学评论：2002 年卷［M］. 北京：社会科学文献出版社，2003.

［33］瞿葆奎. 教育学文集：英国教育改革［M］. 北京：人民教育出版社，1993.

［34］滕大春. 美国教育史［M］. 北京：人民教育出版社，1994.

［35］滕大春. 外国教育通史：第 6 卷［M］. 济南：山东教育出版社，1994.

［36］汪永铨. 教育大辞典：第 3 卷［M］. 上海：上海教育出版社，1991.

［37］王承绪. 世界教育大系：英国教育［M］. 长春：吉林教育出版社，2000.

［38］吴文侃，杨汉清. 比较教育学［M］. 北京：人民教育出版社，2002.

［39］吴增基，吴鹏森，苏振芳. 现代社会学［M］. 3 版. 上海：上海人民出版社，2006.

［40］徐小洲. 高等教育论［M］. 北京：人民教育出版社，2003.

[41] 许欣欣. 当代中国社会结构变迁与流动 [M]. 北京：社会科学文献出版社，2000.

[42] 颜一. 流变、理念与实体：希腊本体论的三个方向 [M]. 北京：中国人民大学出版社，1979.

[43] 杨汉清，韩骅. 比较高等教育概论 [M]. 北京：人民教育出版社，1997.

[44] 杨学为. 高考文献：上 1949—1976 [M]. 北京：高等教育出版社，2003.

[45] 罗伯逊. 社会学：下 [M]. 黄育馥，译. 北京：商务印书馆，1991.

[46] 于富增. 国际高等教育发展与改革比较 [M]. 北京：北京师范大学出版社，2001.

[47] 张斌贤，王晨. 大学：社会分层与社会流动 [M]. 北京：北京师范大学出版社，2007.

[48] 张朋园. 近代知识分子与近代中国的现代化 [M]. 南昌：百花洲文艺出版社，2002.

[49] 张人杰. 国外教育社会学基本文选 [M]. 上海：华东师范大学出版社，1989.

[50] 郑杭生. 中国社会结构变化趋势研究 [M]. 北京：中国人民大学出版社，2004.

[51] 中国教育年鉴编辑部. 中国教育年鉴（1949—1981） [M]. 上海：中国大百科出版社，1984.

[52] 周晓虹. 西方社会学历史与体系：第一卷 [M]. 上海：上海人民出版社，2002.

[53] 艾小平，肖海. 高等教育合理分流与高等教育结构调整 [J]. 喀什师范学院学报，2004 (5)：85-88.

[54] 玛莉. 美国助学贷款经验及其对中国的启示 [J]. 北京大学教育评论，2004 (1)：17-19.

[55] 别敦荣，陈梦. 林斯顿大学的发展历程、教育理念及其启示

[J]. 现代教育管理，2012（6）：106-107.

[56] 蔡克勇. 关于建设高等教育强国的若干问题 [J]. 高等教育研究，2008（5）：7-12.

[57] 曹晶. 教育社会分层功能的失衡：转型期农村教育的主要危机 [J]. 教育科学，2007（1）：1-4.

[58] 常永才，张红梅，哈经雄. 高校参与科教兴农的机制 [J]. 兰州大学学报（社会科学版），2004（3）：123-126.

[59] 陈文娇. 教育生态位与高等教育分流 [J]. 大学·研究与评价，2007（11）：83-87.

[60] 陈新忠，程华东. 回眸与展望：高校领导的转型与超越 [J]. 高教探索，2009（3）：33-36.

[61] 陈新忠，董泽芳. 高等教育规律"三分法"探析 [J]. 江苏高教，2008（2）：20-22.

[62] 陈新忠，董泽芳. 我国高等教育分流与社会分层流动研究的回溯和展望 [J]. 华中师范大学学报（人文社会科学版），2010（3）：149-155.

[63] 陈新忠，黄欢. 我国以教育发展促进收入代际流动性的政策演进与前瞻 [J]. 国家教育行政学院学报，2021（4）：67-74.

[64] 陈新忠，柯昌杰. 论创新型人才培养的环境创造 [J]. 教育新探索，2005（2）：61-63.

[65] 陈新忠，李保忠. 教育作用于收入代际流动的理论、机制与引导 [J]. 教育评论，2022（2）：10-19.

[66] 陈新忠，李忠云，李芳芳，等. 我国农业科技人才培养的困境与出路研究 [J]. 高等工程教育研究，2015（1）：135-139.

[67] 陈新忠，李忠云. "以学生为中心"的本科教育实践误区及引导原则 [J]. 中国高教研究，2012（11）：57-63.

[68] 陈新忠，李忠云. 大学经营及其风险防范 [J]. 黑龙江高教研究，2006（2）：79-81.

[69] 陈新忠，李忠云. 国家重点学科的分布特点与评审建议 [J].

中国高教研究，2006（8）：35-37.

［70］陈新忠，李忠云．我国研究型大学实施战略控制的必要性与可行性［J］．辽宁教育研究，2006（11）：32-33.

［71］陈新忠，李忠云．资本市场的多元化对高等教育投融资体制的启示［J］．理论月刊，2005（7）：92-94.

［72］陈新忠，刘红．高等教育促进收入代际流动性的机制研究［J］．高等教育评论，2021（2）：26-39.

［73］陈新忠，卢瑶．大学生学业拖延与网络成瘾关系的实证研究：以华中农业大学为例［J］．徐州工程学院学报（社会科学版），2016（4）：98-102.

［74］陈新忠，卢瑶．分流施教：英国多科技术学院应用型人才培养的经验与启示［J］．教育与职业，2016（12）：10-15.

［75］陈新忠，卢瑶．国家主义教育思想影响下高等教育的困境与出路［J］．教育评论，2016（8）：16-20.

［76］陈新忠，卢瑶．教育家办学的现实差距与理性进路：基于39所“985”高校校长的分析［J］．高等农业教育，2017（1）：11-16.

［77］陈新忠，卢瑶．我国高等教育公平研究的现状、热点与前沿：基于CNKI数据库2005—2014年文献的可视化分析［J］．国家教育行政学院学报，2016（9）：32-38.

［78］陈新忠，任尚舒．新高考改革背景下高等农业院校危机及应对研究［J］．教育评论，2017（5）：18-23.

［79］陈新忠，未增阳．社会分层视阈下高等教育机会公平研究［J］．华中农业大学学报（社会科学版），2013（2）：137-143.

［80］陈新忠，周静玉．子代教育、社会网络与收入代际流动性［J］．华中农业大学学报（社会科学版），2021（1）：120-129，179-180.

［81］陈新忠．德国高等教育分流影响社会分层流动的经验及启示［J］．国家教育行政学院学报，2013（2）：86-90.

［82］陈新忠．高等教育变革的理论回应与社会支持［J］．国家教育行政学院学报，2014（4）：43-47.

［83］陈新忠. 高等教育分流打通流向农村渠道的思考与建议［J］. 中国高教研究，2013（3）：36-41.

［84］陈新忠. 高等教育分流影响社会分层流动的问题与出路：基于美国的经验［J］. 教育发展研究，2013（13/14）：114-118.

［85］陈新忠. 国外高等教育分流与社会分层流动研究的特点及启示［J］. 清华大学教育研究，2009（4）：59-66.

［86］陈新忠. 农民的出路：教育促进农民收入代际流动性的机制与政策［J］. 北京工商大学学报（社会科学版），2021（6）：89-89，126.

［87］陈新忠. 研究生培养模式的构成要素探析［J］. 学位与研究生教育，2009（11）：4-7.

［88］陈新忠. 以学生为中心　深化本科教学改革［J］. 中国高等教育，2013（13/14）：50-52.

［89］陈增辉. 孔子的社会和谐理论［J］. 孔子研究，2006（4）：10-17.

［90］程家福，张卫红，陈思齐，等. 农民子女重点大学入学机会不均等问题历史研究［J］. 现代大学教育，2014（2）：12-23.

［91］代花，陈世庆. 美国大学生就业指导体系探析［J］. 高等农业教育，2007（10）：83-86.

［92］董根洪. 儒家社会和谐模式论初探［J］. 学习与探索，2006（5）：27-31.

［93］董泽芳，陈新忠. 高等教育分流影响社会分层流动的实证研究［J］. 华中师范大学学报（人文社会科学版），2013（5）：147-154.

［94］董泽芳，黄红霞. 试论高等教育分流策略的科学化趋势［J］. 长江大学学报（社会科学版），2006（1）：116-120.

［95］董泽芳，李晓波. 试析我国高等教育分流中的结构失衡问题［J］. 教育研究，2003（10）：25-30.

［96］董泽芳，罗先良. 我国民办高等学校分流培养模式探讨［J］. 高教发展与评估，2006（2）：28-30.

[97] 董泽芳. 高等教育分流问题研究 [J]. 高等教育研究，2003 (4)：35-40.

[98] 董泽芳. 坚持科学发展观　促进高等教育合理分流 [J]. 华中师范大学学报（人文社会科学版），2004 (11)：87-91.

[99] 董泽芳. 略论社会分化与教育分流 [J]. 华中师范大学学报（哲学社会科学版），1995 (6)：11-18.

[100] 董泽芳. 新型教育分流模式的六大特征 [J]. 教育评论，1999 (4)：10-13.

[101] 董泽芳. 试析教育分流的时代特征 [J]. 教育研究与实验，1998 (4)：10-14.

[102] 杜瑞军. 从高等教育入学机会的分配标准透视教育公平问题：对中华人民共和国 50 年普通高校招生政策的历史回顾 [J]. 高等教育研究，2007 (4)：29-35.

[103] 方红. 试论高等教育分流及其依据 [J]. 华中师范大学研究生学报，2007 (3)：103-106.

[104] 方志.《泰晤士报》大学排名指标体系及其启示 [J]. 北京城市学院学报，2009 (1)：81-84.

[105] 冯天学，田金信. 知识资本的概念、结构与特征分析 [J]. 哈尔滨工业大学学报（社会科学版），2006 (1)：82-86.

[106] 宫毅敏. 高等教育与社会分层的相互关系及其历史审视 [J]. 教育评论，2016 (11)：19-23.

[107] 贺善侃. 社会和谐理论：科学社会主义的重要创新 [J]. 湖南师范大学社会科学学报，2009 (2)：20-23.

[108] 胡娟，张伟. 哈佛大学资金来源、筹资模式及其启示 [J]. 高等教育研究，2008 (5)：104-109.

[109] 黄学锋. 德国家庭教育：动手才会动脑 [J]. 希望月报，2002 (21)：24-26.

[110] 江庆. 英国高等教育财政模式及其改革趋势 [J]. 外国教育研究，2004 (4)：32-35.

［111］姜晓明．校长二人谈［J］．新闻周刊，2003（6）：50-51.

［112］雷霆．英国家庭教育启示录［J］．教育，2013（28）：62-63.

［113］冷青峰．美、英、日的大学生就业及其启示［J］．学习月刊，2005（4）：43-44.

［114］李光钰．英国高校学生能力教育培养模式及其启示［J］．当代教育科学，2011（19）：41-42.

［115］李嘉．英国毕业生就业也挺难［J］．21世纪，2005（4）：36-37.

［116］李骏，罗忆源．转型中国的高等教育、社会分层与社会公平［J］．上海交通大学学报（哲学社会科学版），2005（1）：62-67.

［117］李其龙．联邦德国家庭教育散记［J］．外国教育资料，1985（5）：60-64.

［118］李任．论高等教育分流的三大原则［J］．荆门职业技术学院学报·教育学刊，2007（7）：47-49.

［119］李世愉．分地取士是科举制度发展的必然趋势［J］．文化学刊，2008（1）：5-9.

［120］李媛．美国大学生自主学习能力培养启示［J］．教育与职业，2013（16）：104-105.

［121］李忠云，陈新忠．大学经营理念探析［J］．华中农业大学学报（社会科学版），2006（6）：103-107.

［122］梁晨，李中清，张浩，等．无声的革命：北京大学与苏州大学学生社会来源研究（1952—2002）［J］．中国社会科学，2012（1）：98-118.

［123］廖益．社会分层与高等教育的互动［J］．现代大学教育，2005（5）：63-66.

［124］刘朝武．基于高等学校贫困生视角的高等教育与社会流动机会探析［J］．江苏高教，2016（3）：36-38.

［125］刘桂芬．德国高等教育分流现状及对我国的启示［J］．现代

教育科学，2007（4）：79-81.

［126］刘海峰. 科举制百年祭［J］. 北京大学教育评论，2005（4）：75-80.

［127］刘海峰. 为科举制平反［J］. 基础教育，2005（6）：42-44.

［128］刘和忠. 德国大学生就业服务体系及启示［J］. 外国教育研究，2001（5）：42-45.

［129］刘慧珍. 社会阶层分化与高等教育机会均等［J］. 北京师范大学学报（社会科学版），2007（1）：17-22.

［130］刘精明. 高等教育扩展与入学机会差异：1978—2003［J］. 社会，2006（3）：158-179.

［131］刘向东，张伟，陈英霞. 欧美高等教育机构经费来源及其启示［J］. 高等教育研究，2005（5）：97-102.

［132］刘艳玲. 近代日本对中国高等教育发展的影响初探［J］. 日本问题研究，2007（1）：38-40.

［133］刘志坚. 英国大学生就业工作及其对我国的启示［J］. 江苏高教，2006（4）：111-113.

［134］刘自团. 我国城乡大学生择校差异的实证研究［J］. 教育与考试，2012（2）：55-60.

［135］马陆亭，刘红宇. 高教财政投入和社会投入占 GDP 比例的政策价值［J］. 华中师范大学学报（人文社会科学版），2015（1）：150-160.

［136］马伟宁. 浅析高等教育与社会分层之间的互动关系［J］. 重庆教育学院学报，2006（5）：76-79.

［137］列茨岑斯基. 德国高等教育经费及绩效导向拨款［J］. 熊焱冰，韦春卉，译. 高教发展与评估，2007（5）：58-62.

［138］梅花. 美国富翁教育子女办法多［J］. 中国工会财会，2004（7）：51-52.

［139］缪子梅. 高等教育场域中社会流动和阶层固化的社会学思考［J］. 黑龙江高教研究，2015（11）：14-16.

[140] 聂国朝. 德国高等教育质量保证机制的新发展 [J]. 北京航空航天大学学报（社会科学版），2004（1）：59-62.

[141] 潘光旦，费孝通. 科举与社会流动 [J]. 社会科学，1947（1）：1-21.

[142] 彭拥军，董泽芳. 促进合理社会分层流动是高等教育改革的重要目标 [J]. 教育研究与实验，2011（5）：5-11.

[143] 戚学祥，钟红. 从社会管理走向社会治理 [J]. 探索，2014（2）：66-69.

[144] 钱民辉. 教育真的有助于向上社会流动吗：关于教育与社会分层的关系分析 [J]. 社会科学战线，2004（4）：194-200.

[145] 瞿振元. 建设高等教育强国应成为国家意志和政府行为 [J]. 中国高等教育，2009（1）：15-19.

[146] 冉育彭.《莫里尔法案》对美国高等教育的影响 [J]. 四川民族学院学报，2011（2）：84-86.

[147] 郝拉诺. 美国学生助学贷款体系：经验与启示 [J]. 康静，蒋家琼，译. 大学教育科学，2011（4）：85-92.

[148] 沈苏彦. 德国大学生学习经验分析 [J]. 江苏教育学院学报（社会科学），2012（4）：13-15.

[149] 沈艳，张恺. 家庭背景对我国高等教育入学机会的影响：基于2013届高校毕业生调查的实证分析 [J]. 教育学术月刊，2015（5）：30-36.

[150] 沈祖超，阎凤桥. 社会分层对于高等教育分层的影响：西安民办高校学生家庭背景的实证分析 [J]. 北京大学教育评论，2006（2）：72-84.

[151] 师凤莲. 古希腊思想家社会和谐理论刍论 [J]. 理论学刊，2009（1）：75-78.

[152] 史少博. 空想社会主义者傅立叶探“情欲引力”与“和谐社会”[J]. 学术论坛，2010（2）：59-62.

[153] 孙立平. 科举制：一种精英再生产的机制 [J]. 战略与管

理，1996（5）：38-45.

［154］孙天华，张济洲．社会阶层结构与高等教育机会获得：基于山东省的实证研究［J］．湖北社会科学，2017（1）：171-177.

［155］孙英浩．欧美国家大学生就业指导及对我们的启示［J］．中国高教研究，2004（11）：71-72.

［156］谭敏．社会分层、城乡二元与高等教育入学机会分化：基于福建省的实证分析［J］．复旦教育论坛，2016（14）：72-79.

［157］陶能祥．论高等教育分流的基本属性［J］．黑龙江高教研究，2005（6）：4-6.

［158］陶能祥．论我国高等教育分流结构的优化［J］．教育评论，2001（6）：22-26.

［159］田双全．美国大学生自主学习的养成及其对我国大学教育的启示［J］．中国西部科技，2011（30）：104-105.

［160］万瑶，忻福良．美国社区学院中的转学教育对我国专升本之启示［J］．职业教育研究．2013（2）：173.

［161］汪开寿，唐祥来．美国高等教育捐赠与我国的政策建议［J］．比较教育研究，2006（6）：31-35.

［162］王处辉，朱焱龙．高等教育获得与代际流动：机制、变迁及现实［J］．中南大学学报（社会科学版），2015（2）：174-181.

［163］王建国．建设高等教育强国的若干思考［J］．中国高等教育，2008（2）：15-19.

［164］王晓燕，姜晓平．社会分层与高等教育互动之探析［J］．当代教育论坛，2006（7）：110-111.

［165］王远伟，高巍．社会分层、高等教育与职业选择［J］．交通高教研究，2004（5）：64-67.

［166］王卓棋，彭华民．社会政策视角的中西社会和谐理论比较研究［J］．南开学报（哲学社会科学版），2009（1）：45-51.

［167］未增阳，陈新忠．高等教育入学机会公平的财政促进政策探析［J］．当代教育科学，2012（17）：32-35.

[168] 魏然，翟瑞. 知识改变命运?：从农村大学生就业看高等教育社会分层功能的弱化 [J]. 教育学术月刊，2016 (6)：39-45.

[169] 吴晓刚. 中国当代的高等教育、精英形成与社会分层：来自“首都大学生成长追踪调查”的初步发现 [J]. 社会，2016 (3)：1-31.

[170] 谢俊美. 科举制度存废的历史考察 [J]. 历史教学问题，1998 (4)：7-11.

[171] 谢维和. 分层、标准化与证书：高等教育内部影响毕业生就业的因素分析 [J]. 中国高等教育，2004 (8)：23-25.

[172] 谢作栩，王伟宜. 高等教育大众化视野下我国社会各阶层子女高等教育入学机会差异的研究 [J]. 教育学报，2006 (2)：65-74.

[173] 熊德明. 高等教育分流选择方式策略：国际比较与思考 [J]. 大学·研究与评价，2007 (11)：88-91.

[174] 杨德广. 中国高等教育办学理念的八大转变 [J]. 北京大学教育评论，2008 (4)：105-117.

[175] 杨东平. 高等教育入学机会：扩大之中的阶层差距 [J]. 清华大学教育研究，2006 (1)：19-25.

[176] 杨平. 论高等教育的功能效应与服务特性 [J]. 国家教育行政学院学报，2005 (3)：45-50.

[177] 杨启光. 英国家庭与学校关系的历史嬗变及其教育意蕴 [J]. 教育史研究，2006 (3)：1447-1450.

[178] 杨习超，陈新忠. 社会认同视域下教会大学农村公共服务研究 [J]. 华中农业大学学报（社会科学版），2016 (4)：80-85.

[179] 杨志顺. 教育与社会阶层结构的互动关系分析 [J]. 西南师范大学学报（人文社会科学版），2006 (4)：64-67.

[180] 杨中超. 教育扩张促进了代际流动? [J]. 社会，2016 (6)：180-208.

[181] 易红郡，缪学超. 英国高等教育市场化趋向：经费筹措视角 [J]. 清华大学教育研究，2012 (3)：89-97.

[182] 余国林. 国外促进大学生就业的政策措施及对我国的启示

[J]. 教育探索，2009 (8)：149-150.

[183] 余小波. 当前我国社会分层与高等教育机会探析：对某所高校 2000 级学生的实证研究 [J]. 现代大学教育，2002 (2)：44-47.

[184] 袁琳，王建梁. 德国高等教育国际化财政资助探略 [J]. 教育与经济，2012 (2)：62-65.

[185] 张朝然. 德国大学生就业指导研究及启示 [J]. 牡丹江教育学院学报，2007 (3)：76-77.

[186] 张德祥. 高等教育在社会流动中的作用 [J]. 社会科学辑刊，1997 (7)：42-47.

[187] 张迪. 从教育成本与收益角度分析我国农村家庭高等教育投资行为 [J]. 经济师，2014 (5)：80-81.

[188] 张衡，王云兰. 我国高等教育公平与社会分层互动关系探讨 [J]. 教育发展研究，2006 (2)：44-47.

[189] 张济洲. "高考工厂" 背后的阶层焦虑与机会公平 [J]. 中国高教研究，2015 (9)：33-36.

[190] 张凌洋. 我国教育分流制度问题及对策 [J]. 国家教育行政学院学报，2014 (6)：55-58.

[191] 张宛丽. 中国社会阶级阶层研究二十年 [J]. 社会学研究，2000 (1)：24-39.

[192] 张臻汉，赵世奎，张彦通. 英国大学与城市的互动关系研究 [J]. 江苏高教，2014 (3)：146-149.

[193] 赵利生. 高等教育与社会分层的动态考察 [J]. 兰州大学学报（社会科学版），1997 (4)：89-94.

[194] 赵欣，尹韶青. 试论高等教育与社会分层的双向关系 [J]. 中国成人教育，2014 (4)：27-28.

[195] 郑育琛，武毅英. 我国高等教育社会分层功能的再审视 [J]. 现代教育管理，2014 (6)：1-6.

[196] 周保利，刘国学. 美国大学教育捐赠制度的特点 [J]. 教育与经济，2009 (1)：68-71.

[197] 周廷勇. 美国高等教育评估的演变及其新发展 [J]. 复旦教育论坛，2009 (3)：21-26.

[198] 左崇良. 美国高等教育分流的经验及对中国的启示 [J]. 复旦教育论坛，2006 (5)：74-76.

[199] 高毅哲，柴葳，唐琪，等. 不断满足人民对优质教育的期盼：代表委员热议推动教育公平发展和质量提升 [N]. 中国教育报，2020-05-24 (1).

[200] 储朝晖. 高招的根本问题在于行政权力过大：高招改革的困境与出路（上）[N]. 中国青年报，2014-07-22 (2).

[201] 李征. 高考加分如何才能更“阳光”：辽宁体优生加分被指造假引热议 [N]. 文汇报，2014-07-06 (2).

[202] 谭晓闯，郭晓岩. 公平视角下高等教育资源的合理配置 [N]. 吉林日报，2014-07-04 (11).

[203] 王琦. 自主招生、艺术类招生及补录成“特招”腐败重灾区 严重危害教育公平 [N]. 新京报，2014-06-09 (A18).

[204] 魏本貌. 乡村教师，拿什么留住你：江西宜春芦村镇双江小学开学前老师走了近一半 [N]. 人民日报，2013-10-11 (12).

[205] 董月玲，李斐然. 破解美国“高考” [N]. 中国青年报，2012-02-01 (12).

[206] 刘万永. 谁在操纵“冒名顶替上大学” [N]. 中国青年报，2011-01-24 (7).

[207] 白天亮，曲哲涵. 社会底层人群向上流动面临困难 [N]. 人民日报，2010-09-16 (9).

[208] 邓兴军. 北京近 14 万中小学生跨区就学 [N]. 北京青年报，2009-12-04 (A8).

[209] 赵婀娜，田豆豆. 重点高校农村学生越来越少 [N]. 人民日报，2009-01-15 (11).

[210] 郑杭生. 关于城市社会阶层划分的几个问题（热点研究）[N]. 人民日报，2002-02-09 (6).

［211］中华人民共和国宪法［N］. 人民日报，1982-12-05（1）.

［212］陈新忠. 高等教育分流对社会分层流动的影响研究［D］. 武汉：华中师范大学，2010.

［213］陈新忠. 研究型大学战略控制体系研究［D］. 武汉：华中农业大学，2007.

［214］李晓波. 教育公平观视野下的高等教育分流研究［D］. 武汉：华中师范大学，2003.

［215］李旋. 英国大学参与科学园发展的研究［D］. 天津：天津师范大学，2013.

［216］罗先良. 民办高等教育内分流模式研究［D］. 武汉：华中师范大学，2006.

［217］陶能祥. 高等教育内分流模式研究［D］. 武汉：华中师范大学，2006.

［218］杨开. 科举制度对宋朝社会分层与社会流动的影响［D］. 大连：东北财经大学，2015.

［219］张国强. 论高等教育功能的失调与调适［D］. 武汉：华中师范大学，2008.

［220］张伶俐. 中国近代高等教育模式的演变［D］. 湘潭：湘潭大学，2006.

［221］周慧. 明代的科举与社会流动：以苏州地区为核心的一个地域考察［D］. 长春：东北师范大学，2005.

［222］2016 年 QS 世界大学学科排名［EB/OL］.（2016-03-24）［2022-07-13］. http://www. eic. org. cn/News/Detail/xkFzba5fAkumdXbVgm9_ZQ.

［223］陈地，吴晓颖. 调查称一成家庭拥超六成财富［EB/OL］.（2014-02-24）［2022-04-30］. http://www. chinanews. com/sh/2014/02-24/5876337. shtml.

［224］翟美卿. 莫让留守儿童成为家庭教育盲区［EB/OL］.（2013-03-12）［2021-09-18］. http://www. chinanews. com/gn/2013/03-

12/4635798. shtml.

［225］冯俊. 用“流动教育计划”解决民工子女教育问题［EB/OL］.（2013-03-12）［2021-09-18］. http://www. chinanews. com/edu/2013/03-12/4636696. shtml.

［226］高毅哲，柯进，董鲁皖龙，等. 推动优质教育资源供给再升级：代表委员热议发展更加公平更有质量的教育［EB/OL］.（2019-03-08）［2022-06-30］. https://yz. chsi. com. cn/kyzx/kydt/201903/20190308/1772058069. html.

［227］郭国松. 重点大学农村学生比例持续滑落　北大仅 1 成［EB/OL］.（2012-03-08）［2022-07-10］. https://china. huanqiu. com/article/9CaKrnJuw2I.

［228］金寒草. 2014 年两会“教育好声音”：教育公平［EB/OL］.（2014-03-08）［2022-06-30］. https://www. mj. org. cn/mjzt/2014lh/2014-03/08/content_136490. htm.

［229］赖海芳，王向前. 河南农村中小学空巢严重　生源少设备差校园成菜地［EB/OL］.（2011-11-02）［2022-06-30］. http://news. dahe. cn/2011/11-02/100920067. html.

［230］李砍柴. 19 年前，那个被“冒名顶替上大学”的河南女孩王娜娜，如今怎样了［EB/OL］.（2022-06-07）［2022-06-30］. https://www. 163. com/dy/article/H99DO4DJ0521DC6R. html.

［231］林静娴. 大学特招腐败揭秘：校董年捐百万换“点招”指标［EB/OL］.（2014-06-09）［2021-09-18］. http://news. youth. cn/jsxw/201406/t20140609_5330800. htm.

［232］林倩娅，舛友雄大. 中国正式成为世界第二大经济体［EB/OL］.（2011-02-14）［2021-10-26］. http://international. caixin. com/2011-02-14/100225508. html.

［233］凌凡. 剑桥大学招生官：没想清为何读大学再聪明也不收［EB/OL］.（2014-08-04）［2022-07-18］. http://learning. sohu. com/20140804/n403077983. shtml.

[234] 刘博智 赵秀红 张滢. 教育公平成果要让百姓感受到：代表委员热议政府工作报告教育关键词“公平”[EB/OL].（2017-03-07）[2022-06-30]. https://www.moe.gov.cn/jyb_xwfb/xw_zt/moe_357/jyzt_2017nztzl/2017_zt01/17zt01_jd/201703/t20170307_298428.html.

[235] 刘博智，陈少远. 农村生源萎缩　城镇化“抽空”了乡村学校？[EB/OL].（2016-04-12）[2021-9-18]. http://news.youth.cn/jy/201604/t20160412_7849356.htm.

[236] 刘茜. 全国政协委员刘焱：学前教育两方面有待改进 [EB/OL].（2012-03-04）[2021-09-18]. http://www.jyb.cn/china/gnxw/201103/t20110304_417242.html.

[237] 刘尚希. 义务教育资源的均衡配置要“随人走”[EB/OL].（2022-03-09）[2022-06-30]. https://baijiahao.baidu.com/s?id=1726800520943291310&wfr=spider&for=pc.

[238] 马巧珍. 解决农村幼儿教育资源缺失问题 [EB/OL].（2011-03-08）[2021-09-18]. http://www.jconline.cn/Contents/Channel_11168/2011/0308/610680/content_610680.htm.

[239] 毛杰. 再谈推进教育公平 [EB/OL].（2010-03-14）[2021-09-18]. https://www.henanrd.gov.cn/2010/03-14/2363.html.

[240] 潘晓凌. 中国名校生源急剧变迁　农村学生难入名牌大学 [EB/OL].（2011-08-06）[2021-08-04]. http://edu.sina.com.cn/gaokao/2011-08-06/1118309006.shtml.

[241] 瞿凌云. 罗彩霞谈被顶替上大学案 [EB/OL].（2010-08-14）[2021-08-02]. http://edu.sina.com.cn/gaokao/2010-08-14/1422263075.shtml.

[242] 全国人大代表薛志国谈教育 [EB/OL].（2012-03-09）[2021-09-18]. http://www.xinhuanet.com/politics/2012lh/zhibo/20120309d/index.htm.

[243] 全球受教育程度最高的 10 个国家 [EB/OL].（2013-04-05）[2021-10-19]. http://www.360doc.com/content/13/0405/09/7841665_

276188192. shtml.

[244] 沈健. 提高教育程度可以有效解决贫困代际相传 [EB/OL]. (2016-3-11)[2021-09-18]. http://news. xinhuanet. com/politics/2016lh/2016-03/11/c_1118305826. htm.

[245] 世界上获得诺贝尔奖最多的十个国家 [EB/OL]. (2017-10-08)[2022-07-13]. https://baijiahao. baidu. com/s? id=1580691482390089655&wfr=spider&for=pc.

[246] 宋晓梧. 中国不同行业收入差距扩大至 15 倍 跃居世界首位 [EB/OL]. (2011-02-09)[2021-09-30]. http://www. hinews. cn/news/system/2011/02/09/011977390. shtml.

[247] 苏贺, 李延兵. 人大代表谈新常态下教育改革: 平等、公正、自由 [EB/OL]. (2015-03-07)[2021-09-18]. http://news. youth. cn/gn/201503/t20150307_6509501. htm.

[248] 粟裕. 教育部: 一些地方农村学校生源大幅减少 城镇学校随迁子女不断增加 [EB/OL]. (2022-06-21)[2022-06-30]. https://baijiahao. baidu. com/s? id=1736224952597728484&wfr=spider&for=pc.

[249] 泰晤士 (TIMES) 世界大学排名 [EB/OL]. (2020-10-25)[2022-06-30]. https://ranking. promisingedu. com/world-times.

[250] 王旭明. 中国高校滥发文凭头衔成灾 [EB/OL]. (2014-07-25)[2022-06-30]. http://opinion. huanqiu. com/opinion_china/2014-07/5082486. html.

[251] 吴丽萍. 马克思恩格斯关于和谐社会的科学构想 [EB/OL]. (2006-10-09)[2022-06-30]. http://www. southcn. com/nflr/xssc/200610090450. htm.

[252] 习近平. 共同富裕是社会主义的本质要求, 是中国式现代化的重要特征 [EB/OL]. (2021-08-22)[2022-06-30]. http:// www. qstheory. cn/zhuanqu/2021-08/22/c_1127784024. htm.

[253] 习近平. 在全国脱贫攻坚总结表彰大会上的讲话 [EB/OL].

(2021-02-25)[2022-06-30]. https://www.12371.cn/2021/02/25/ARTI1614258333991721.shtml.

[254] 邢程. 用人单位招聘要求第一学历必须“211”引发争议[EB/OL].(2011-04-12)[2021-09-20]. http://www.shjnet.cn/xw/rd/sn/201104/t20110412_57631.html.

[255] 英国就业率最高十所大学盘点[EB/OL].(2012-12-31)[2022-07-18]. http://edu.anhuinews.com/system/2012/12/31/005386621.shtml.

[256] 张兴德. 在促进社会和谐中实现中国梦[EB/OL].(2013-05-14)[2022-06-30]. http://theory.people.com.cn/n/2013/0514/c40531-21477056.html.

[257] 张艳玲. 中国发布：832个国家级贫困县全部脱贫摘帽[EB/OL].(2020-11-24)[2022-07-15]. http://news.china.com.cn/txt/2020-11/24/content_76943859.htm.

[258] 张银锋. 高等教育人口占比提升至新水平[EB/OL].(2017-05-03)[2022-07-10]. http://www.cssn.cn/sf/bwsf_sh/201705/t20170503_3506482.shtml.

[259] 赵婀娜. 报告称我国顶端1%的家庭占有全国三分之一以上财产[EB/OL].(2014-07-25)[2022-04-30]. http://society.people.com.cn/n/2014/0725/c1008-25345140.html.

[260] 政协委员谈促进教育公平提高教育质量[EB/OL].(2012-03-09)[2021-09-18]. http://www.xinhuanet.com/politics/2012lh/zhibo/20120309d/index.htm.

[261] 中国大学VS美国大学：高等教育现状分析[EB/OL].(2016-04-13)[2022-06-30]. http://www.sohu.com/a/69063613_160595.

[262] 中华人民共和国国家统计局. 2018年国民经济和社会发展统计公报[EB/OL].(2019-02-28)[2022-04-30]. http://www.stats.gov.cn/tjsj/zxfb/201902/t20190228_1651265.html.

[263] 中华人民共和国国家统计局. 一九七八年国民经济计划执行

结果的公报［EB/OL］.（2002-03-31）［2021-10-26］. http://www.stats.gov.cn/tjsj/tjgb/ndtjgb/qgndtjgb/200203/t20020331_29991.html.

［264］中华人民共和国教育部. 1999年全国教育事业发展统计公报［EB/OL］.（2000-05-30）［2022-07-10］. http://www.moe.gov.cn/jyb_sjzl/sjzl_fztigb/tnull_841.html.

［265］中华人民共和国教育部. 2004年全国教育事业发展统计公报［EB/OL］.（2005-04-30）［2022-07-10］. http://www.moe.gov.cn/jyb_sjzl/sjzl_fztigb/tnull_10934.html.

［266］中华人民共和国教育部. 2019年全国教育事业发展统计公报［EB/OL］.（2020-05-20）［2021-09-18］. http://www.moe.gov.cn/jyb_sjzl/sjzl_fztjgb/202005/t20200520_456751.html.

［267］中华人民共和国教育部. 2020年全国教育事业发展统计公报［EB/OL］.（2021-08-27）［2022-06-30］. http://www.moe.gov.cn/jyb_sjzl/sjzl_fztjgb/202108/t20210827_555004.html.

［268］中华人民共和国教育部. 2021年我国高等教育毛入学率达57.8%［EB/OL］.（2022-03-02）［2022-06-30］. https://m.gmw.cn/2022-03/02/content_1302827228.htm.

［269］中华人民共和国教育部. 关于加强高校毕业生就业信息服务工作的通知［EB/OL］.（2013-04-17）［2021-02-28］. http://www.moe.gov.cn/srcsite/A15/s3265/201304/t20130417_150998.html.

［270］中华人民共和国教育部. 中共中央关于教育体制改革的决定［EB/OL］.（1985-05-27）［2022-07-10］. http://www.moe.gov.cn/edoas/website18/18/info3318.htm.

［271］中华人民共和国教育部. 中国高等教育在学总人数超过4430万人接受高等教育的人口达到2.4亿［EB/OL］.（2022-05-17）［2022-07-10］. https://baijiahao.baidu.com/s?id=1733038231928930080&wfr=spider&for=pc.

［272］中华人民共和国教育部. 中国教育改革和发展纲要［EB/OL］.（1993-02-13）［2022-07-10］. http://www.moe.gov.cn/edoas/

website18/34/info3334. htm.

[273] 中新社. 2014 年美国大学毕业生成“史上负债最多一届”[EB/OL]. (2014-05-20)[2021-08-17]. http://news. xinhuanet. com/world/2014-05/20/c_1110762273. htm.

[274] 周一妍. 前哈佛大学招生官谈哈佛招生真相：极致民主[EB/OL]. (2014-08-05)[2021-08-18]. http://edu. qq. com/a/20140805/012179. htm.

[275] 周易. 两会教育议题：受访者最关注教育公平和学生身心健康[EB/OL]. (2021-03-09)[2022-06-30]. https://baijiahao. baidu. com/s? id=1693726975238825497&wfr=spider&for=pc.

[276] 周逸梅. 中国农业大学农村新生不足三成[EB/OL]. (2011-08-23)[2022-07-10]. http://www. pxto. com. cn/news/zz/17ec670a3e6bacdc. html.

[277] 朱永新. 追寻公平而有质量的教育[EB/OL]. (2018-03-08)[2022-06-30]. https://www. edu. cn/zhong_guo_jiao_yu/zhuan_ti_lan_mu/lh/sy/201803/t20180308_1588607. shtml.

二、外文类

[1] SIMON B. Education and the Social Order: 1940-1990 [M]. London: Lawrence & Wishart Limited, 1991.

[2] ANDERSON C A, SCHNAPER M. School and Society in England: Social Backgrounds of Oxford and Cambridge Students [M]. Washington D. C.: Public Affairs Press, 1952.

[3] MCCLELLAND C E. State, Society and University in Germany: 1700-1914 [M]. Cambridge: Cambridge University Press, 1980.

[4] JENCKS C, RIESMAN D. The Academic Revolution [M]. New Jersey: Transaction Publishers, 2012.

[5] FALLON D. The German University: A Heroic Ideal in

Conflict with the Modern World [M]. Boulder: Colorado Associated University Press, 1980.

[6] HENRY D D. Challenges Past, Challenges Present: An Analysis of American Higher Education Since 1930 [M]. San Francisco: Jossey-Bass Publishers, 1975.

[7] VAN VUGHT F. Higher Education Policy: An international Comparative Perspective [M]. Oxford: International Association of Universities and Pergamon Press Ltd, 1994.

[8] RINGER F. Admission [M] //RUEGG W, et al. A History of the University in Europe: Volume Ⅲ. Cambridge: Cambridge University Press, 2014.

[9] JEWELL H M. Education in Early Modern England, Great Britain [M]. London: Macmillan Press Ltd, 1998.

[10] Higher Education Statistics Agency. Higher Education Statistics for the United Kingdom 1997-1998 [M]. Cheltenham: Higher Education Statistics Agency Limited, 1999.

[11] BRUBACHER J S, RUDY W. Higher Education in Transition: A History of American Colleges and Universities [M]. New Jersey: Transaction Publishers, 1997.

[12] OLSON K W. The G. I. Bill: the Veterans and the Colleges [M]. Kentucky: The University Press of Kentucky, 1974.

[13] JARAUSCH K H, et al. The Transformation of Higher Learning (1860-1930): Expansion, Diversion, Social Opening and Professionalization in England, Germany, Russia and the United States [M]. Chicago: The University of Chicago Press, 1983.

[14] STONE L. The Size and Composition of the Oxford Student Body 1580-1909 [M] //Lawrence Stone, et al. The University in Society: Volume Ⅰ. Princeton: Princeton University Press, 1975.

[15] KOGAN M, HANNEY S. Reforming Higher Education

[M]. London：Jessica Kingsley Publishers，2000.

[16] SHATTOCK M，et al. The Creation of a University System [M]. Oxford：Blackwell Publishers，1996.

[17] GORDON P，ALDRICH R，DEAN D. Education and Policy in England in the Twenty Century [M]. London：The Woburn Press，1991.

[18] HO P T. The Ladder of Success in Imperial China：Aspects of Social Mobility，1368-1911 [M]. New York：Columbia University Press，1962.

[19] STEWART W A C. Higher Education in Postwar Britain [M]. London：Macmillan Press Ltd，1989.

[20] RUEGG W，et al. A History of the University in Europe：Volume Ⅱ [M]. Cambridge：Cambridge University Press，2004.

[21] BLANDEN J. Cross-country rankings in Intergenerational mobility：A comparison of approaches from economics and sociology [J]. Journal of Economic Surveys，2013 (27)：38-73.

[22] BLOOME D，DYER S，ZHOU X. Educational Inequality，Educational Expansion，and Intergenerational Income Persistence in the United States [J]. American Sociological Review，2018 (6)：1215-1253.

[23] DAVIES J B，ZHANG J，ZENG J. Intergenerational Mobility under Private vs. Public Education [J]. Scandinavian Journal of Economics，2005 (3)：399-417.

[24] DICHEV I. News or Noise? Estimating the Noise in the U. S. News' University Rankings [J]. Research in Higher Education，2001 (42)：237-266.

[25] DOLBY N，RAHMAN A. Research in International Education [J]. Review of Educational Research，2008 (3)：676-726.

[26] KRACKE E A，Family vs Merit in Chinese Civil Service

Examinations under the Empire [J]. Harvard Journal of Asiatic Studies, 1947 (10): 103-121.

[27] POTTHOFF E F. Who Goes to College [J]. The Journal of Higher Education, 1931 (6): 294-297.

[28] LIDE E S. The Social Composition of the CWES Junior College in Chicago [J]. The School Review, 1935 (1): 28-33.

[29] RHOADES G, SPORN B. Quality Assurance in Europe and The U. S.: Professional and Political Economic Framing of Higher Education Police [J]. Higher education, 2002 (43): 355-390.

[30] KINLOCH G C, PERRUCCI R. Social Origins, Academic Achievement, and Mobility Channels: Sponsored and Contest Mobility among College Graduates [J]. Social Forces, 1969 (1): 39-43.

[31] SYKES G. Home-School Agreements: A Tool for Parental Control or For Partnership? [J]. Educational Psychology in Practice, 2001 (3): 273-286.

[32] BECHER H W. The Social Origins and post-graduate Careers of A Cambridge Intellectual Elite, 1830-1860 [J]. Victorian Studies, 1984 (1): 1-3.

[33] GOETSCH H B. Relation of Parental Income to College Opportunity [J]. The School Review, 1940 (1): 26-33.

[34] JENKINS H, JONES D C. Social Class of Cambridge University Alumni of the 18th and 19th Centuries [J]. The British Journal of Sociology, 1950 (2): 93-116.

[35] ONO H. Who Goes to College?: Features of Institutional Tracking in Japanese Higher Education [J]. American Journal of Education, 2001 (2): 161-195.

[36] JERRIM J, LINDSEY M. Income Inequality, Intergenerational Mobility and the Great Gatsby Curve: Is Education the Key? [J]. Social Forces, 2015 (2): 505-533.

［37］ NEIDHOFER G，SERRANO J，LEONARDO G. Educational Inequality and Intergenerational Mobility in Latin America：A New Database［J］. Journal of Development Economics，2018（5）：329-349.

［38］ FREELING N. New transfer pathways help community college students prepare for UC.［EB/OB］. UC Newsroom.（2021-11-08）［2022-07-15］. https：//www. universityofcalifornia. edu/news/new-transfer-pathways-help-community-college-students-prepare-uc.

［39］ BENNELL P，NCUBE M. A University for the Povo? The Socio-Economic Background of African University Students in Zimbabwe Since Independence［J］. Journal of Southern African Studies，1994（4）：587-601.

［40］ TURNER R H. Sponsored and Contest Mobility and The School System［J］. American Sociological Review，1960（6）：855-867.

［41］ COLLINS R. Functional and Conflict Theories of Educational Stratification［J］. American Sociological Review，1971（6）：1011-1014.

［42］ MULLIGAN R. Social Mobility and Higher Education［J］. Journal of Educational Sociology，1952（8）：480-484.

［43］ MULLIGAN R A. Socio-Economic Background and College Enrollment［J］. American Sociological Review，1951（2）：188-196.

［44］ RESTUCCIA D，CARLOS U. Intergenerational Persistence of Earnings：The Role of Early and College Education［J］. American Economic Review，2004（5）：1354-1378.

［45］ ANGELO R. The Students at the University of Pennsylvania and the Temple College of Philadelphia（1873-1906）：Some Notes on Schooling，Class and Social Mobility in the Late Nineteenth Century［J］. History of Education Quarterly，1979（2）：172-205.

[46] TORCHE F. Is a College Degree Still the Great Equalizer? Intergenerational Mobility across Levels of Schooling in the United States [J]. American Journal of Sociology, 2011 (3): 763-807.

[47] MATHEW W M. The Origins and Occupations of Glasgow Students, 1740-1839 [J]. Past and Present, 1966 (33): 74-94.

[48] WARD K. Faculty Service Roles and the Scholarship of Engagement [J]. ASHE-ERIC Higher Education Report, 2003 (5): 71-113.

[49] WILSON W. Princeton in the Nation's Service [EB/OL]. (1896-10-21)[2022-07-10]. http://www.princeton.edu/~mudd/exhibits/wilsonline/indn8nsvc.html.

后　记

本书是笔者主持的国家社会科学基金重大项目“以教育发展促进收入代际流动性的机制与政策研究”（19ZDA066）的前期成果，也是笔者近年主持的国家社会科学基金项目“高等教育分流影响社会分层流动的机制与政策研究”（12BSH013）、教育部人文社会科学研究规划基金项目“高等教育分流与社会分层流动的和谐互动研究”（11YJA880012），以及中央高校基本科研业务费专项资金资助项目“分层与流动：高等教育分流的社会影响实证研究”和“高等教育分流影响社会分层流动的机理研究”等一系列研究成果的结晶。

近年来，笔者围绕“高等教育分流与社会分层流动”主持了10余项课题，在《中国高教研究》《教育发展研究》《清华大学教育研究》《高等工程教育研究》等期刊上发表了50余篇研究论文，多篇论文被《新华文摘》、《中国社会科学文摘》、国务院发展研究中心网站等转载。2016年，笔者由人民出版社出版的专著《高等教育与社会公平研究——基于分流施教与和谐互动视角》先后荣获湖北省高等学校人文社会科学研究优秀成果二等奖、第五届全国教育科学研究优秀成果二等奖。同年，笔者的研究成果被北京大学社会学系学者撰写刊发的研究论文《中国教育与社会分层研究的回望与前瞻（1990—2015）》多次提及和肯定。该文基于图谱分析，认为笔者是近25年“中国教育与社会分层研究”最早的学者之一，是成果最多的学者之一，也是最注重协同研究的学者之一。

社会公正与教育公平，既是社会热点和难点问题，也是社会发展的永恒课题。本书从社会公平与高等教育的关系入手，系统探讨了高等教育分流影响社会分层流动的理论、现状及策略，一定程度上弥补了国内外高等教育分流影响社会分层流动的理论不足，丰富和完善了高等教育分流与社会分层流动的关系理论，在构建中国特色理论话语体系方面做出了有益探索。在笔者相关论文、论著的影响下，越来越多的学者加入高等教育分流与社会分层流动关系的研究行列，并促使越来越多的高等教育管理者和其他学科的学者重视这一活动中高等教育的作用、谋虑高等教育的科学发展。

能够取得本书的研究成果，首先感谢一起调研和写作的领导及同事。中共湖北省委组织部、中共河南省委组织部、湖北省人力资源和社会保障厅、河南省人力资源和社会保障厅等单位的相关领导积极配合项目调研，提供调研资料；华中农业大学科学技术发展研究院梅方竹、王鹏等同志协助联系调研单位，提供调研便利；华中农业大学公共管理学院的胡瑞、陶美重等老师主动指导学生开展调研，修改调研报告。其次，感谢参与调研和整理资料的研究生们。我的博士研究生康诚轩、张欣、肖霞、刘红，硕士研究生张亮、王方洲、周紫光、刘浩文、王地、袁梦等都参加了本课题的全程调研，并自觉为书稿整理资料、提供素材。再次，感谢学者前辈的相关研究和历史经验梳理。没有费孝通、杨东平等学者前辈的相关探索和叶赋桂、黄福涛等学者对于相关历史经验的提炼，我的研究就不能站在巨人的肩膀上审视和思考，可能会仍然停留在他们探足的起点之上。最后，感谢我的妻子郭玉梅女士，以及岳母和子女，正是他们默默承担家务，关照于我，才使我在长达一年多的时间中能够专注于撰写书稿；感谢武汉大学教育科学研究院和华中农业大学公共管理学院的同事们，正是与他们的研讨和交流，使我获得了更多的思路和思想。

本书的出版得到湖北省出版基金项目“高等教育现代化研究丛书”和国家社会科学基金项目“以教育发展促进收入代际流动性的机制与政策研究（19ZDA066）”的资助，得到华中师范大学出版社冯会平主任等的热情帮助和支持，在此一并表示真挚谢意！

陈新忠

2022 年 7 月 20 日